臺灣民主警政的
媒體再現研究

汪子錫——著

黃富源教授　序

2007年我擔任警察大學教務長時，為子錫老師第一本警學專著《警察與媒體關係研究》寫序，當時，我極欣喜他及時補充了警察教育極重要的一個缺口。

10年後的今天，我看到他新著《臺灣民主警政的媒體再現研究》，從字裡行間可以感受到子錫老師出入社會學理論、媒體理論以及政治制度理論之間遊刃有餘的學術氣勢。拜讀再三，就可以見證到這些年他努力不懈，學術著作不綴的非凡成就，絕非偶然與僥倖。

子錫老師這本最新力作採用社會結構-行動理論研究途徑，內容包括民主的警政、媒體再現警察、警察運用媒體的能動性與行動結果等。作者從學術理論起步，到提出警政面對社會的行動實踐而止，全方位針對民主警政與媒體再現，進行詮釋、批判以及提出實用建議。全書精緻完善的觀照到民主制度下的警政媒體課題，堪稱近年來警察學術罕見的開創性嶄新大作。

作者用紀登斯（Anthony Giddens）的大理論架構，從結構面剖析到個人符號互動溝通，談出警察工作的細微遭遇，不但架構完整，而且內容清新脫俗，易讀易懂。誠如作者援引紀登斯的觀念：「致力將學術研究象牙塔理論，轉化為經世致用的實踐之學」。本書不但提出新理論建構，也有實務可參考的致用之處，確實符合作者的自我期許。

自媒體（we media）以及行動時代（mobile era）來臨，「人人都是行動中的媒體」，警政迫切需要學術研究來揭示關於媒體影響執法環境的新挑戰，也需要透過學術研究，協助實務界重新定位警政管理思維，

才能讓警察工作適應新環境。

傳統媒體與社群媒體匯流後，警政媒體行動的選擇受到多樣化媒體再現力量的催化，出現更多具有反思性、發展性的課題。因此，作者提出「民主是動態的」、「憲法保障言論自由，促使民主警政必須不停的精進發展」、「媒體展現穿透前舞台的能量，讓觀眾能看到警政後舞台」等諸多新觀點，發人深省。作者旨在提醒警政管理者，不可能墨守成規徒託一般公關訓練，就想處理好警政的媒體關係。更重要的是，有必要先看到結構化課題，才能貫通警政與媒體、民眾的微觀課題。

本人與汪教授相處多年，在他投身警察教育工作之前，我即與他認識，深知他一向多才多藝、任事勤勉、治學嚴謹。子錫老師學術領域既多元又特殊，學術界極少遇到第二位。他具備電影副學士、大眾傳播學碩士以及法學博士的學位。他在不同領域中遊走學習、研究，現在把他全部學術專長灌注在本書中，看得到他對警校學子、警學研究投注了大量的誠意、愛與關注，本人極為激賞。

相信子錫老師此一最新力作，對今後的警察教育、警政管理必有傑出不凡的貢獻與影響，本人欣然為其推薦。

黃富源 謹識

中華民國105年元月於行政院人事行政總處

章光明教授　序

　　美國社會學者Peter K. Manning鑽研警察學術多年，他針對民主警政提出一個極重要的觀點：「警察執法最重要的武器不是槍，而是溝通與對話」。既包括警察與民眾的對話溝通，也包括警察面對媒體的「公共溝通對話」。

　　長期以來，臺灣警政機關在面對媒體採訪或者經營媒體關係時，大多透露出三項特質。第一、刻板印象認為媒體不友善，是麻煩製造者。第二、政府公關需要靠技巧，靠著賣交情足以應付。第三、擔任警政發言人只要態度誠懇，說實話就能過關。

　　但是當Web2.0社群媒體（social media）出現後，前述的觀念不但不保證有效，而且可能製造出新的危機傳播（crisis communication）。因此警政管理學院極為重視媒體研究，期盼能見到針對新媒體環境的警政管理建議的相關研究。

　　這本《臺灣民主警政的媒體再現研究》專著出版，率先跨出一大步。作者別出心裁以「媒體再現」作為研究核心，除了矯正與澄清前述「媒體迷思」，還擴大範圍闡釋了警政前舞台、後舞台因為媒體匯流而穿透的現象。作者注意到微觀的行動者（agent）所具備的能動性（agency），以符號互動論（symbolic interactionism）解析實例現象，已將警政私領域、公領域的界線模糊化。作者也據以建議，警政管理的媒體經營與公共關係都必須重新定位。

　　這本書中研究的核心是「媒體的動力與再現的警察」，從鉅觀社會結構的民主警政，到微觀行動的媒體再現，有系統的做了介紹，讓讀者

清楚看到警政媒體經營的盲點。在作者引領下，讓讀者清晰看到自媒體（we media）和傳統媒體再現，也清楚解釋了民主制度與市場經濟下，演化出「媒體病態結構」的必然現象。

當傳統媒體與社群媒體匯流時，警察工作遇到全新的全民監督的挑戰。新的局面是「日常生活瑣碎的小事、法令規定、督察系統的態度」被鋪陳在媒體上，各種媒體依據特性，對與警察有關的事件，展開新聞報導、觀點評論。當代警察的日常工作因為媒體全方位監督，產生了新的「媒體戰場」。

作者指出，作為社會結構，民主警政代表的是不斷追求更有效益的警政，它受到社會其它結構的影響。然而作為行動者，警務人員對於民主、人權的執法行動，某些係根據法律規定的行動準則，某些則出自警察倫理與道德素養的應對準則，但「媒體再現警政」卻沒有任何標準可資遵照。作者提出讓警政溝通加入「態度與行動選擇的戲劇框架思考」以面對新媒體環境。這是作者通透了臺灣民主警政、媒體介入等因素後，提出的「非典型溝通模式」。

當前的媒體已經交織滲透到警察工作之中，甚至進入到警政原本不願給人看到的後舞台。本書揭示了一部份關於媒體的困惑所在，還有許多觀點可能尚未被發現，有賴後續研究繼續進行。

子錫老師從撰寫這本書開始，到完稿付梓，歷經三年。他在撰寫期間，我曾應其要求提出警政研究的最新教材供他參考。子錫老師始終希望他的研究所得，不僅是束之高閣的學理空談，還要能作為可供實踐的行動參考。拜讀本書，深深感覺他確實達到了這樣的水平，本人欣然推薦。

章光明 謹識

中華民國105年元月於中央警察大學警政管理學院

作者 序

　　這本書談了一個核心的觀念，就是媒體再現（media representation）對於民主警政（Democratic Policing）的鉅大影響力。臺灣警政發展（policing development）的歷史故事，因為媒體再現而被保留了下來，但是在社會變遷下，媒體再現對警政的態度也出現重大轉變。循著歷史軌跡探尋，警政與媒體關係的演變過程可以分為三個段落：

一、媒體配合警政時期

　　廣播電視在臺灣歷經30餘年的老三台媒體壟斷時期（台視、中視、華視），媒體內容受到政府管制，媒體對於政令宣導配合不遺餘力。那時警政相關新聞除了刑案治安、交通意外事故等，大部份是褒多於貶。而且「警政就是內政的門面」，為了打造安居樂業的社會環境，媒體報導大多都配合政府，媒體再現並不熱衷於批評警政。透過媒體再現的社會化（socialization）教育，警察被塑造成「人民保母」，是正義的化身。

二、新聞戲劇化後的警政

　　新聞戲劇化始作俑者是1996年民視開播，以及後續一連串廣電媒體自由化後開始，而且逐日加劇。媒體自由化原本是兌現憲法第十一條言論自由，是我國民主化發展一大盛事，但是沒有多久時間，衛星有線電視大幅鬆綁，財團進入媒體市場經營，出現媒體只在乎收視率，所導致的譁眾取寵戲劇化新聞。

　　警政媒體關係在此時頻頻遭遇挑戰，警政負面新聞成為日常例行現象，雖然也採取了警政公共關係、警政行銷策略予以回應，但是似乎成效不盡理想。尤其警察人員不會「對著鏡頭講話」，以致於大多數的時候，發言不得體或者沒有重點，失去有利於警政的媒體再現機會。

三、全民監督警政的We Media時代

　　電子網路媒體進入Web2.0時代，將 "We Media" 的可能性排除了障礙，利用社群媒體（social media），人人都是報導者（reporter）、人人都在寫歷史。最近的變遷意謂著警察處在全民電子影音蒐證、鏡頭監視之下行動與執法。而推算 "We Media" 形成社會風氣，最早始自2008年臉書（Facebook）進入臺灣開始算起。短短數年各式各樣不同的社群媒體（social media）和傳統媒體（traditional media）發生的數位匯流（digital convergence），開始出現大量警察日常工作「偶發的麻煩事件的影音媒體再現」，這些偶發事件因為民主制度與人權保障觀念日盛，不少警民爭議過程透過媒體匯流再現，發展到最後，幾乎通通變成警察的錯。但是這個現象並不是很公平，筆者所看到的是絕大多數的警察都忠誠勤勉，他們只是不了解媒體再現，或不善於面對媒體而已。

　　在 "We Media" 的時代，民主警政與媒體關係，出現的是全民運用新媒體、機構運用傳統媒體對警政的監督。臺灣民主警政還沒完全適應廣電媒體的衝擊，就被迫匆匆進入Web2.0全民媒體時代，不但是臺灣民主警政的挑戰，也是臺灣民主警政的機會。

　　參考美國關於社區導向警政研究，其所提出的新專業主義警政（New Professionalism in Policing）認為，21世紀警察權力及合法性不只是法律授權，主要是來自民眾的認同與信任。這個觀點，建議警察先做好與民眾以及社會網絡（包括記者、民代、非政府組織、協力義警等）的溝通（communication），才能建立警政工作的基石。

　　警政溝通很多時候是藉助制度化運作的警政公共關係、警政行銷的媒體再現而得以實踐；並且在警察個體部份，則需要警察個體在日常互動遭遇時，與他人良好的互動溝通才得以展開。然而需要提醒的是，警察日常溝通過程，很可能會被錄影蒐證成為媒體再現。因此，歸納起來，媒體再現的課題是民主警政現在的、未來的、無法迴避的發展性課題。

　　臺灣民主警政意義非比尋常，不但是臺灣內部的警政課題，也是全球化、區域化，尤其兩岸四地警政合作與觀摩的標竿。臺灣民主警政不能因媒體再現挑戰而退縮，而是要開創有利於警政再現的能動性與機會。

　　世界警察首長協會IACP正在倡談開發社群媒體能動性（agency）的溝通策略，本研究不揣淺陋，盼望研究成果能夠為臺灣警政發展貢獻棉薄，讓民主警政不斷朝向「更好的警政」發展，也希望臺灣警政管理能夠透過更好的媒體行動，讓媒體再現我國警察的正義，與值得信任的特質。

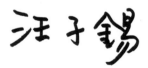

民國105年元月 識於中央警察大學誠園

目次 contents

第一章　緒論：變遷世界的警政與媒體課題研究

第一節　研究緣起

　　1957年《警察學原理》初版印行，成為我國警政幹部必讀教科書，該書作者梅可望老校長對於我國警察所作定義：我國警察是依據法令，以維持公共秩序，保護社會安全，防止一切危害，促進人民福利為目的，並以指導、服務、強制為手段的行政作用（梅可望，2002：20）。這個定義數十年來完整精準描述我國警察特性，主導了我國警政哲學思維，也是全國警察幹部教育的重要內容。

　　然而，在變遷的世界中，「以指導、服務、強制為手段的行政作用」這句話，是否有再思考的必要？因為我們處在一個不斷變遷的世界中，更何況我國政治發展已經超越民主化（Democratization），進入了民主鞏固（Democratic Consolidation）時期。

　　變遷（change）研究對於警政發展（policing development）極富意義，從橫貫面研究，可以比較各國警政異同；從縱貫面則可以觀察一國警政的變化。若將警政視為依變項，然後找出有哪些是影響警政變遷的自變項，就可以發展出詮釋的途徑（章光明，2012：215-216）。

　　本研究在變遷世界的諸多議題中，選擇了民主（democracy）、民主警政（democratic policing）、媒體（media）、新聞自由（press freedom）等主題，敘明其變遷的情況。並探討媒體再現（media representation）理論的意涵與反思，之後再以警政媒體能動性（policing media agency）、警政媒體行動（policing media agent）探討媒體再現警政（media representation policing）。各種變項關係略如圖1。

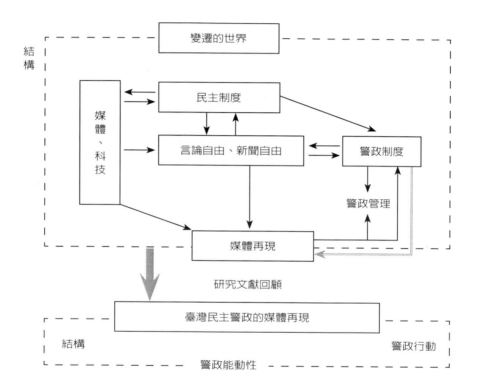

圖1：變遷與民主警政媒體再現的變項關係（本研究製圖）

　　研究者假設在變遷的世界裡，民主制度與媒體及科技互為自變項與依變項，二者都有結構能動性、行動。而民主制度會影響警政制度，警政制度卻不會易影響民主制度。民主制度和言論自由互為自變項與依變

項，二者都有結構能動性。新聞自由與警政制度之間，二者都有結構能動性，彼此互為自變項與依變項。

　　民主制度、媒體作為自變項，影響了媒體再現與民主警政的媒體再現。在少部份的情況下，會反轉為警政影響了媒體再現，主要是因為運用社群媒體自行產製警政行銷媒體，例如犯罪預防或交通安全宣導微電影等，因此警政機關也有媒體再現的能動性、行動。

　　在經過前述鋪陳之後，緒論接著闡明研究設計，包括研究問題、理論取徑與研究方法。研究理論與方法主要是援引Anthony Giddens的結構化（structuration）理論，從社會結構的鉅觀面到微觀面的個體符號互動，分析媒體再現對臺灣民主警政所形成的影響，再進一步提出警政應該採取的回應行動。

　　本研究使用專有名詞，需要先加以定義概說。

　　警政（Policing）：參考警察職權行使法第2條「本法所稱警察，係指警察機關與警察人員之總稱」，本研究所稱警政係指警察機關與警察人員在政策、制度性任務作為之總稱，亦可指警察或警察機關。

　　民主警政（Democratic Policing）：民主的警政；追求進步與更有公共效益的警政。

　　警政媒體能動性（Policing Media Agency）：是指警政機關、警察個人所有可能運用媒體的方法、手段、技巧。

　　警政媒體行動（Policing Media Agent）：是指警政機關、警察個人運用媒體的具體行為與過程。

　　媒體再現警政（Media Representation of the Policing）：是指媒體再現時含有警政機關、警察個人相關的符號文本，例如與警察有關的電視新聞、報紙新聞、社群媒體圖文影音、敘事電影、微電影等。

第二節　變遷的世界

一、變遷的民主

　　從社會變遷（social change）的角度來看，當代民主制度是基於反抗王權而產生的，民主也在憲政主義中獲得制度性保障。憲政主義（Constitutionalism）由不同群組關鍵思想串結而成，包括受限制的政府、法治民主、基本人權保障、權力分立、司法獨立等（李念祖，2000）。在憲政民主概念下，人民要求建立一個比有限政府更有能力，但仍然受到約束的政府來解決問題。

　　現代民主國家依循憲政主義精神，在憲法中彰顯限制國家權力（power）並保障人民權利（rights）的兩大宗旨。另在社會契約論的影響下，憲政主義還必須向人民出示「民主保證」，保證兌現人民享有最基本的自由、平等權利。而且民主政治的運作，必須是法治政治、民意政治的制度（汪子錫，2012：30）。

　　在變遷的世界中，關於如何解釋民主出現了改變，民主被某些人解釋為動態過程（dynamic process），這個解釋的出發點，是以變動概念提出「民主沒有止盡」的思維，認為民主是發展中的事件、也是社會行動的階段目標。今天的民主，可能在明天已然不足以稱為民主，民主這個字詞，不能以機械式的理論加以命定、解釋、論斷。

　　社會學者Charles Tilly將二次世界大戰後出現的各種民主理論加以爬梳，並比對各國政治發展歷史，之後提出他對於民主的見解。Tilly的核心概念是認為：「民主是持續地、進步地、反轉的動態過程」（Tilly, 2007）。

　　依Tilly的觀點，動態的民主意味著民主無止境，民主既是歷史，也

是未來，民主是依某種動力變遷而出現內容新舊並容，追求更好的政治制度的代名詞。民主的動態過程是歷經三個程序，而且會循環出現。第一程序：有受到壓迫的獨立權力個體（independent powers）；第二程序：社會著手消滅各種形式不平等（elimination categorical inequality）；第三程序：俟全部的「信任網路」整合後，將之融入政體（the integration of trust networks into the polity）。只要能夠邁入第三個過程，那種狀態就是民主，若是啟動了第一過程或者進入了第二過程，卻無法完全走完第三過程，就不是民主。

　　Tilly的解釋途徑，是觀察不斷變遷後的世界後所作的歸納，然而有一些基本民主要素，並不因為動態理論而減損，例如自由權、平等權仍然是民主的核心基石。但是對於百年來一直被視為民主制度象徵之一的代議制民主（Representative Democracy）就不是如此被看待了。在網路傳播科技變遷增進民主參與機會，以及民意代表素質低落，無法代表民意的情況下，世界各國都對代議民主制度提出不同的批判。

　　臺灣2014年太陽花學運期間，400多名大學生在3月18日清晨佔領立法院議場後，即透過網路社群媒體提出「捍衛民主」行動口號，並且主張審議式民主（Deliberative Democracy）、公民會議（Citizen Conference）都應該取代早已失靈而且讓人不耐的代議制度（汪子錫，2014a）。審議民主其實是雅典直接民主（Athenian democracy）的現代翻版，是一種公民直接參與政治的恢復。顯然這也可以驗證Tilly民主動態論的另一個觀點，就是民主的概念會在動態發展中偶爾出現復興（revival）的情況。而且最顯著的是，太陽花學運展現了新媒體的力量，透露出傳統民主已然變遷到e民主的時代。

二、變遷的警政

　　警察的意義有其時間性和空間性，離開時間與空間等現實因素，難以探討警察意義的真諦。一國警政的所有表現（presentation），首先

是服膺於政治制度，因為警察原是國家行政的一部份，而國家行政又是立國理念、政策，或其所實施的政治制度與文化習俗等的結果。因此，警察意義與內涵，會隨著國家行政變化而跟著變化（梅可望，2002：2-3）。

我國憲法揭示，「中華民國為民有、民治、民享的民主共和國」，我國政治應屬民主制度，我國警政亦應屬於民主的警政制度（Democratic Policing System）迨無疑義。

但是我國並不是建國伊始，就出現完善的民主政治制度，即使開始施行憲法之後，初時也稱不上民主。我國民主是在政局紛擾，內戰、抗戰連年動盪的歲月中匍匐前進。受此影響，我國實現民主，以及民主警政，要等到新舊世紀交替之間，才在臺灣拉開序幕。當臺灣跨出政治民主化的步伐後，受其規制的警政制度，也隨之融入民主之中。

社會學者Peter K. Manning在2011發表一部警政研究著作《變遷世界中的民主警政》（Democratic Policing in a Changing World），在其看來，民主警政的界定並不複雜，廣義來說，民主警政就是一種更有效益的警政（more efective policing），是基於警察與公民之間的信任（trust）得以建立的社會結構。他在書中還透露了在變遷的世界裡，民主警政所遭遇到的挑戰與問題。而傳承自其老師，即符號互動論大師Ervin Goffman的觀點，很自然的，Manning將今日民主警政變遷的焦點，放在警察的傳播、溝通問題層面（Manning, 2011）。

Manning提出影響美國警政的自變項，來自媒體爆發式的成長，警察需要快速回應與溝通，而新的局面是「傳播與溝通的時間、空間限制被打破，低成本且簡便的方式行動，可以很快的將訊息擴散」。將以上這些變遷的狀況組合在一起，就是對民主警政的新挑戰。

他認為，在一定範圍內，警察所面臨的新挑戰是綜合各種結構因素與行動因素形成的：「媒體、法令、偶發的麻煩事件、督察內控制度」。如果找不出好的行動、方法來回應外部環境，就可能會在警察與

公民之間造成不應該存在的不信任（untrusted），這不是民主警政所想要的發展趨向。

　　警政揚棄了以往統治權的概念，朝向與民眾溝通，爭取民眾認同與信任的方向變遷。

三、變遷的媒體

（一）憲法保障言論自由

　　美國學者Keane在其著作《媒體與民主》（*The Media and Democracy*）書中提到公共服務屬性的媒體，例如廣播電視，本質上是日常生活公民與社會溝通對話的管道，因為媒體可以重塑人們的語言、時空感和各種偏好，具有改變信念的影響力，理應作為有助於實現自由、平等的溝通工具（Keane, 1991）。

　　Keane闡釋認為，民主憲政國家的人民必然享有自由、平等溝通的權利，這種權利就是言論自由。憲法對於言論自由的保障，也延伸到在傳播媒體上發表言論的自由，因而，言論自由帶出了新聞自由（press freedom）。憲法確立的這項保證，促使公民具有行動能力，得以反抗採行暴政的政府。

　　保障公民言論自由、新聞自由已經成為當前重要人權指標，也是普遍的民主價值觀。在成文憲政中，美國憲法第一修正案（The First Amendment）於1791年由國會批准，位居12條權利法案（The Bill of Rights）之首。

　　第一修正案關於言論自由與新聞自由的部份，有謂：「禁止國會制訂任何法律剝奪言論自由、侵犯新聞自由與集會自由；干擾或禁止向政府請願的權利…」，第一修正案成為確保新聞自由的基礎，也成為其他國家公民追求言論自由與民主化的標竿。

　　1975年時任美國聯邦最高法院大法官Potter Stewart博士在一次演講

中，提出第四權理論（the fourth estate theory），把憲法保障新聞自由解釋為一種制度性基本權（the institutional right），而非屬一般個人的基本權利（the individual right）。由於憲法保障了言論自由與媒體新聞自由，才可能再由新聞自由反過來保護憲政制度。因此，美國新聞界經常以民主的看門狗（Watchdogs of Democracy）自居，自詡為公民第四權的行使者，民主的把關者。

我國1947年開始實施憲法，憲法第11條明確保障人民有言論、講學、著作、出版自由。司法院大法官於1994年在第364號解釋中，進一步指出「以廣播及電視方式表達意見，屬於憲法11條所保障言論自由之範圍」。另在2011年第689號憲法解釋文中，出現一小段文字：「憲法第11條保障新聞採訪自由⋯」，短短數字，進一步確定了我國憲法保障的新聞自由，不只是報導的自由，還包括記者採訪的自由。

無疆界組織「自由之家」（freedom house）於2014年5月1日發布年度全球新聞自由報告，列入評比的197個國家及地區，名列「完全自由」者有32％，總計63國，我國排名第48，屬於完全自由。在亞洲其他國家的新聞自由程度評比，南韓居第68位，香港第74，屬「部分自由」。新加坡第152，中國大陸第183，屬「完全不自由」（World Press Freedom, 2014）。

從前述說明來看，我國對於言論自由、新聞自由的保障程度，在世界各國居於高度自由的位置。臺灣民主警政在這種高度自由環境下，可以想像，來自媒體第四權的監督，必然會給警政帶來難以預估的壓力與挑戰。

（二）傳統媒體與社群媒體匯流

依當前媒體環境，大眾傳播媒體（mass media）被區分為傳統媒體（traditional media）與社群媒體（social media）二類，它們可以獨立存在與運作，但它們也以數位匯流（digital convergence）的方式出現在當前社

會生活之中。

　　傳統媒體的屬性各異，涇渭分明，呈現電影憑藉的是膠片與光線、廣播電視藉則由電子束波呈現、報紙雜誌需要油墨、紙張和印刷技術。但是，數位化把這些媒介融合，形成傳播、通信與資訊大匯流的現象。

　　新舊媒體的區分溯自1998年，時任聯合國秘書長的Kofi A. Annan在聯合國新聞委員會年會上，以「第四媒體」來形容網路媒體。在此之前，聯合國教科文組織將媒體依其出現次序，區分第一媒體雜誌（magazine）；第二媒體報紙（newspaper）；第三媒體廣播電視（broadcasting），這三種媒體即傳統媒體。新媒體（new media）是指網路以及社群媒體，新媒體主要是透過網際網路（internet）、數位匯流（digital convergence）和網路Web2.0形成的新傳播環境。

　　在1982年網路傳播尚未出現時，F. Williams在《傳播革命》（*Communication Revolution*）書中提到，如果將人類傳播發展史以一天24小時計算，廣播電視的電子傳播接近午夜11點58分，時間雖然很短，但是對人類歷史的影響卻是最為深遠的（Williams, 1982）。然而Williams來不及看到社群媒體會在極短時間內襲捲地球村，改變了他所描繪的傳播媒體發展風貌。如果我們同樣用Williams的標準來估算，社群媒體大約是在午夜11點59分才出現。

　　數位化（digitalization）科技的出現，是傳播科技大躍進的第一個關鍵因素；它將傳統媒體的儲存、傳遞與再現（representation）帶入一個全新的、極為便利的生活實用領域，數位化科技為資訊匯流移開了障礙。

　　然而在媒體日新月異的發展中，在數位匯流的便利條件下，在享有完全新聞自由的國家，就一定享有完全的民主嗎？可能未必。

　　依據美國的經驗，新媒體革命性的爆發成長，及其所引發的包括財團併購媒體、傳統媒體式微等一連串問題，導致出現「富媒體、窮民主」的現象，這是民主、言論自由之間的悖論。

（三）媒體變遷導致「富媒體、窮民主」

美國學者Gomery在1993年斷言，美國大眾媒體已成為純然的經濟性機構（Gomery, 1993:198）。Tunstall則認為，財團進入媒體市場後，媒介老闆並不在意提昇節目品質，相反的，如何使產品更易流通、賺取更多利潤，才是媒介管理者最在意的重心（Tunstall, 1991:165）。

媒體自由是檢視民主與否的重要指標，但是數位科技引導的媒體變遷，以及非傳播業者收購並且寡頭壟斷媒體市場，使得這項指標的可信度大受質疑。

McChesney在《富媒體、窮民主》（*Rich Media, Poor Democracy*）書中指出，美國聯合媒介系統（corporate media system）透過跨媒體大併購，以及資本家吸納各界菁英為其服務，形成超級商業寡頭壟斷（mega-conglomerates）的媒體結構，是導致民主受到侵害的真正主因（McChesney, 1999）。

財團進入媒體事業，剛開始時無法看出其對民主的傷害，但是當媒體集團朝市場極大化發展後，少數菁英組成的媒體管理階層，開始透過媒體控制社會意見，終將形成「少數決定多數」的民主逆流。今日的事實是，美國聯合媒體系統已成為不可能給公眾真正的民主選擇。多數人要看什麼、思考什麼，都由少數人決定，媒體新聞自由卻導出了「沒有言論自由」的悖論。

國際的或跨區域媒體市場的崛起並不單純，涉及媒體內容、政治與文化等社會結構以及國際資本家有意無意的意識形態形塑問題，但它在剛開始被引進或散播時，經常是以經濟問題加以考量。主要涉及跨國的電影、電視、書刊或流行音樂產品，受到國際貿易組織（WTO）、世界銀行（World Bank）、國際貨幣組織（IMF）等支持。高唱國際貿易自由化的同時，將傳播商品納入自由貿易的服務業商品之一，為其拓展全球化市場。此種影響力向下發展後，讓全球化區域、地方的媒體經營

者，學習並建立美國式媒體經營準則，就是「唯利是圖」的經營邏輯。此種媒體經營準則在一段時間後，會產生鉅大的影響力。

　　以利潤目標為導向的媒體，在追逐商業利益的過程中，不斷出現傷害民主、貶損民主價值觀的惡行。即使在21世紀初網路媒體與數位匯流的發展，媒體菁英依舊設想要如何利用這個新媒體系統，繼續把自己裝扮成為負責任的、為民主服務的模樣，以便更鞏固其媒體集團的龐大利益（McChesney, 1999）。

　　Herman和Chomsky以三個步驟分析美國媒體，首先觀察媒體所有權、其次是廣告，再則是新聞產製過程中對消息來源的控制等。他們發現，言論自由只會照顧到財團資本家的利益，因而，現代媒體發展史，不僅是一個逐漸併入資本主義體系的媒體經濟史，也一個所有權愈趨集中的媒體政治史，大眾媒體已經成為一個限制公民實現民主的奇怪機制（Herman & Chomsky, 2011）。

　　美國外交政策期刊（Foreign Policy Journal）2014年2月刊載了在臺灣工作的記者Chris Fuchs文章。文章指出，臺灣電視新聞已經成為疲勞轟炸式的腦殘（bombarded by brain-dead news）。雖然臺灣的新聞自由是亞洲第一，不過媒體濫用自由的煽情、媚俗，把閱聽大眾變成僵屍的新聞報導已經讓人難以忍受（Fuchs, 2014）。

　　21世紀出現的媒體反民主，已經從美國蔓延到全世界，世界各地都出現「媒體愈來愈富有，民主愈來愈貧乏」的現象。事實上臺灣媒體產業，正在發生的事與Herman & Chomsky或者McChesney的觀察一致，尤其電視媒體結構與所有權移轉到財團手上之後，臺灣媒體環境也出現類似美國的現象。

　　綜合而言，當前的媒體變遷，是從文人辦報、在地經營，發展為跨國的、財團的非傳統媒體；當前的媒體享用新聞自由與言論自由，卻不對民主制度負責。

第三節　臺灣警政研究文獻回顧

現代意義的警察制度，咸認1829年始於英國，肇始於倫敦的警政制度，許多觀點甚具前瞻性。例如在當年英國內政部長皮爾爵士（Sir Robert Peel）提出的「都市警察法案」（Metropolitan police Act）之中，就有警察來自人民（People's. Police）的說法，這個說法具備民主警政概念，現代警察在民主制度下出現並行使職權，警察不會因為行使公權力，而成為一種新興階級（梅可望，2002：57-86）。

世界各國警政發展歷史不一，警政制度亦不一，觀察一國警政制度可以從社會結構、政治制度、法律、歷史傳統、文化、科技管理法律等各方面探討。而各國警政制度或經驗某些可以移植至他國，某些則不能。例如臺灣在1980年代引進科技警政經驗取得成效，但是在學習美國警政經驗計劃裁撤派出所時，卻遭遇阻力（章光明，警察政策：217、262）。因為臺灣散在派出所、警勤區，是臺灣社會傳承的歷史特色。臺灣派出所警政制度，不但有助於治安，也可以維繫密切的的警民關係，是臺灣警政的特色，也具體實現了警察代表國家行使治權的「全面性分佈」的概念（梅可望，2002：115-116）。

一、臺灣警政變遷與發展文獻回顧

從宏觀角度來看，時空環境、外部環境與領導人意志，都是影響警政變遷的關鍵。回顧我國警政發展記錄，首見1971年出版的《六十年來的中國警察》，係我國警政發展歷史第一部專書。我國警政肇始於清末，民初至1940年代的大陸時期，國家接續在軍閥割據、抗日戰爭、內戰等非和平環境下踽踽前行。同一段時間在臺灣部份，則要到1945年臺灣脫離日本殖民統治後，才納入我國警政發展史（中央警官學校編，

1971）。

　　中央政府1949年自大陸遷臺之後，自1949至1971年退出聯合國，國家政治主流思維與社會結構的各種氛圍都環繞著反攻大陸、解救同胞。在維護國家安全先於人民權利的這段期間，警察執法最重要的依據是「違警罰法」，該法實際上成為警察威權執法的根源，彼時雖有名義上的民主警政，但是警察仍然可能任意侵害人權。

　　臺灣出現國家發展等同於臺灣發展的思維，發展的重心移至臺灣本土化則始自1971年，從此，臺灣民主警政踏上發展之路。參考警察大學2013年出版的《臺灣警政發展史》編者序言，1971至2008年第二次政黨輪替前，我國民主警政發展梗概如下（章光明主編，2013）：

　　1971年政府退出聯合國，隨著外部環境改變，國家領導人把更多關注拉回現實。在外交處境艱危下，蔣經國先生於次年出任行政院長，全力發展國家，建設臺灣，在經國先生帶領下，我國開始邁向民主化。

　　此時，警察配合國家發展於1972年成立中央部會警政署，領導臺灣省警務處為全國與地方的警察業務主管機關。臺灣開始出現「黨外」群眾運動，當時，「打不還手、罵不還口」成為警察處理集會遊行的政策原則，尤其1978年的高雄美麗島事件，更能彰顯經國先生推動臺灣民主化進程的決心。

　　1970年代中期之後，開始推動警政現代化，1976年通過「警察人員管理條例」（後改為「警察人員人事條例」）。司法院大法官亦於1980年首度針對「違警罰法」作出解釋，認為其中有違反憲法保障人身自由之處，警察開始注意到保障人權的現實課題，已然開始。

　　1980年代，隨著臺灣經濟起飛，蓬勃的社會力掀起一波波民主需求的呼聲，1986年民進黨成立，拉開政黨政治序幕。1987年政府宣布臺灣地區解除戒嚴，為了因應解嚴於1988年由警察執行新制定的「集會遊行法」等，亦新制定了「國家安全法」等若干與警政有關的法規，此時期為警察功能變遷的轉捩點。

　　在警察人員選訓培養人才部份，1988年臺灣警察學校升格改制為臺灣警察專科學校。中央警官學校為了培養警政科技人才，增設鑑識系、資訊系。1990年司法院大法官，「違警罰法」警察限制人身自由之裁決權力應屬違憲，並限於1991年7月失其效力。並由新制定的「社會秩序維護法」代之。

　　1991年5月1日零時起終止動員戡亂時期，回歸憲政民主。在之後的10年期間，原屬於警察機關的戶政、消防、海巡先後脫離警政行政體系，中央警官學校亦於1995年改制為中央警察大學，並開始設立博士班。

　　1999年臺灣省警務處配合開始實施地方制度法，脫離警政署並改制為臺灣省警政廳，但於不久後因凍省而被裁撤，我國開始警政一元領導，全國警察行政事務統歸於內政部警政署。

　　警政革新開始採用眾報案三聯單，人民開始對警察，有更多「課責」的覺醒。

　　隨著2000年政黨輪替，我國進入民主確立時期，新政府引進較多英美國家新公共管理學（NPM）的概念，在政府革新行動中，「服務型警察」的觀念被引入警政作為，警察機關並逐步實施ISO服務認證、制定標準作業流程、舉辦治安民調與被害調查、參加行政院國家服務品質獎競賽等，開啟警察為民服務的新民主警政時代。

　　2000年10月31日廢止「戶口查察實施辦法」，警察查察戶口業務正式走入歷史。警察從此不得在沒有理由、沒有法院搜索票的情況下，擅入民宅。之後的作法，警察人員必須基於特定原因，受嚴格條件及程序規範下，以進行治安、犯罪預防或為民服務等理由，執行家戶訪查。

　　2003年在大法官催生下，開始實施「警察職權行使法」，成為日後警察執勤的重要法律依據。司法院大法官針對警察業務的「檢肅流氓條例」，分別於1995年、2001年、2008年三度宣告部份條文侵犯人權、違憲，應於2009年1月21日廢止。

　　章光明主編的《臺灣警政發展史》，只寫到2008年之前，汪子錫（2012）則在《憲政體制與人權保障》一書中接續提到2008年二次政黨輪替後，臺灣民主警政的發展重心，主要是來自政府推動保障人權所引導的警政變遷。參考其內容，重要的事件如下：

　　2008年二度政黨輪替，我國進入民主鞏固時期。2009年12月10日開始施行「公民與政治權利國際公約及經濟社會文化權利國際公約施行法」（簡稱兩公約施行法），政府高倡「人權大步走」，並對各級公務員展開講習訓練，直接催促了警察執法兼顧保障人權的民主警政新頁。

　　2009年9月，總統馬英九在「人權大步走」研習會上說：「我國憲法從第7到第22條所列舉或概括規定的，都是人權；但是現在人權的範圍可能不只這些，大部分的公務員都不知道人權是怎麼回事，這不能怪大家，因為我們過去的教育當中，很少提到這些」。

　　警政署對於前述談話，做出了回應與行動，宣布為了落實保障人權，警政署自2009年10月1日起全面廢止警察機關非刑案嫌犯「按指紋」的規定，行之有年的「按指紋」共87項警政業務，從此走入歷史，我國民主警政向實踐人權保障跨進一大步。

　　2012年1月1日開始施行「消除對婦女一切形式歧視公約施行法」（簡稱CEDAW施行法），各警察分局陸續設有「家庭暴力防治官」，此一非正式職稱是由受過處理家庭暴力案件專業訓練的警察人員擔任，以落實對婦女人權的保護。

　　民主警政與社區警政有關，是從實驗中摸索出來的經驗，以下介紹臺灣實施社區警政的經驗。

二、臺灣引進社區導向警政與實施文獻回顧

　　1980年代初，美國政府亟思擺脫專業化的迷思，經由美國司法研究院（National Institute of Justice）之贊助，於全國各地，以各種不同取向、名稱，甚至重點各異的方式推動社區警政（Community Policing）。

1992年柯林頓（Bill Clinton）總統主政後，為了向選民宣示政府打擊犯罪之決心，讓民眾重拾往日優良的生活品質，除了通過犯罪法案（Crime Bill）之外，並撥專款由司法部統籌協助各地警察單位轉型為社區警政。

社區警政從此成為世界各國學習的目標，從歐洲的英、荷等國到美、加地區，從日本到新加坡，從中國大陸到臺灣，無不高談社區警政。某些時空之下，社區警政儼然成為所有警政改革的代名詞（葉毓蘭等，2002：6）。

臺灣於1988年引進社區警政概念，但是要到1994年才出現社區警政的實施範例。前臺灣警察專科學校校長陳連禎於1994年擔任內湖分局長時，在轄內推動社區警政實驗，成為臺灣第一代社區警政的推手。在他的警務轄區內，出現許多警察創新服務，讓當時的新聞媒體大感訝異並且高度肯定。一直到1995年，各地警察機關都展開學習，不斷創新，警察成為無所不管的社會服務工作者。

到了1996年，警察內部出現一派意見認為，所謂「社區警政」的服務工作，許多都超越了警察的職權，不應該支持或鼓勵。第一代的臺灣社區警政，因而出現停頓，社區警政爭議未定，時浮時沉，並沒有釐清一定的目標與方向。此後一段時間，政府高層沒有大力推動社區警政，但也沒有明確的提出不實施社區警政。

「內湖經驗」當年推出的創新為民服務項目包括：

（1）協助國小學生上學、放學的交通安全，例如警察牽小朋友過
　　　馬路。

（2）夜歸子女可到派出所請警察護送到家。

（3）提領百萬元以上的現金，可請全副武裝的轄區警察護送。

（4）編印「治安快報」，即時公布歹徒特徵，提醒民眾自保。

（5）發行口袋型「為民服務聯繫卡」，社區居民人手一卡。

（6）由警察編輯，連續出版《治安傳真》社區報紙。

　　1990年代臺灣社會剛結束戒嚴未久，在台北市內湖實施的社區警政但開風氣之先。但是這類創新的警察服務，在當時卻是贊成與反對的意見雜陳，也有保守勢力質疑的壓力。以今日的眼光來看，「內湖經驗」實際上是臺灣民主化過程中，警察職能思維與社區警政哲學演化的先驅。到今天來看，隨著臺灣民主化的進程，以及新公共管理學倡導服務型政府的觀點日漸形成共識，臺灣今日推動社區警政，已經沒有當年的阻力了（汪子錫、葉毓蘭，2011：39-54）。

　　內湖經驗之外，臺灣社區警政還出現過「玉里經驗」可供討論。

　　花蓮縣警察局玉里分局在由分局長林再本號召，於2003年成立「博愛社」，提供對於老年人的協助、貧民的協助以及對於「無所事事者」的協助，2004年通過ISO品質認證。

　　除了博愛社之外，玉里經驗創新為民服務事項包括：輔導外籍新娘考照、機動派出所闢為行動圖書館送書到部落、學童課後輔導、輔導外籍配偶考取駕照、獨居婦女叫修水電安全維護、機動派出所搭載偏遠地區老人領年金、派出所電腦代訂火車票、行動圖書館部落飄書香等。

　　《天下雜誌》記者於2005年10月在玉里分局進行採訪時，不敢置信所見聞的一切，甚感訝異的說：「警察可以做這麼多事，真是難以想像」（林再本，2006）。

　　2003年至2006年之間的花蓮玉里分局，創造臺灣社區警政的「玉里經驗」，讓許多人津津樂道，當年花蓮縣長謝深山曾經多次讚揚「從來沒有見過像玉里分局這麼有愛心的警察」（汪子錫、葉毓蘭，2011：39-54）。

　　社區警政源自英美國家，內湖經驗或者玉里經驗，以因地制宜的方式，使其在地化實踐，為臺灣樹立了社區警政的服務範例。但是社區警政不只是提供創新服務而已，社區警政已出現全球化現象，各國警政又因地制宜使其在地化，因此出現了社區警政全球在地化（Glocalization）的發展。不只如此，世界各國民主警政，也出現以社區導向警政為中心

的警政匯流（Policing Convergence）現象，將各種警政思維，匯入單一警政系統結構內。

三、全球在地化的社區導向警政匯流研究文獻回顧

　　世界各國先後設置警察，各國警政在各自發展與興革之後，如今被公認兼具全球化與全球在地化特色的就是社區警政（Community Policing），或稱社區導向警政（Community Oriented Policing）。社區警政的思維能夠盛行於世界各國，主要是因為從全球角度或從在地（local）角度來看，各有不同層次的共同體主義（communitarianism）被實踐（章光明，2012：247-275）。

　　在世界各國警政制度中，雖然有各種不同機制與功能的警政設計，但是全球化帶動了警政匯流的概念。警政學者David H. Bayley曾經對多國警政模式進行研究，也親身前往許多國家進行資料蒐集，例如他對日本警政所作的研究（1991）。在宏觀性的考量下，Bayley認為社區導向警政，應該是當前具備跨文化的全球化警政，也可以視為全球在地化警政（Glocalization Policing）的代表（1994）。

　　本文參考Bayley（1999）、Mawby（1999）、Trojanowicz & Bucquerourx（1990）、Klockars（1983）、Greenbreg（2000）、Goldstein（1990）、Wilson（1968）、Wilson & Kelling（1982）、陳明傳（2000、1997、1992）、李湧清（1997）、許春金（1996）、孟維德（2008）、朱愛群（1998）、李宗勳（2010）、章光明（2012）等警政學者論述，整理上述學者對於不同警政概念的解釋，並且將各種警政之間的直接、間接連繫製成圖2，以便從宏與整體的視野，去理解不同名稱的警政與民主警政（Democratic Policing）的關係。

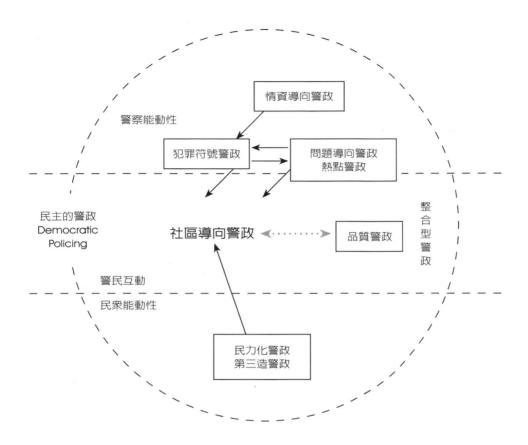

圖2：21世紀的臺灣民主警政結構化（本研究製圖）

　　從圖2來看，警政匯流的概念已然隱約出現，匯流的中心是社區導向警政，其他作用的警政則是以直接或間接方式向中心匯流，形成一個民主警政的結構化現象。各種不同名稱的警政思維，及其代表的意涵，說明如下：

（一）社區導向警政（Community Oriented Policing）

　　於1983年創設美國社區警政中心（National Center for Community Policing）的美國警政學者Robert C. Trojanowicz以 "P" 為首的英文單字解釋社區警政，其說法亦獨樹一格（Trojanowicz & Bucqueroux, 1994: 3）：

> 社區警政是一個主張警察長期（Permanent）派駐在同一個轄區（Place）巡邏（Patrols）和工作，與民眾建立夥伴關係（Partnership），預警式（Proactive）的與居民共同發覺並解決問題（Problems）的人性化（Personalized）全方位服務的警政（Policing）哲學（Philosophy）。

　　社區導向警政重視警民關係、警察社區經營，這符合臺灣散在派出所的現狀，也具備實施的基礎條件。警民關係需要藉由不斷溝通來累積警民之間的信任與信心。社區導向警政的核心概念，是復古了「警察來自人民」，深化了警力有限、民力無窮的傳統概念。此外，從Trojanowicz的說法，可以觀察到預警式警政、問題導向警政，都在向社區警政的方向匯流，或者說預警式警政、問題導向警政根本就是社區警政的一部份。

（二）問題導向警政（Problem Oriented Policing）

　　問題導向之策略經常與社區警政策略相輔相成、互為運用。而且社區警政大都包含問題導向之策略。執行此一警政作為以SARA四個方法為步驟，即掃描勤區（scanning）、勤區狀況分析（analysis）、勤區勤務回報（response）、狀況評核與改進（assessment）。

　　從問題導向警政衍生出來的還有一個概念，即熱點警政（Hot-Spot Policing），熱點警政認為，把警力資源集中在犯罪或可能犯罪的熱門地

點，有助於治安維護。

（三）民力化警政（Privatization of Policing）

也被稱作第三造警政（Third Party Policing），包含社區警政治安經營的理念與原則。民力化警政係以民間機構（Privatization）、私人警衛（private security）為主要警政協力者。此外，還有非營利性組織、志願團體、義工或者案件中相關被害人加入，是偵查與預防並重、警力與民力結合的警政作為。

（四）品質警政（Quality Policing）

以顧客導向的服務策略，在內部顧客服務而言，可以增進警察內部組織氣候與激勵士氣；對外部顧客降講求服務品質，則可增進警民關係。強調服務品質的品質警政，帶有積極服務的意味，而不是警察被動的採取服務行動。

（五）犯罪符號警政（Sign-of-Crime Policing）

犯罪符號警政亦被稱為預警式警政、破窗警政（broken windows）。符號學（semiology）解釋 'Sign'，具有徵兆的意思。例如看到煙，可以推想必有火，這裡的「煙」就是 'Sign'。犯罪符號警政概念是藉由積極處理小問題，來預防及遏制嚴重犯罪的發生。此外，犯罪符號警政透過行政管理手段，可作預先分析（proactive）與計劃性的警政作為。

（六）資訊統計警政（COMPSTAT）

CompStat（computer comparison statistics）電腦統計比較可以讓警方運用歷史統計，分析或預警犯罪發展、治安威脅趨向，也可以用來即時追蹤犯罪事件，是警政科技系統化的運用。可以納入統計的資料很多，主要包括人口資料、刑案前科人資料、受害者資料、刑案時間與發生地點

等，凡是有用的資料皆可納入，方便警方分析與掌握犯罪模式。

（七）情資導向警政（Intelligence Led Policing）

美國2001年發生911恐怖攻擊事件後，其國內警政開始注意到如何垂直整合聯邦、州及地方警察機構的情資連繫，以便預防恐怖攻擊再次發生。此一思維隨著美國向他國尋求支援配合而擴散，美國並建議其他國家參考實施，建立其國內治安聯繫平台，並且必要時與美國建立情資交換管道。若是還沒有合作反恐的規劃，情資導向警政也有助於國內治安，各國可以強化在其國內的打擊犯罪預警情資。

（八）整合型的警政（Integrating Policing）

若以社區警政為中心，向上是整合警察的能動性，向下則是整合社區與社區居民的能動性，一方面繼續加強警察專業化，一方面以落實人權與為民服務為出發點，將之整合進入社區警政警民互動的作為之中。當然，整合型警政亦可視為一種種描述，是對於採行多種警政思維警政結構的描述。

綜合而論，透過對世界各國警政思維、作為的觀察，可以整理出警政匯流的現象。本研究認為，在以社區導向警政為各種警政思維的中心時，社區警政是容留與疏導各種警政匯流的「容器」，呈現了民主警政結構的多種面向。

第四節　再現理論回顧與反思

學術界對於再現（representation）的研究相當多元和複雜，許多見解都相互援引，或跨學界相通之處。相關理論包括社會再現理論、符號再理論、媒體再現理論、文化意識形態再現理論等，以下逐一說明。

一、社會再現

社會再現（social representation）的概念受Émile Durkheim（1858-1917）集體再現（collective representations）所影響，是一種描述社會結構的工具，也是觀察研究社會結構的方法取徑。

Durkheim從社會整合觀點出發，探討集體意識（consciousnesses），他認為沒有共同的信仰便不會有整合的社會，因此人們要透過知識與社會再現來整合社會集體現象。他認為，個體的「人」有兩個存在，一個是個體存在（individual being），另一個則是社會存在（social being）。在他著名的《宗教生活的基本形式》（*The Elementary Forms of Religious Life*）書中提到，社會存在是集體可見的「智力與道德」最高層次，也就是「社會」所存在的個人，而個體存在是則受到集體存在所壓抑制約（Durkheim, 1961）。

1966年社會學家Peter L. Berger和Thomas Luckman援引傳統社會學、現象學，探討社會制度結構過程對於社會真實的影響，發表了《事實的社會建構》（*The Social Construction of Reality*），被認為具有社會再現理論的意涵。他們認為，經由社會互動構成與被實踐的制度，會不斷被複製、再現，社會生活中所有建構的真實，都只能被社會地建構（socially constructed）。換言之，被社會制約的規範，是通過社會再現、複製生活實踐才得以建構、再建構（Berger, & Luckman 1966）。

社會再現理論的發展方向，是嘗試在具體的社會情境中，尋求某種最好的（the best）因果關係來詮釋日常生活遭遇。這個觀點到後來發展出的見解，是認為除了使用言語（speech）之外，個體在互動時採取的動作、姿勢，更能產製出個體所欲表達的意義，藉此更能詮釋與分享社會溝通環境（Krauss & Fussel, 1991）。社會再現理論，從此開始出現與溝通（communication）有關的研究。

社會再現理論到了微觀層次，與行動者（agent）的心理學研究連結

起來，社會心理學、文化心理學以「再現」為題的研究，也經常可見。

晚近法國社會心理學界興起的社會再現理論，被認為是可以用來分析日常遭遇、意象和符號意義的方法論，這個方法論重視以地方常識（local knowledge）的角度研究日常生活遭遇。而且認為「存在於社會或文化群體中的再現，不只可用來描述與解釋社會物件或事態，還可在日常生活中實踐」。

強調以日常生活地方常識進行心理學社會再現的研究，還出現在文化心理學（cultural psychology）領域。這個領域的研究，涉及個人行動前的心理動機肇因。這類研究過去大多透過測量取得數據，或者運用實驗法取得各類數據，以便進行統計分析，晚近卻有援引民族誌研究方法的文獻提出。

例如Cole（1996：104）歸納出文化心理學質化方法論的特色，對於研究者提出的建議是：「以日常生活個體發生的（ontogenetic）、微觀層級發生的（microgenetic）事件做為分析樣本，從心靈（mind）出發，研究行動者（agents）如何主動發展行動的過程」。

二、符號再現

探討符號再現（symbolic representation）極為重要，因為它是符號互動、媒體再現的基礎，所有被他者看到的人們互動的媒體呈現，都是符號再現。這意謂著真實只發生在符號行動的當下瞬間，當它以再現的方式呈現（presentation）時，本質上已是再呈現（representation）。再現與事實不同，應該區別它與真實（reality）的差異。

學界咸認符號學（semiology）開創者是瑞士語言學家Ferdinand de Saussure,（1857-1913），他是歐洲結構語言學奠基人。在他去世後，由學生以課堂筆記編輯成《普通語言學論稿》（*Course in General Linguistics*）成為符號學研究的經典著作。Saussure界定一個符號（sign）是兩個互賴、互動的構成面，也就是符號具（signifier，所指）和符號

義（signified，能指）所構成。就語言符號來說，符號具是一個音象（sound-image），而符號義是一個概念（concept）。如「樹」這一語言符號是由其音象（樹之音）與其概念（樹之概念）所構成（汪子錫，2009：65-92）。

Saussure認為，符號系統是由表達意念的符號群所構成，例如語言符號系統、書寫符號系統、聾啞人的手語符號系統、儀式動作符號系統、軍事暗號符號系統等都是。他對於符號學最具影響的發現，是表義二軸說。

他發現在語言符號系統中，語彙意義的界定關鍵是「關聯」與「系統」。因為一個概念並不預先存在，而是透過語言行為、連續區分行為而加以界定。表義二軸的毗鄰軸（syntagmatic axis）是水平的，意指講出來的有效的一串語音，具有水平連續性。而系譜軸（paradigmatic axis）是垂直的，是隱藏著被聯想到的一連串心理意會過程，藉此二軸，說者才能表達全面的意義，聽者也才能接收全部意義（Saussure, 1916）。

舉例來說，在水平軸上的烏鴉、老鷹、貓頭鷹、白鴿和白鷺鷥等是連續毗鄰的「禽鳥」符號，從當中取出「白鴿」作為垂直交會點，向下延伸意義時，會出現白鴿→和平鴿→警徽和平鴿→警察的系譜意義。

Saussure發現表義二軸說的意義非凡，而且影響深遠，例如Charles Sanders Peirce（1893-1914）、Roland Barthes（1915-1980）、Raman Jakobson（1896-1982）等人皆在其影響下，擴大並充實了符號學的領域。

Barthes把Saussure以語言為主的符號學，擴大為超語言（trans-linguistics）符號的概念。Barthes認為語言以外的各種符號系統，也都屬符號學研究的範疇。例如圖象、姿勢、樂音、儀式等，這些系統在Barthes看來，都屬於符號表意系統，但是這些系統與自然語言不同，是二度語言（second-order language）。因為Barthes認為Saussure所分析的是符號具、符號義之間，以及符號和它所指涉的外在事物之間的關係，即符號本身外延的明示義（denotation）這樣的研究僅是符號表意

的第一層次解釋。Barthes認為在符號表意的第二層中，還藏著隱含義（connotation）、迷思（myths, 或譯神話）與象徵（symbolic）三種不同層次的意義（Barthes,1972）。

Barthes界定的迷思被認為是一種以文化概念思考事物的過程與方式，也是一連串理解事物的方式。例如，他提到英國文化存在著對警察的傳統的迷思：友善、安全、不具攻擊性、不帶配槍等。英國警方宣傳一張照片，照片的攝影手法是一名高大但表情溫和的警察伯伯，輕撫手持鮮花小女孩的頭，就是依據符號學的第二語言迷思（神話）而處理的（張錦華譯，2004：117）。

Barthes開啟了敘事的神話研究途徑，經常被當作敘事電影故事內容的分析工具，也是媒介批判（Media Criticism）、文化批判（Cultural Criticism）常用的符號分析方法。

Jakobson對隱喻（metaphor）、轉喻（metonymy）做了經典解釋，他認為「再現必定包含了轉喻」。依Jakobson解釋，隱喻是透過類似關係（similarity），讓一符號去替代另一符號，同時也將某一層面的事實移轉至另一層面而產生意義。例如以「火」代表「熱情」，即屬隱喻。

轉喻則是透過鄰接關係（contiguity），將某一符號與另一符號連結，使一個意符代替另一個不在的意符，也就是以部份代替整體，例如以「帆」代表「船」，即屬轉喻。我國官方宣導警察正面形象時，常用「人民保母」，但警察和保母之間沒有鄰接性，應屬於隱喻的手法。

符號學重要學者Charles S. Peirce（1893-1914）的符號屬性分別方式，是很有用的分析工具，Peirce舉出三種符號屬性分類，分別是肖象（icon）、指標（index）和象徵（symbol）。Peirce認為符號學研究的重點應該擺在symbol，因為象徵符號中的符號具與符號義的關係，具有約定俗成的日常生活運用功能（Greenlee, 1973: 24）。

肖象性符號（iconic sign）：由其動態客體本身所蘊含的特質所決定之符號，肖象性符號藉由相似性或類似性來代表客體；符號和釋義間的

關係取決於貌似，譬如照片、圖表等都是。

　　指標性符號（indexical sign）：由其動態客體的實質存在和符號的關鍵所決定，指標性符號中的符號和釋義間，存在因果性。例如煙是火的指標性符號，看到「煙」，會聯想到煙下面有「火」。

　　象徵性符號（symbolic sign）：表示符號和釋義之間彼此既不相似，也無直接關係，完全是約定俗的組合，例如「文字」就是一種象徵性符號。

　　在這三者中，Peirce認為符號意義不是截然區分或互斥的，一個完整表意的象徵符號，可能包括了肖像、指標、象徵不同屬性的獨立符號。

　　以下借用我國道路交通指示圖來說明Peirce的符號屬性分類。

圖3：交通指示標誌中的符號示意

　　在圖3中，有一個肖似「人騎在機車上」的圖，此一圖案是肖象（icon），以盡可能與實際相類似的圖象代表一個「行進中的機車與人」。上方與右側有兩個箭頭，一個向上一個向左，這兩個箭頭是指標（index），指示了前進方向。在約定俗成的觀念裡，圓型、藍色為底在交通號誌表意係專指「指示標誌」，這就是象徵（symbol）。人們習以為常的視覺經驗，不會只看箭頭，或只看機車與騎士的肖象，而是從整體標誌視覺再現，認知到「機車請分兩段式左轉」的意義。從Peirce的

分類來看，這個標誌的完整意義，也是象徵（symbol）。在我國其它交通標誌中，還會以不同符號，顯示不同的象徵意義，例如「圓牌紅色邊框白底，從左上到右下斜貫一條紅線」象徵「禁止」標誌；「三角邊框白底」則象徵「警告」標誌。

三、符號互動

在傳播學研究中，符號再現有時也泛指媒體再現，但是符號再現，有更強的針對性，這要從符號互動說起。

社會互動中的個體是採取符號系統的行動，來表達心智的意念，並且透過符號互動，對溝通的雙方產生意義。符號系統包括語文符號系統、非語文符號系統。當個體的符號行動完成後，其所留下記錄的身影、語音等圖象或聲音符號，再度呈現於視覺時，例如播放影音供人閱聽、被拍攝的照片供人觀賞、書寫的文字供人閱讀，這些行動過程就是再現，精確的說，就是「透過符號的再現」。

社會學所有的互動論（symbolic interactionism）都吸收了Mead的學術思想，然而許多當代思想家都是有選擇的借鑒Mead的理論；這造成了互動理論百家爭鳴的局面（Turner, 1998）。具代表性的符號論學者不少，以下介紹五位與本研究有關的學者Mead, Blumer, Cooley, Goffman以及Manning。

George Mead（1863-1931）參照歐陸德國E. Husserl（1859-1938）現象學，結合美國實用哲學（Pragmatism），發展出一套微觀人類群體生活的方法論，稱為符號互動論（Symbolic Interactionism）。他在美國芝加哥大學創辦了社會心理學課程，逝世後由Blumer接手，之後在芝加哥大學出現不少追隨者，也發表更多相關研究，出現許多社會學新名詞，這些相關人物與理論也被稱為芝加哥學派（School of Chicago）。

符號互動論的基本概念，認為人是會創造並使用符號（symbols）的動物，人以外的其它動物則很少或根本沒有這項能力。符號互動降低了人類以動物生理本能互動的模式，也因此探討符號互動，就涉及人類

心靈的部份。符號泛指口語、音調、肢體動作、姿勢、表情、其它符號等。人類使用符號溝通，前提在於符號所代表的意義是被互動雙方所認同的；人類因為使用符號溝通，才使得社會組織得以持續運作以及發展變遷。

Mead（1934）認為自我包括了主我（I）、客我（me）兩個階段，主我就是自己，客我則是別人眼中的我。客我具有一個人假設他者態度的功能，是感知外在環境後所協調出的部份。客我以辨證方式與主我對話，協助個人創造新的，更有力的環境條件。個人在互動過程中要能夠詮釋有意義的姿態與符號，並且透過角色替代（role-taking）來完成，即所謂的換位思考、同理心，這樣人們的行動才能符合社會交流（social transaction）的有意義行為，人們會在社會互動中不斷修整自我角色、改變自我行為，並因此形成自我概念和心靈特質。

Martin Blumer（1962）提出三項符號互動的基本假設是：人們透過互動，對於事、物或他人賦予某種意義，並且在這意義上採取行動。在處理符號過程中，會因為個人經驗予以解釋，進而逐漸修正與掌握該符號的意義。Blumer強調社會互動是不斷變遷與修正的過程，個人在互動過程中的反應是依賴對彼此行動所下定義的瞭解。例如面對大聲說話的人，從其說話內容、語調、肢體，可以判斷可能的負面意義有無禮、粗魯、輕蔑、鄙視、凶狠、心虛等等；在正面意義上可能是熱誠、坦白、正直、負責等。

Chales H. Cooley（2006:183-184）提出鏡中之我（looking-glass self）的概念，他認為每個人都是別人的鏡子，反射對方的他者。個人想像自己如何出現在他人面前，也想像他人對自我外觀的評論，最終會發展出包含他人對自我判斷評論的自我感覺。

Ervin Goffman在《日常生活中的自我表演》（*The Presentation Of Self In Everyday Life*）中提出日常戲劇（everyday drama）的概念，透過日常戲劇觀演，成為社會平等者間溝通的有力媒介。他認為，人們日常生活中的

互動秩序，是一場刻意的演出。社會是個超大舞台，所有的男男女女都是演員，一個人的一生中扮演著好幾個角色（Goffman, 1959）。

以戲劇概念來描述人們日常的行動，認為人們在努力遵照社會規範的同時，心理上又想脫離社會規範，這是戲劇理論（Dramaturgical Theory）前舞台（front）與後舞台（back）行為交錯的情形。前台包含角色和場景，角色是在一特定情境內被扮演，是指日常生活的表演是為了符合觀眾的期待而在台前表演；揭露自己則只是為了要讓他人對自己留下印象（image）進而產生認同。演員在下了舞台之後，會卸掉戲中角色回歸自己，因此台前和台後的印象往往是不一致的。

Goffman的日常生活戲劇理論還發展出印象整飾（impression management）的概念，這個概念是指個人致力在不同情境中傳達出的特定印象，以便達到與其相稱的個人素質。印象整飾的功能是使別人重視自己，這樣才能影響與左右對方的行為（Smelser, 1994）。

Peter K. Manning是Goffman的學生，也是以符號互動論研究警察工作的先驅研究者，他1977年的著作《警察工作：警政的社會組織》（*Police Work:The Social Organization of Policing*）一書中，Manning解釋警察工作的前舞台、後舞台時認為，身著制服在街頭巡邏的警察，好比現身在前舞台上，警察在街頭的一舉一動，都是表演，也都有觀眾在看著。而警察工作中的整備、訓練、督察、議員關說等這些不太容易被人看到的互動，則是在後舞台進行。

Manning認為，警察在前舞台的表演，要放在戲劇框架中思考，因為傳播媒體的發達，警察在前台的表演，很可能會成為新聞報導的內容；至於後舞台，則不是媒體輕易可以察覺的（Manning, 1997, 1977）。

四、媒體再現

最早出現的新聞報導（news report）其實是遊記見聞記錄，到了1914至1918年第一次世界大戰（戰場主要在歐洲），利用圖片、雜

誌、報紙、電影、廣播電視的媒體再現，都具有報導者濃厚的主觀意識，以及宣導教育民眾的企圖（Lassewell, 1927）。1945年結束的第二次世界大戰期間，戰爭動員宣傳、製造謠言、情報分析等有關媒體再現的發展達到了顛峰狀態。為了取信於人以及掩飾企圖，媒體反映論（reflectionism）被宣傳者反覆強調，反映論把媒體形容為一面鏡子，強調媒體的公正、客觀、獨立性。

與媒體反映論相反的是媒體再現論（representationism），媒體再現論強調媒體並不是社會忠實的反映者，而是受生產者主觀意識左右、刻意選擇符號組合的再現產品。

電視新聞、電視劇被視為日常生活的很有影響力的媒體，由於電視新聞有畫面（video）、有聲音（audio），被錯誤認為是「真實的現場」。各種娛樂性的媒體，例如電視劇、敘事電影、小說、流行歌曲等，則被視為虛構的。虛構且有故事的媒體再現，從文化研究的觀點來看，它們都屬於採用迷思（神話）的二度語言再現。綜合而論，無論電視新聞或其它各種娛樂媒體，所有媒體再現本質上都是透過符號，將事件以隱喻、轉喻、神話等方式建構一套社會秩序的價值觀。在挾帶這種對於人的意識可觀的影響潛力下，媒體再現的偽真性、爭議性、權力爭逐到意識形態國家工具（Ideological State Apparatuses）等各種複雜的議題，都被提出來討論。

1968年10月27日，倫敦街頭出現持續約5個小時的反越戰和平示威遊行，整個遊行在平靜中結束。不過在倫敦美國大使館附近，曾經出現短暫的警民衝突，而且迅速結束。但是幾乎所有新聞報導都把焦點放在這個小規模衝突上，引起當年剛成立的萊斯特大學（University of Leicester）大眾傳播研究中心三位學者注意，並進行調查研究，寫成《示威遊行與傳播：個案研究》（Demonstrations and communication: A case study）一書，這是大眾傳播學第一個針對媒體使用轉喻手法，以片面衝突引導全面衝突意象手法的研究，影響深遠（Halloran, Elliott, &

Murdock, 1970）。

後續的研究陸續被提出，更清晰的讓人看到「新聞是被製造出來的真實」，只能提供製造者想要人們知道的、應該知道的（Tuchman, 1978）。記者所撰寫的事件其實是「偽真實」。新聞記者編寫新聞，就像寫小說一樣，需要創意與想像。記者將事件變成新聞敘事吸引閱聽消費者，遵循的是某種特定的意識型態與固定的焦點敘事方式（Carey, 1986）。電視新聞以例行方式出現，只有少數的新聞是真的發生事件（Molotch and Lester, 1974）。

再現論將媒體的訊息與社會真實（reality）區隔開來，這個觀點被寫入媒體素養（media literacy）是極具意義的，再現論提醒公眾要聰明地、有所保留地來看待新聞媒體再現。

五、媒體再現與文化意識形態

英國文化研究者Stuart Hall、法國思想家Louis Althusser都指出，媒體再現只能建構想像的社會現實，媒體只能藉由符號組成的文本，再現一個經過人為製造的真實。

因此，Hall認為媒體再現連結到的是大眾文化的意識形態（ideology of mass culture），他認為再現意味著形塑結構，媒體不只是利用符號傳送既有意義，更是積極地藉由符號呈現生產事物的意義。他認為電視是極佳的視覺記錄與再現媒體，在從日常生活取材的新聞進行論述時，會出現自然化的假象，人們以為自己從電視螢幕看到的就是真實的世界。電視媒體以常識的樣貌與預設的權力角色，使其具有社會論述與再現的支配權力（Hall, 1997）。

Althusser從結構主義分析的取向，用「意識形態」等同於社會再現加以論述，他認為再現的意識形態具有建構主體的效用，使個人對於自我身分意識產生與認同，但實際上是一種迷思（myth）或神話。他認為，所有的人都生活在意識形態裡，各種再現系統，例如語言、

影像、儀式等都是文化意識形態，透過此一意識形態，人們連結並理解、接納、使用、創造社會所定義的「真實」。意識形態代表個人和他們真實存在狀況之間的一種想像關係，意識形態成為一組無意識（unconscious）形成的信仰（Althusser, 1996）。

意識型態對於掌握權力者而言，具有協助維持穩定與維持社會存在的功能，也具有粉飾主體與真實之間關係的作用。如果從個人主體意識來看，再現的意識型態是權力的負面運用，是某種意圖利用媒體製造操縱他人心靈的技倆。

意識形態與形象（images）在生產過程是相同的，但指涉的意涵有異。美國政治學者Lippmann對於形象的經典解釋，是指「大眾傳播媒介把外在的世界轉換為人們腦中的圖像」（Lippmann, 1922）。形象塑造是公開進行的，但意識形態則有負面指涉，意味不當操縱他人心智。

從警政角度來看，再現的意識形態作用可以透過警察形象來進一步實踐，警察爭取社會認同，需要運用媒體塑造良好的警察形象。

圖4是美國普立茲獎（Pulitzer Prize）1958年的得獎新聞照片，作者是Washington Daily News攝影記者William C. Beall。這張警民互動照片，被視為是警察形象的經典作品，照片後來被命名為"Faith and Confidence"（Beall, 1958）。

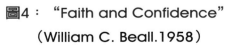

圖4： "Faith and Confidence"
（William C. Beall.1958）

資料來源：https://www.google.com.tw

以符號學分析前述照片再現的意義，主要角色是畫面中間的大人與小男童，也是吸引觀者目光焦點的兩人。從全畫面來看，併排站在街頭的一些大人是全圖主角的背景人物，視線向前方，無論他們在等望什麼，與這張圖的主題並不相干，但是提供了場景的詮釋。居於圖片中間，是彼此視線交會的一名大人、一名小男童。大人頭戴一頂帽子、身著制服，從觀者視線望去，大人腰間還繫著一個槍套，從帽子、制服、槍套三個符號的象徵意義，可以推斷大人是警察。

小男童仰臉、微笑，雙手在胸前，可能是鼓掌，也可能是互搓雙手。男童略偏著頭但視線對著對面大人的臉部，不知向警察說什麼。但呈現出和諧的、跳脫於現場旁人的、進行中的溝通狀態，並無疑問。

一個彎腰90度的大人警察和一個抬頭仰望的小男童，在符號的延伸意義是二人對於對方都很滿意。加上標題 'Faith and Confidence' 的引導，將整張圖片導向「完全信任」的二度語言；從迷思或神話分析的角度來看，還可以推衍到警民之間的「完全信任」。

如果這張圖片經常存在於觀者的腦海，並且接受文字所稱的完全信任，就會出現警察是值得人民信任的、可靠的好朋友這種意識形態。這張圖片所透露的再現意識形態，和臺灣習慣稱警察是「人民保姆」十分接近。

第五節　媒體的動力與警政媒體能動性

一、媒體動力與警政媒體行動

意識形態的作用不只在認知的心靈層面發生，意識形態還可以驅使人們採取行動，因此，媒體再現到產生作用，是具有動力性質的。

學者Dominick在《大眾傳播動力學》（*The Dynamics of Mass Communication: Media in the Digital Age*）一書中，強調全世界的大眾媒介經歷了幾波驚人的轉

變之後，已經永久性的改變了媒介景觀。尤其在數位化媒體發展下，大眾傳播動力進一步模糊了人際傳播與大眾傳播的界線（Dominick, 2010）。

媒體具有有動力（dynamic），足以驅動人們腦中的意象、認知、意識形態，乃至促使人們採取行動，商業廣告（commercials）運用媒體的最終目標就是促使人們採取消費購買行動。

媒體動力對警察而言，可以從影響的方向區分為正向或負向。正向動力是指媒體對警政發展產生正向的作用，例如有利於警政形象、警察公共關係、警政宣導等。負向動力是指偶然出現媒體對警政不友善、惡意的攻訐，或者是媒體對警政提出似是而非的負面論斷、質疑。警政管理需要了解並掌握媒體正向、負向動力的原理，也需要具備回應媒體的行動能力。

很長一段時間裡，臺灣警政管理的媒體的能動性，被結構化為兩個類目：警察公共關係與警政行銷。數十年來臺灣警政管理的媒體焦點，放在這兩個項目下被討論、被執行。例如警政署公共關係室的職掌，與媒體有關的部份就有：（1）警政新聞之發布與大眾傳播媒體之聯繫事項（2）提供大眾傳播媒體有關警政措施及宣導資料事項（3）輿論對警政之報導評論建議之蒐集及處理事項。

警察公共關係運作的範疇包括政府公關項目中的新聞、廣告、宣傳、活動等，另外警政機關通常是社會新聞的主要消息來源，因此，警察公共關係還要擔負連繫與服務新聞傳播媒體的任務，提供第三者的事件。這點與其它政府公共關係有很大的差異，也是警政公共關係獨有的功能職掌。

當社群媒體（social media）逐漸被視為大眾傳播新媒介之一時，雜誌、報紙、廣播電視三大媒體，被以傳統媒體（traditional media）相稱，以示其與新媒體的區別。在警政管理者而言，迅速普及的社群媒體是什麼，具有何種媒體能動性，是眼前重要課題。

2013年9月14日由警政署、中央警察大學合作，邀請全國各地警察

局長、公共關係或資訊業務承辦人、警察學術人員、傳播學者專家共約500人，召開「社群媒體與警察執法」圓桌論壇會議，跨出我國警政探討執法與社群媒體關聯性的第一步。此舉意義非凡，因為會議之後，傳統警政媒體行動的「警察公共關係」、「警政宣導行銷」開始全面融入e化媒體行動的新領域。

IACP國際執法政策中心（National Law Enforcement Policy Center）於2010年8月在官方網頁上貼出一系列名為社群媒體運用策略示範（Social Media Model Policy）的文章，分別對於警察運用社群媒體的目的、社群媒體的定義與名詞釋義、基本方針、準備程序、使用須合於規定、潛在的運用價值、警察個人使用社群媒體應注意事項等等提出建議。依據其對社群媒體的釋義，是運用科技整合，允許使用者創作自己的內容（user-generated content），並且經由多樣化通路傳播分享這些內容的新傳播科技，有別於傳統媒體。社群媒體的基礎技術是web2.0網路版本，這項基礎技術支援用戶之間的整合、協作、互動。舉例來說，臉書（Facebook）、MySpace、推特（Twitter）、Flickr、YouTube、維基百科Wikipedia等等」都屬於社群媒體之一（IACP, 2010）。我國2013年所召開的社群媒體圓桌論壇，可以視為對IACP的呼籲，首度作出了具體回應。

二、臺灣警政變遷、警政與媒體相關研究回顧

回顧臺灣警政變遷、警政與媒體的相關研究文獻，可以歸納為三種主要類型：歷史變遷記錄考察類、警察政策變革評論類、警察職能角色變遷解釋類，或者以其中某一類為主，其它類型為輔的研究。

在歷史變遷記錄考察類的警政變遷研究部份，係分析相關文獻，重整發展歷史記錄，例如曾榮汾（2001）、李湧清（2004）、陳添壽（2010）等人的研究以史料分析，對於警政變遷中的事件加以記錄與考證、解釋。

警察政策變革評論類，例如章光明（2001）的研究認為臺灣係從硬式威權（hard authoritarian）到軟式威權（soft authoritarian）；從民主發軔

到調整警察業務。而引發變遷的自變項則是人民對政府的態度、人民自我約束能力、社會結構三者。又例如陳宜安針對國家體制與警政發展研究，係針對戰後臺灣警察組織、制度、角色、功能等相關議題進行分析（陳宜安，2004）

　　警察職能角色變遷解釋類，例如李湧清（2001）探討警察在當代民主社會中之角色與功能，從歷史脈絡、實存現象加以分析，進而解釋警察角色、功能等。

　　此外，在警政與媒體的研究部份，由於民眾滿意度與警察形象本是相互連繫的概念，當警察機關開始講求服務理念，並致力於建立良好警民關係時，警察形象與民眾滿意度就會成為重要的課題（陳明傳、汪子錫等，2010）。形象研究常與公共關係有關，而滿意度研究通常與警政行銷有關，但其共通性是皆與傳播媒體有關。

　　這類研究亦可以區分為三類，警政與媒體政策行銷類、警政與媒體職能形象類、警政與媒體公共關係類。

　　警政與媒體政策行銷類媒的研究，例如黃宗仁（2010）檢視媒體在整合政策行銷取得什麼樣的綜效（synergy）。研究發現警察在反詐騙犯罪預防上，已經具有整合行銷傳播的基本架勢。黃雪蘭（2010）的政策行銷模式研究，探討165反詐騙專線之決策與執行成效。鄭世興（2010）的研究檢視警察機關所實施的行銷作為大多是被動的配合，在擬定警政行銷策略與行動方案上效果不彰。袁郁章（2010）的研究發現認為配合行政院以為民服務為施政導向，警察機關應加強關係行銷、為民眾服務。郭家峰（2009）探討警察置入性行銷，調查不同背景屬性民眾對電視劇置入行銷及其對警察形象認知的關聯，發現藉由電視劇方式來改變警察形象是不具效果的。蔡哲宜（2005）研究警政工作行銷制度、觀念與實際運作、行銷策略困境等。吳思陸（2001）針對警察機關導入ISO品質管理系統的研究發現，藉由導入ISO品質管理制度，建立以顧客為導向之警政制度，可提昇民眾之滿意度。

在警政與媒體職能形象類，例如賴和禧（2002）的研究認為，警政滿意度調查涉及的面向很廣，警察宜重視透過媒體塑造形象。廖振榮（2002）的研究認為，建構警察形象管理制度可以找回民眾對警察的信任、支持與合作；進而找回警察人員的職業尊嚴、提升工作成就感與效能，並提供民眾更好的服務。王淑慧（2002）的研究指出警察形象構面，包括警察機構形象、警察功能形象與警察行為形象等。

在警政與媒體公共關係類，例如李湧清（1983）論警民關係、陳通和（1988）從社會治安論警民關係與警政宣導、馬振華（1981）論警民關係理念的新境、張覺民（1993）論警察公眾關係、莊德森（1999）論警察公共關係，以及汪子錫（2009a）的警察與傳播關係研究。

回顧前述關於臺灣警政變遷的研究，或者警政與媒體的研究，並沒有發現與本研究相同或類似主題的文獻。可以說，本研究將在爬梳各種文獻理論之後，嘗試完成一個關於臺灣民主警政發展與媒體行動回應的研究。

第六節　研究問題與研究設計

一、研究問題

（一）臺灣民主警政的媒體再現了什麼？有何發現？

從現代警察百餘年發展史實來看，警察是民主思想的果實，民主思想愈發達的國家，警察也愈受人民歡迎與社會尊重（梅可望，2012：84-85）。另從社會功能來看，媒體新聞自由也是民主思想的果實，愈是民主的國家，享有愈多的新聞自由。然而，在變遷的世界中，警政與媒體在共享民主果實下，能夠相安無事嗎？從臺灣民主警政的發展來

看，這是第一個需要釐清的問題。

　　本研究提出這個問題時，是使用「民主警政的媒體再現了什麼」，而不是用「媒體再現了什麼民主警政」，因為二者的意義並不相同。本研究以前者發問，係以警政為行動主體，並且回答兩項問題，一個是警政在傳統媒體上出現了哪些行動與媒體再現？另一個問題是警政在社群媒體能動性下，出現了哪些行動與媒體再現？

（二）民主警政的媒體再現呈現了何種結構？

　　警察誤解媒體或者低估了媒體再現的後果，不是個別現象。Web2.0時代出現的新挑戰是社會結構、溝通互動、媒體特性、法律環境綜合而成的併發問題。傳統警察對媒體的認知，已經不足以應付新的變局，警察需要了解當前民主警政的媒體再現呈現了何種結構變化。

（三）民主警政對於媒體的全面性知能與行動回應課題有哪些？

　　警察行之多年的公共關係訓練或者媒體教育（media education），可能已經過於保守，導致警察誤用社群媒體，嚴重失言的案例一再發生。

　　舉例來說，2014年3月太陽花學運期間，一名員警在社群媒體臉書留言稱「北上立法院抓女暴民…套子我帶了，準備被我幹暴吧」。2012年大學生抗議台北市文林苑拆屋案，2名維持秩序的警察手持LED電筒挑釁公民媒體記者，現場另外還有3名員警分別拍照打卡、發佈諷刺言論，被網民下載檢舉，顯然警察對媒體的全面性知能與行動規範，顯然十分貧乏。

（四）民主警政媒體再現的重要性何在？前瞻是什麼？

　　e民主（e-Democracy）社會出現警察執法的新挑戰，也同時出現了機會；沒有準備的警政作為，只能被外界挑戰所糾纏圍困；有準備且認清e民主本質，才能掌握民主警政繼續發展與進步的契機。因此，本研究提出第四個問題：民主警政媒體再現的重要性何在？前瞻是什麼？

二、研究理論途徑

本書採取的研究途徑（approach）是結構化理論（Structuration Theory），此外，在本書各章研究中，除了社會學理論，也援引公共行政學、行政管理學、行銷學、大眾傳播學、新聞學、語藝學、電影美學等觀點，提供必要的解釋。

結構化理論是Anthony Giddens所提出，他把結構（structure）與行動（action）兩個字接拼在一起，創造了'Structuration'新字，因此，這個理論也被稱為社會結構－行動理論，Craib曾稱之為嶄新的大理論架構（Craib, 1992）。

Giddens的社會結構－行動理論有多重要？Jonathan H. Turner在The Structure of Sociological Theory一書的序言中，稱Giddens是繼Spenser之後英國百年來最受矚目的社會學者，與Habermas, Luhmann同為20世紀80年代崛起的思想大師（Turner, 1998）。也有人以為他的主張與成就，與凱恩斯（John Maynard Keynes, 1883-1946最有影響的經濟學家之一）等量齊觀（Ritzer, 2003）。

Giddens早期研究是從批判實證主義、功能論開始，中期研究則是以理論比較來調和各種理論間的異見，例如他設法將哲學與社會學、歷史與社會學協調起來並找出其相關性。到了後期研究，才提出他心目中可以實踐的、不是空談的社會學理論，也就是社會結構－行動理論，如圖5。

圖5：Giddens社會結構——行動理論的形成過程

（本研究參考Gregory, 1990製圖）

　　Giddens在社會學領域享有盛名的原因之一，是他能夠把百餘年來壁壘分明的微觀（micro view）社會學、鉅觀（macro view）社會學研究連接起來。原本鉅觀社會學只關注抽象的社會結構、社會組織、社會階層研究；而微觀社會學關注的則是具體的社會行動者、符號互動、溝通行為等。傳統社會學觀點，大都視社會結構為「限制」，具體行動者才是能動者（enabling），而且能動者只能在結構限制之下行動。但是Giddens重構社會學理論，他認為，個體有能動性（agency）採取行動（agent），結構也會有行動（change）。

　　把鉅觀與微觀的社會學理論合而為一，僅是這樣似乎太簡單，沒有不可取代的貢獻，在Goffman的戲劇框架理論，也有類似的看法。但是要說服傳統社會學改變觀點，不但要言之成理，也要比較各時期理論，這需要經過大量文獻爬梳整理過程才有可能。這樣來看，Giddens的社會結構－行動理論實在不簡單。

　　經常與Giddens連在一起的字詞現代性（modernity），是他對後現代理論（postmodern theory）表示不以為然的方式。他認為，最多只有用於藝術表現的後現代主義（postmodernism），不會有後現代理論。

　　他將現代化理論轉化成現代性，並且主張社會結構發展是趨向「更高」的現代性，而不是後現代。換言之，從18世紀工業革命以降發展的現代化，到20世紀晚期仍然在發展與前進中。他所謂更高的現代性，也可以理解為升級版的現代化過程（Giddens, 1991）。在這樣的背景下，他的研究傾向已顯現出在為現代化發展找出新的道路。從他後來提出「第三條路」（The Third Way）影響了英國甚至其他國家的政策，而且他也成為英國首相的執政顧問來看，一路走來，Giddens最終是致力將他的學術研究象牙塔理論，轉化為經世致用的實踐之學（Gregory, 1990）。

　　在Giddens著作中，不斷出現的字詞還有反思性（reflexivity）、反思現代性（reflexivity modernity）。他認為，反思性是現代性社會的主

要特徵，反思係以主體為出發點。在結構－行動中，反思性成為人類最根本的行動，也是社會制度再生產的根本基礎，因此，有時還會用「制度性反思」來稱呼。他另與Beck, Lash合著《反思社會性》（*Reflexive Modernization: Politics, Tradition and Aesthetics in the Modern Social Order*），（Beck, Giddens & Lash, 1994），主張反思性的重要程度是與現代性社會風險是密切相關的。

Giddens從研究社會的學術論者，走向面對社會的行動實踐者，在理論建構部分，他的社會結構－行動理論，可以用作一套解釋現象的工具；在研究方法部分，他的社會結構－行動理論恰是一套綜合了鉅視、微視的社會學與社會問題的研究工具。

這個理論框架，也成為本研究的主要思維，因為研究警察工作，需要設想預期貢獻，需要設想將研究所得作為可供實踐的行動，而不只是空談的研究發現。綜合Giddens結構化理論，可如圖6所示。

鉅觀社會學

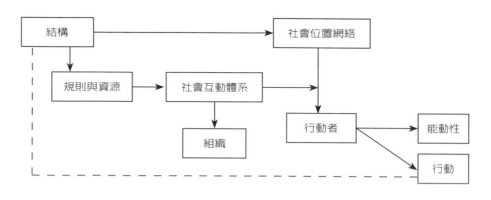

微觀社會學

圖6：Giddens的社會結構－行動理論示意圖（本研究製圖）

　　Giddens結構化理論所稱的結構，指的是社會再生產過程所涉及到的規則與資源。規則包括規範性要素（normative elements）和表意性符碼（codes of signification）兩種性質；資源則是指權威性資源（authoritative resource）和配置性資源（allocative resources）兩種類型。前者源於對人類行動者活動的協調，後者出自對物質產品或物質世界各個方面的控制。

　　進一步闡釋社結構化的研究方法，Giddens認為結構化理論如果無助於闡明經驗研究中的問題，就不會有太大的價值。而且，結構化理論牽涉到的是具有一種批判形式的意涵。這個說法，除了顯現出他對於功能論（functionism）的反省之外，他還更進一步指出，在結構化理論的邏輯與實質內容中，並不會限制使用一些特定的研究技術，比如調查測量、問卷之類。結構化理論要考慮的是針對研究問題應該採取那些具體的技術手段，以及如何解釋結果。以結構化理論為研究方法的關鍵是研究者如何使自己置身於研究主題邏輯內，並取得一個對於行動與結構觀念實質闡釋的位置（Giddens, 1984）。

　　Giddens認為，社會結構日常運作既能藉以維繫現有結構，同時也會透過各種資源與權力的時空匯聚，引發現存結構裡潛藏的改變能量，這就是能動性（agency）。藉由某些行動者（actor）或改變者、能動者（agent），最終可能徹底改變整個結構。研究者可以預設，當人們展現反思能力（reflexive capability）和實踐意識（practical consciousness）能力時，人們才能清楚知道自己在做什麼，以及為什麼要這樣做。

　　他指出能動作用不僅是人們行動時所具有的意圖，而是首先指他們做這些事情的能力、技巧、手段。能動作用涉及個人作為事件的行動者時，每個人都可能用不同的次序、方式進行。明白的說，觀察行動不是固態，是一種「流」（flow），是持續不斷的過程。在這個過程裡，行動者有意識的維持著對自己反思性的監控。這種監控在日常生活中成為習以為常的自我控制，但是對於行動者而言，這是行動「流」得以合乎

常理繼續生產的關鍵。

Giddens在討論日常生活個體互動時，借用Goffman的理論把時間和空間連繫起來，例如定位（positioning）和位置－實踐（position-practice），意謂著行動者必須沿著時空路徑的某個位置與他人產生關連。Giddens所說的「位置」類似Goffman所稱的角色，但不同的是，角色是既定的（given），位置則是個體社會關係網絡的生產與再生產（Craib,1992）。

Giddens還借用Goffman共同在場（co-presence）觀點，指出隨著現代性的出現及科技的日新月異，不僅改變了空間與人類的關係，使得人的互動已不再受限於必然在場（present）的前提條件，當事人與不在場的存在者（absent other）把時空架空了（bracketing time-space），在這種情況下的遭遇，出現了現代性的結構化（Structuration）存在（Giddens, 1984）。

三、研究設計

（一）研究構想

在鉅視社會結構下，警政是指警察機關與警察人員在政策、具體任務作為之總稱，警政可以視為一個抽象的結構。在此抽象結構下的警政媒體行動，即結構的規則與資源是以警察公共關係（police public relations）與警政行銷（policing marketing）或其它方式出現，亦以此作為警政媒體行動。當然，投入此一資源，意在取得正向的媒體再現。亦即警察公共關係、警政行銷都是透過計劃性的行動方案，影響與警察有關的電視新聞、報紙新聞、社群媒體圖文影音、敘事電影、微電影等，發展對警政有利的媒體再現。

在微觀的社會個人部份，做為具體的行動者，日常生活與他人的遭遇互動時，明顯會受到社會結構、警政結構制約，但個人也有機會改變

警政結構的規則。但無論如何，個人微觀的媒體行動發展，會生產出正向或負向的警政再現，二者皆有可能。

在社會鉅觀結構下，個體所處的位置與網絡包含了不同利害關係人，在內部公領域的是警察組織同仁、長官、協辦業務單位；在內部私領域的是家人、親戚；在外部公領域主是民眾、媒體記者、民意代表；在外部私領域則是同儕團體、參加的社團夥伴、友人等（汪子錫，2014b：34）。

任何警察與社會其他行動者的日常互動遭遇，都曝露在媒體再現的可能性之下，例如路口監視器、行車記錄器、當事人或旁觀者的攝影設備、手機、數位相機、社群媒體臉書，乃至於個別警察隨身自備的行車記錄器、密錄筆等，都有記錄或傳播「媒體再現」的功能。

社會個人或警政結構，都具備媒體能動性，也會在無限制的時空中，被記錄或者記錄他人。無論來自何處的記錄，都有機會在電視新聞、報紙新聞、社群媒體影音平台，主動的或被動的成為媒體再現中的符號。

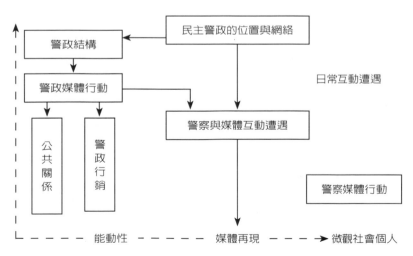

圖7：民主警政媒體再現的警政結構-行動示意圖

　　根據以上背景說明，本研究參考Giddens社會結構－行動理論，將警政媒體行動與媒體再現連接起來，從鉅觀到微觀，進行臺灣民主警政的媒體再現結構化分析，研究設計略如圖7所示。

（二）研究主題選擇

　　在主題選擇上，與警政媒體再現結構有關的主題，即結構化的警政媒體行動，是透過以下三者得以實踐：警政公共關係、警政行銷、警政社群媒體。本研究先從歷史、本質、行動應用研究敘明前述三個主題。

　　與社會結構密切相關的媒體再現，不能忽略電影如何再現警察正義形象。即使觀眾早已知道電影劇情是虛構的故事，但是出現在敘事電影（narrative films）中的警察角色，必須是符合正義的，否則就與觀眾的認知不符，而看不懂電影，警察正義成為集體再現的意識形態。從好萊塢到台北，從香港到東京，「警察必然是正義」的意識形態，是全球電影一致的現象。

　　電影再現警察正義，具有兩個前題，一個是警察「被認為」是正義的，所以電影中凡是表現「不正義」的就不是好警察；另一個是電影劇情的元素不能沒有衝突，因此在電影中努力「追求正義」，成為警察角色不間斷的考驗。此一主題是本研究甚為重要的一部份，在神話中的警察符號再現，處處展現的正義元素，頗值深入探討。

　　此外，在每天例行展示的警政媒體再現，當屬電視新聞。本研究規劃係參考Manning研究美國警察的前舞台（front stage）、後舞台（back stage）概念，在日常生活中選擇互動遭遇發生衝突的在地素材。

　　警察工作前舞台研究的是警民街頭對話衝突媒體再現，這個部份是Manning認為有觀眾在看的警察表演；後舞台研究的是民意代表私下關說請託警察，造成警察與民代私下衝突的活動，Manning認為後舞台是不易被看到的部份。

　　警政媒體再現樣態十分豐富，還有一些主題並未納入本研究，可以

參考本人其他著作，例如報紙新聞再現的有〈以報紙新聞內容分析法探討社區警政的玉里經驗〉（葉毓蘭、汪子錫，2010：39-54），或者〈與警察服務有關的人與事新聞類型探析〉（汪子錫，2008：195-226）。電視新聞媒體再現的有〈取締酒駕新聞呈現的警察執法形象探析〉（汪子錫，2009b：419-438）。在警政回應媒體發言行動的研究，則可參考〈警察面對記者採訪的回應能力教育訓練芻議〉（汪子錫，2011：111-128），以及〈警察新聞發言人口語傳播分析研究〉（汪子錫，2007：189-212）等。

本研究所稱的警察行動或警政行動，在個人係指我國行政警察，即派出所警察，或類似Manning所稱的都市警察（metropolitan police）為行動主體，在結構則指警察組織機關為行動主體。

第七節　本書章節安排

本書第一章為緒論，說明變遷世界中，臺灣民主警政變遷與媒體再現課題。除了回顧相關警政變遷、警政與媒體研究文獻，也介紹媒體再現理論，進而說明採用Giddens的結構化理論作為研究途徑的理由，以及研究問題、研究設計。

第二章從社會結構著手，探析民主警政公共關係的發展與媒體行動。採用社會變遷理論，本章主題是從歷史時間排列出社會結構變遷記錄，包括民主、警政、公共關係、媒體變遷交互發生的重要事件。

百年警政公關以歷史途徑探討警察媒體行動，認為民主警政與警察公共關係是孿生關係，警察公共關係實質上是針對民主警政形象包裝的一組概念，除了媒體行動之外，警察公共關係也有警察媒體能動性值得探索。

第三章從社會結構著手，探析民主警政行銷的發展與媒體行動，採

用犯罪預防理論，將犯罪預防放入非營利組織、政府行銷的6P模式加以研究，歸納臺灣民主警政的政策行銷實例，本章主題是針對警政結構在政策行銷上展現的媒體行動分析。

第四章從社會結構著手，探析民主警政在Web2.0數位匯流時代的媒體能動性。本章以詮釋研究方法，介紹新媒體（new media），也就是IACP世界警察首長協會所稱的社群媒體（social media）諸多概念。

社群媒體至今仍處於不停的發展狀態，也因為不斷加入創新功能，使得社群媒體行動理論不易確定，這也是IACP呼籲各國警政皆可多方嘗試其功能的原因。但是Web2.0時代在數位匯流、'We Media'所透露的「人人都是報導者」以及警察執法運用上，都有極豐富的能動性與潛力。

第五章以微觀行動者著手，針對敘事電影探討警察正義再現，從媒體素養教育的角度來看，分析電影再現有兩個途徑，一個是使用並透過媒體學習的經驗，也就是電影美學，另一個則是電影意識形態。本章依據警政工作特性，將對於警察敘事電影的研究焦點放在警察正義形象、警察學習正義兩個層面。

第六章以微觀行動者著手，探討影音傳播匯流的警政工作的前舞台（front stage）再現，所謂前舞台，是指有觀眾的場景，例如來往的路人、旁觀者等。

本章以符號互動論將街頭執法當作警政的前舞台，將警民口角衝突視為劇情，警民對話內容就是演員的台詞。但是這個舞台表演的媒體再現是多種影音媒體匯流而出現的，民眾最先是把警民衝突演出上傳社群媒體影音平台，電視新聞記者再從影音平台下載影音，加工製成新聞影音播出。

本章分析了警察與民眾的街頭口角衝突，是在影音傳播匯流的情況下進行記錄、媒體再現的。民眾實踐的媒體行動，成為警察街頭執法時的監視者，網路觀者則成為不在場的觀眾。

　　第七章以微觀行動者著手，探討影音傳播匯流的警政工作的後舞台（back stage）再現，所謂後舞台，是指個體的互動是不公開的，不是劇場觀眾可以輕易看到的場景。

　　本章以情境分析方法（scenario analysis）分析民意代表不當關說，形成警察的壓力，也迫使警察內部上級與下級出現不一致的行動。受到壓力的下級員警，個人可能採取媒體行動，阻止民意代表透過上級不當施壓，也間接的保護了民主警政的尊嚴。

　　民代關說一直是警察傳統包袱，也是結構性難題，警察屈從民代壓力是符合傳統結構「規範」的行動，但是當受到壓力的警察找到媒體能動性，並妥善採取媒體行動，最後促使不成文的「警察忍讓民代」的潛規則結構被打破。在本章研究案例中，可以看到媒體再現影響了後續的警察媒體行動，也因為新的媒體行動而改變了結構。

　　第八章結論，先敘述研究發現，主要是臺灣民主警政結構化的變遷，分析臺灣媒體在財團唯利是圖的經營方針下，已經出現損害憲法言論自由與新聞自由的神聖性，但是臺灣媒體也以特殊的方式，履行其在民主社會中的義務，事實上呈現的是「病態的媒體結構」。這個結構事實一經釐清，就可以為研究問題，提供未來更多論述的基礎。

　　結論的主要觀點以為，警政結構在媒體行動已經做了許多規範，也投入許多資源，但是臺灣民主警政的社會意義與政治意義都十分重要，臺灣仍宜再思考民主警政的媒體行動，發掘更多的警政媒體能動性，以期能實踐更多正向的媒體再現。警政結構與個別行動者，亦應以精進臺灣民主警政為出發，鞏固臺灣社會珍貴的民主制度。

參考文獻

一、中文部份

中央警官學校編（1971），《六十年來的中國警察》，桃園：中央警官學校。

王淑慧（2002），《警察形象行銷之研究：以台北市政府警察局為例》，台北：台北大學公共行政暨政策學系碩士論文。

朱愛群（1998），〈論警察機關三個競值組織典範：刑案偵破、犯罪預防及為民服務〉，《中央警察大學學報》33期。

汪子錫（2014a），〈E化民主的政策行銷挑戰分析：以反服貿學生運動新媒體運用為例〉，《中國行政評論》第20卷第2期。

汪子錫（2014b），《警察人際溝通與對話》，台北：臺灣警察專科學校。

汪子錫（2013），〈如何成功經營社群媒體強化警察行銷〉，收於《運用社群媒體加強警察執法宣導圓桌論壇》。台北：內政部警政署。

汪子錫（2012），《憲政體制與人權保障》，桃園：中央警察大學出版社。

汪子錫（2011），〈警察面對記者採訪的回應能力教育訓練芻議〉，《警專學報》第5卷第2期，台北：臺灣警察專科學校。

汪子錫（2009a），《警察與傳播關係研究》，台北：秀威資訊。

汪子錫（2009b），〈取締酒駕新聞呈現的警察執法形象探析〉，《警政論叢》第9期，桃園：中央警察大學。

汪子錫（2008），〈與警察服務有關的人與事新聞類型探析〉，《警大學報》第45期，桃園：中央警察大學。

汪子錫（2007），〈警察新聞發言人口語傳播分析研究〉，《警大學報》第44期，桃園：中央警察大學。

李念祖（2000），〈憲政主義在臺灣的發展與政治影響〉，《法令月刊》51卷10期。

李宗勳（2010），〈第三造警力運用於治安治理之理論與實務初探〉，《警察行政管理學報》第5期。

李湧清（2004），〈警察發展、軌跡與趨勢〉，警學叢刊第35卷第1期。

李湧清（2001），〈論當代民主社會中警察的角色與功能〉，收錄於《警察學總論》，台北：五南。

李湧清（1997），《警察勤務之研究》，桃園：中央警察大學。

李湧清（1983），〈論警民關係〉，《警政學報》4，51-75。

林再本（2006），《社區警政公共價值之研究：以花蓮縣玉里分局為例》，高雄：中山大學公共事務管理研究所碩士論文。

孟維德（2008），《犯罪分析與安全治理》，台北：五南。

吳思陸（2001），《警察機關推動ISO國際品質管理系統之研究》，台北：臺北大學公共行政暨政策學研究所碩士論文。

袁郁章（2010），《關係行銷結合的方式、顧客抱怨與口碑傳播之影響：以警察機關為例》，台北：中國文化大學國際企業管理研究所碩士論文。

馬振華（1981），〈警民關係理念的新境〉，《警學叢刊》11（4）。

章光明主編（2013），《臺灣警政發展史》，桃園：中央警察大學。

章光明（2012），《警察政策》，桃園：中央警察大學。

章光明（2001），〈警察與政治〉，收錄於《警察學總論》，台北：五南。

梅可望（2002），《警察學原理》，桃園：中央警察大學。

陳明傳（2000），〈警政之全面品質管理與策略〉，《警察行政學術研究會論文集》。

陳明傳（1997），〈社區警政的意義與發展：未來派出所經營之方向芻議〉，《警學叢刊》，28（2）。

陳明傳（1992），《論社區警察的發展》，桃園：中央警察大學。

陳明傳、汪子錫等（2010），《臺中市警察局委託研究計畫報告：提升大臺中地區警政為民服務品質策略與規劃》，未出版。

陳宜安（2004），《我國國家體制與警政發展（1950-1987）》，台北：中國文化大學中山學術研究所博士論文。

陳添壽（2010），《臺灣治安制度史》，台北：蘭臺出版社。

陳通和（1988），〈從社會治安論警民關係與警政宣導〉，《警學叢刊》18（3）。

葉毓蘭、汪子錫（2010），〈以報紙新聞內容分析法探討社區警政的玉里經驗〉，《警察行政管理學報》第6期。

葉毓蘭等（2002），《各國社區警政比較》，台北：五南。

許春金（1996），《警察行政概論》，台北：三民。

黃宗仁（2009），《建構詐騙犯罪預防宣導指標之研究：以網路及電信詐騙犯罪為例》，桃園：中央警察大學犯罪防治研究所博士論文。

黃雪蘭（2010），《政府防制詐騙犯罪政策行銷之研究：以警政署165反詐騙諮詢專線為例》，台北：世新大學行政管理學研究所碩士論文。

莊德森（1999），《警察公共關係》，桃園：中央警察大學。

郭家峰（2009），《「波麗士大人」電視劇置入式行銷與民眾對警察形象認知分析》，高雄：中山大學公共事務管理研究所碩士論文。

張錦華譯（2004），《傳播符號學理論》，台北：遠流。

張覺民（1993），《警察公眾關係》，台北：書華。

曾榮汾（2001），《警史論叢》，桃園：中央警察大學通識教育中心。

廖振榮（2002），《我國警察形象管理制度之研究》，台北：台北大學公共行政暨政策學系碩士論文。

鄭世興（2010），《警察機關多元化行銷之研究》，高雄：義守大學管理學院碩士論文。

蔡哲宜（2005），《警察人員的行銷認知及警政行銷應用之研究》，高雄：中山大學高階經營碩士班。

賴和禧（2002），《警政民意調查與警察政策之研究》，桃園：中央警察大學行政警察研究所碩士論文。

二、英文部份

Althusser, L. (1996). "Ideology and Ideological State Apparatuses." *New Historicism and Cultural Materalism:A Reader*. Ryan, K. ed. London: Arnold.

Bayley, D. H. (1999). "Policing: The World Stage."in *Policing Across the World: Issues for the Twenty-first Century edited* by R. I. Mawby, UCL Press.

Bayley, D. H. (1994). *Police for the future*. NY: Oxford University Press.

Bayley, D. H. (1991). *Force of Order: Police Behavior in Janpan and United States*.Berkley: UCLA Press

Barthes, R. (1972). *Elements of Semiology*. Trans. By Richard Howard. New York: Hill & Wang.

Beall, W. C. (1958)."Faith and Confidence" (photo), Retrieved Sep.10, 2014. from: https://www.google.com.tw

Beck, U., Giddens, A. & Lash, S. (1994) *Reflexive Modernization: Politics, Tradition and Aesthetics in the Modern Social Order*. CA: Stanford University Press

Berger, P. L. & Luckman, T. (1966). *The Social Construction of Reality*. New York: Anchor Books.

Blumer, H. (1962). *Symbolic interactionism: Perspective and method*. Englewood Cliffs. NJ: Prentice-Hall.

Carey, J. (1986). "The Dark Continent of American Journalism." In Manoff, R. & Schudson, M. (Eds.) *Reading the News*. New York: Pantheon.

Cole, M. (1996). *Cultural Psychology: A Once and Future Discipline*. Cambridge, Mass.: Belknap Press of Harvard University Press.

Cooley, C. H. (2006). *Human Nature and the Social Order*. New Brunswick:Transaction Publishers.

Craib, I. (1992). *Anthony Giddens*, London and New York: Routledge.

Dominick, J. R. (2010). *The Dynamics of Mass Communication: Media in the Digital Age*. New York: McGraw-Hill.

Durkheim, E. (1912/1961). *The Elementary Forms of Religious Life*. Trans by Swain, J. W. New York: Collier.

Elster, J. ed. (1998). *Deliberative Democracy* Cambridge: Cambridge University Press.

Fuchs, C. (2014). 'Why Taiwanese are getting fed up with the island's salacious, in-your-face media' Retrieved Aug.10, 2014. from: http://www.foreignpolicy.com/articles/2014/02/20/freedom_fried_whats_wrong_with_taiwans_media

Giddens, A. (1991). *The Consequences of Modernity*. CA: Stanford University Press.

Giddens, A. (1984). *The Constitution of Society*. London: Polity.

Goffman, E. (1959). *The Presentation of Self in Everyday Life*. New York, Carden: Doubleday & Company.

Goldstein, H. (1990). *Problem-Oriented Policing*. New York: McGraw-Hill Inc.

Gomery, D. (1993)."The Centrality of media economics." *Journal of Communication*, 43 (3)

Greenbreg, S. (2000). Future issues in policing: Challenges for leaders. in Glensor Ronald et al., *Policing Communities Understanding Crime and Solving Problems*, 315-321. Los Angeles, California: Roxbury Publish Company.

Greenlee, D. (1973). *Peirce's Concept of Signs*. The Hague: Mouton.

Gregory, D. (1990). "'Grand Maps of History': Structuration theory and Social Change." in J. Clark, C. Modgil and S. Modgil (eds)., *Anthony Giddens: Consensus and Controversy*, Brighton: Falmer Press.

Hall, S. ed. (1997). *Representation: Cultural Representations and Signifying Practices* London: Sage Publications & Open University.

Halloran, J. D., Elliott, P., & Murdock, G. (1970). *Demonstrations and communication. A case study*. Harmondsworth: Penguin Books.

Herman, E. S. & Chomsky, N. (2011). *Manufacturing Consent: The Political Economy of the Mass Media*. New York: Pantheon

Husserl, E. (1970). *The Crisis of European Sciences and Trascendental Phenomenology: An Introduction to Phenomenological Philosophy*. Translated by Carr, D. Illinois: Northwestern University Press.

IACP, (2010). National Law Enforcement Policy Center, "Social Media: Concepts and Issues Paper." Retrieved Oct.10, 2012. From: http://www.iacpsocialmedia.org/GettingStarted/PolicyDevelopment.aspx

Keane, J. (1991). *The Media and Democracy*. Cambridge: Polity Press.

Klockars, C. (1983). *Thinking about Policing*. New York, NY: McGraw-Hill.

Krauss, R. M. & Fussel, S. R. (1991). "Constructing Shared Communicative Environments." in Resnick, L. B. Levine,J. M. & Teasly, S. D. (Eds.). *Perspectives on Socially Shared Cognition*. Washington, DC: American Psychological Association.

Lassewell, H. D. (1927). *Propaganda techniques in the World War*. New York: Alfred Knopf.

Lippmann, W. (1922). *Public Opinion*. New York: Harcourt, Brace and Co.

Manning, P.K. (2011). *Democratic Policing in a Changing World*. Colorado: Paradigm Publishers.

Mawby, R. I. (1999). "Approach to Comparative Analysis: the Impossibility of Becoming an Expert on Everywhere." in *Policing Across the World: Issues for the Twenty-first Century* edited by R. I. Mawby, UCL Press.

McChesney, R. W. (1999). *Rich Media, Poor Democracy: Communication politics in dubious times*. Illinois: University of Illinois Press.

Mead, G. H. (1934). *Mind, Self and Society*. Chicago: University of Chicago Press.

Molotch, H. & Lester, M. (1974). "News as Purposive Behavior: On the strategic Use of Routine Events, Accidents and Scandals." *American Sociological Review*, 39, 101-112.

Ritzer, G. (ed.), (2003). *The Blackwell Companion to Major Contemporary Social Theorists.* Boston: Blackwell Publishing.

Saussure, F. (1916). *Course in General Linguistics.* Glasgow: Fontana/Collins.

Smelser, N. J. (1994). *Sociology.* New Jersey: Prentice Hall.

Thomas, H. (2007). *Watchdogs of Democracy?: The Waning Washington Press Corps and How It Has Failed the Public.* New York: Scribner.

Tilly, C. (2007). *Democracy.* Cambridge: Cambridge University Press.

Trojanowicz, R. C. & Bucqueroux, B. 1994. *Community Policing: How to Get Started.* Ohio: Anderson.

Tunstall, J. (1991). "A Media Industry Perspective." in Anderson, J. ed., *Communication Yearbook 14,* Newbury Park, CA: Sage.

Tuchman, G. (1978). *Making News: A Study in the Construction of Reality.* The Free Press.

Turner, J. H. (1998). *The Structure of Sociological Theory* (6th Ed.). New York: Wadsworth Publishing Company.

Wagner, W. & Hayes, N. (2005). *Everyday Discourse and Common Sense: The Theory of Social Representations.* New York: Palgrave Macmillan.

Williams, F. (1982). *The Communication Revolution.* London: Sage.

Wilson, J. Q. (1968). *Varieties of Police Behavior: The Management of Law and Order in Eight Communities.* Cambridge, MA.: Harvard University Press.

Wilson, J. Q. &; Kelling, G. L. (1982). "The Police and Neighborhood Safety: Broken Windows." *Atlantic Monthly*: 29-38.

World press freedom, (2014). World press freedom index 2014. Retrieved Sep.10, 2014. from: http://rsf. org/index2014/en-index2014.php

第二章　民主警政的公共關係行動與媒體再現

第一節　警政公共關係的變遷與現代性

　　警政公共關係發展過程的行動歷史，與政治、媒體關係密切。今日的警政公共關係管理制度，很多執行面都與媒體行動有關，這個現象是如何出現的，需要透過歷史記錄來加以解釋。本章主題排列民主、警政、警政公共關係、媒體行動等交互發生的重要事件，包括大陸時期到臺灣本土化時期的變遷，也包括社會結構變遷對警政公共關係媒體行動影響的探析。本研究所稱「警政公共關係」與「警察公共關係」，在意涵上視為同義。

一、我國警政公共關係變遷

　　中華民國創建於1912年，百餘年來民主政治發展歷經戰亂曲折，國家主權至今仍處於臺灣與大陸分治階段。但是在臺灣，到了2000年迄2008年、2016年，出現三次政黨輪替，展露出與Huntington衡量民主鞏固（Democratic Consolidation）相符的指標。即執政黨在選舉中落敗，將統治權和平轉讓勝選者，如此歷經二次流轉測驗（two-turnover test）（Huntington, 1993）。民主鞏固意謂著社會成熟理性，執政者不可能違背民主施行政務，社會也不會有民主逆流的機會。

我國政治發展被評價世界民主鞏固國家之一，民主制度堪為新興民主國家表率，我國警政也隨之歷經變革，警政公共關係受到各種內外結構變遷所影響。

百餘年來我國警察公共關係的演變，是在一個社會變遷（social change）的大系統結構下出現的。援引社會學觀點來看，社會結構的變化、人際生活方式的改變、科技的改變都是社會變遷的一部份。社會變遷泛指一個社會中，持續不斷發生的社會現象的改變，其所依賴的是社會力，呈現的也是社會力。

社會學論及社會變遷時，在探索變遷的動力是什麼時，韋伯（Max Weber）給的答案，化約而言即是集體價值觀（康樂、簡惠美譯，2007）。馬克思（Karl Marx）給的答案，化約而言則是社會結構衝突（陳光中、秦文力、周愫嫻譯，1992）。

圖1：百年來民主變遷下的警察與媒體社會力消長（本研究製圖）

我國百年來出現的是警察社會力下降，而媒體社會力上揚的趨勢，在兩股力量交會之處，警察任務出現對人權保障的實踐，媒體則享有社會公器地位的言論自由。可以說，我國警察公共關係的演變，是在社會價值觀與社會結構衝突二者交替出現，或者說是「融合」而產生的。因為有這兩種動力，政治制度於焉改變，警察制度於焉改變，附生於警察職能的警察公共關係制度與表現亦隨之改變。

二、現代性的臺灣警政公共關係與問題

　　人的現代性（modernity）與傳播媒體的科技性，顯現在日新月異的大眾傳播媒體行動，以及透過傳播溝通所出現的全球化（globalization）。全球化形成了社會結構與制度的變遷，讓人類彼此之間的社會關係越來越密切（Giddens, 1998）。

　　Giddens 認為社會結構的約制（constraints），原是透過再製社會的規則和資源而形成穩定的社會系統，但是此舉也對人們也形成約制力量。透過行動的力量，可能改變原有的遊戲規則或者資源分配情形，這種可能出現的行動，也就是「結構－行動」的能動性（agency）（Giddens, 1979）。臺灣警政公共關係，百年來在「結構－行動」上，出現了不同時期的風貌與變化。

　　公共關係（Public Relations）被視為組織行政管理的一部份（Harlow, 1976: 7-16）。而且隨著現代性的發展，公共關係與傳播媒介的關係密切，在傳播科技發展下，公共關係作為實踐組織功能的一種方式，透過各種傳播行動，包括面對面傳播、媒體傳播達到公共關係管理的目標。

　　警政公共關係是政府公共關係的一部份，政府公共關係毫無疑義與民主制度密切相關，主要應用於政府與民眾的溝通。我國學者王洪鈞教授認為，政府公共關係基於民主制度而產生；明確的說：「政府公共關係是民主政治之必然產物」（王洪鈞，1989）。

　　美國在20世紀初出現全世界最早的公共關係概念，我國則是1950年代從美國引進（李瞻，1992：12-15）。我國警政公共關係，則要到1987年解嚴之後才開始面對多元社會，而且要到2000年政黨輪替之後，才進入成熟運作的狀態。

　　一個以民主成就自詡的國家，要看警察的作為如何；警察的作為如何，要看民眾對警察的感受如何；民眾對警察的感受如何，則絕大原因，要看媒體如何再現（representation）警政。

公共關係行動不只有媒體行動，但是公共關係的大部份工作是針對媒體與傳播，警政公共關係也是如此。例如日常接受媒體採訪、警政宣導、警察形象塑造等都是媒體行動的一部份。警察需要透過媒體告訴民眾警察做了什麼，警政公共關係的媒體行動，成為決定警察形象與民眾滿意度的關鍵。

參考2010年12月世界透明組織（Transparency International）公布「全球貪腐趨勢指數」指出，臺灣民眾認為臺灣社會貪污腐敗最嚴重的是警察。根據警政署發言人對外界解釋，該項民意訪問調查期間，適逢台中市發生警察捲入黑道角頭命案，在媒體連續大幅報導警政負面新聞之際，民眾回答問題顯然受到影響。無論警政署解釋的原因是否可取，這份調查報告至少透露出一個警示，就是長期以來警政公共關係沒有獲得理想的效果，警政在處理媒體關係或者媒體行動時出了意料之外的問題（汪子錫，2011a：111-128）。

從結構面來發問，媒體在民主制度中的定位是什麼？傳播學者McQuail認為，制定國家傳播政策的最終目標是追求公共利益，傳播政策不應追求個人利益，更不應該是政黨的利益。因此，透過傳播獨立、傳播義務與傳播多元發展的中介目標，來達成公共利益（public interest）極大化的目標，也就是追求民主，就是媒體最重要的結構功能。（McQuail, 1992）。

從警察職能來看，警察透過人權保障、依法行政呈現警察公共價值，並視之為中介的任務，最終在實現憲法「鞏固國權，保障民權，奠定社會安寧、增進人民福利」的目標，推到極致，也是民主，這亦與傳播政策的理想相符（汪子錫，2009）。既然警察政策與傳播政策二者都在追求民主的「公共利益」，那麼就可以嘗試以這個共同目標，來檢視並探討現代性社會中，警察公共關係應有的思維與作為。

第二節　警政公共關係理論探討

一、公共關係理論的援引

　　警政公共關係的哲學思維，係援引企業公共關係而來。Kotler and Armstrong認為公共關係是為了順利實現個人或組織的意欲政策，提出某種結合公眾利益的溝通方案，以爭取大眾對組織的理解並接受。公共關係具備管理的特性，公眾的態度可以事先評估，執行的方案則可以依據民眾的態度調整（Kotler & Armstrong, 1994）。Cutlip等人則認為：公共關係是一種管理的功能，藉由此種功能，組織可以確認、建立和維持與各類公眾間的互利關係，達成組織的目標（Cutlip, Center, & Broom, 1996）。

　　公共關係也與傳播行動關係密切的管理作為；Harris認為公共關係是一系列包含計畫、執行與評估內在的企劃步驟以提高滿意度，再經由大眾傳播通路，傳達符合需求、期望、關心與利益之訊息及印象（Harris, 1997）。

　　Grunig & Grunig（1992）歸納出當代公共關係的四種運作模式：

（一）新聞代理/宣告模式（the press agent / publicity model）

　　透過單向傳播，使閱聽人知曉某項訊息，但是沒有回饋的管道。「新聞代理模式」類似警察發佈新聞稿為民眾知曉；「宣告模式」例如警察發佈某一時期的交通管制路線等等。

（二）公共資訊模式（the public information model）

　　透過單向傳播，將公共資訊具體的告知閱聽人，具有說服的企圖。例如颱風或災難可能發生前，警察在電視新聞上呼籲民眾及早撤離等。

（三）雙向不對等模式（the two-way asymmetric model）

蒐集公眾的意見或態度，作為擬定說服策略的依據，運用傳播媒介使公眾採納組織的立場。例如警察提出反詐騙宣傳，要求民眾依警方建議自保，以避免遭到詐騙損害。

（四）雙向對等模式（the two-way symmetric model）

企圖達成組織與公眾的相互了解（mutual understanding）所進行的雙向溝通；包括透過傳播媒體進行溝通。例如警察發言人在有即時call in的電視談話節目上，說明立場並且回答民眾提出的問題等。

Grunig & Grunig的四種模式可能是單一模式操作，也可能會混合幾種模式進行。但是公共關係既是在追求「公眾溝通」，則當以尊重的方式進行，才容易收效；也因此雙向對等模式也被稱為「卓越」模式（excellent model），被視為是基於公眾利益，所採行的理性與尊重的溝通模式。

二、警察公共關係的意涵

如前所述，學者們普遍認為公共關係是「組織對外溝通的管理行為」並無歧異。就政府而言，也需要這套管理作為來與民眾溝通。

政府公共關係（Government Public Relations）關注的是政府機構的管理階層，有必要藉此來瞭解公眾的態度及價值觀，以期有效達成組織目標（Grunig & Hunt, 1984）。

就從事公共服務的警察而言，應該具備三種專業技能，才能遂行有效管理，三種技能分別是：技術性的技能（technical skills）、概念化的技能（conceptual skills）與人際關係的技能（human or interpersonal skills）（Katz, 1974：90-102）。然而當前警察機關公共關係管理的能力並未普遍化，也無從深化。警察公共關係較多涉及的是人際關係，而良好的

人際關係首先需要「使自己成為一個好人」，警政學者Kleinig對此亦曾提出，專業主義不只是制度規範或者紀律機制（disciplinary mechanisms）而已，專業主義的核心概念應該包含一種可以對「善行」加以度量的準繩；也是對於提供服務或者從事活動的一種承諾（commitment）（Kleinig, 1996：45）。

　　警察機關是政府的一部份，警政公共關係（Policing Public Relations）也屬於政府公共關係的一部份，但是因為警察專業職能的特性，使得警察公共關係的內容，並不完全等同於政府公共關係。

　　政府公共關係這個名詞，在我國第一次出現是在1958年，當年行政院訂頒「各級行政機關及公營事業推進公共關係方案」供政府各部門據以執行政府公共關係。當時，從中央到地方，各級政府均據此設立公共關係單位，並且可因事制宜擬定公共關係工作職掌。警察公共關亦隨之於1959年3月開始出現；當時的作法是由臺灣省警務處組織「公共關係會報」，定期開會，負責規劃督導警察全省警察公共關係事宜，是為我國警察公共關係的源頭。

　　在警察公共關係名詞出現之前，一般認為「警民關係」或「警察公眾關係」是今日警察公共關係的前期描述（馬振華，1981：114-121；陳通和，1988：27-36；張覺民，1993）。但亦有研究者從今日觀點來看，當前的警民關係內容，不同於警察公共關係。例如美國學者Bernard J.Clark（1976）就認為，「公共關係並不等於警民關係」，他認為，警民關係是警察與民眾之間所存在的互動或關係的所有形式，而警察公共關係則是透過新聞、宣傳、廣告等傳播行為達成民眾的良好印象，國內學者李湧清（1983：51-75；2002：1-14）也持類似的見解。參考前述說明，警政公共關係意涵係指：

　　警政公共關係是警察組織對外溝通的管理行為，其範疇包括警民關係、民意代表關係、媒體關係等，而大眾傳播媒介行動則是警政公共關係的核心課題。警政公共關係的目標在建立警察組織或警察個人的良好

聲譽；測量警察公共關係績效的方式，是以調查統計完成警察形象、治安滿意度或服務品質滿意度的數據及分析。

第三節　我國政治與警察的變遷

一、戰亂時代的政治與警察

警察具有高度政治性，警察制度是政治制度的一環，在不同的政治制度下，形成不同特色的警察組織；警察的本質、任務和手段，也因此有所差異（章光明，2000）。可以說影響警察表現（performance）的因素是依循政治制度、警察制度、警察組織、警察任務及手段而產生的。而警察媒體表現，也連繫到警察公共關係的作為及表現，而其結果（也是原因），將會進一步引導警察在某種政治制度與某種社會環境下出現特有的警察角色（police roles）。我國戰亂時代、政府遷台後戒嚴時期、民主憲政時期的政治與警察變遷，直接導致警察角色的變遷。

（一）建國前期的警政

中華民國創建前不久，滿清王朝看到租界各國實行警察制度的成效，著手引進現代警察，最早的巡警，便是在「師夷之長以制夷」的前提下被引進（陳添壽，：2010：69）。

1903年清末，在洋務救國的政治背景下，蘇州、廣州、天津等地陸續出現警察隊伍，消防隊也隨之出現。這個時候的警察建制，首要解決薪餉來源的問題。多由地方官員募款成立警察，或由商賈集資成立消防隊，以安定市面。在本質上，作為「新政」之一的警政改革，實則是讓統治階級擁有了龐大的警察武裝，可用於對付人民，也可以鞏固統治集團。

這個時期的警察，確實是有維持社會秩序的動機與目的，但隨著民心

思變、清王朝敗亡在即，警察成了統治者另外一支新的軍事力量，並在革命浪潮中成為鎮壓革命的工具；包括以暴力手段鎮壓反政府的思想言論。

　　辛亥革命成功之前，孫中山領導的革命黨人，就以各種方式宣揚自由、平等觀念，除了軍事行動，革命黨還重視對民主思想的啟迪，以進一步孤立專制政府。當時，《革命軍》、《警世鐘》、《黃帝魂》等書刊的發行，曾經引起官方高度恐懼，各地官府下令巡警道出示嚴禁，並「派偵探多名扮作購書之人分途查防」（詹延欽，2011）。1908年清政府頒行《大清報律》，規定報刊發行之前須經巡警官署查核，把查禁書刊的管理權歸於警察。當時《中華新報》等報館就遭封閉的厄運，報人也被巡警逮捕。巡警在1911年爆發的武昌起義前後大多四散逃逸，轉向支持革命的人也不多見。

（二）大陸時期的警政

　　中華民國成立之後，政局持續動盪多年，國家缺少和平穩定的發展時間，孫中山先生建國理想，也難以真正實現。略數中華民國內憂外侮所造成的國家苦難，可臚列如下：

1912年：革命後創建中華民國，但各地被軍閥割據，國家分裂。

1928年：國民革命軍出師平定軍閥割據，國家恢復統一。

1931年：日本軍人製造918事變侵佔瀋陽，擴及東北三省，國家再度分裂。

1937年：中華民國對日本宣戰。

1945年：中華民國抵抗日本侵略戰爭結束。
　　　　同年國民黨與共產黨的內戰持續不斷，戰火蔓延，人民受難。

1949年：國共內戰定局已成，中華民國政府被迫遷往臺灣，國家分裂，形成實質上兩個政府隔海分治的兩岸關係對峙局面。臺灣以臺灣、澎湖、金門、馬祖為有效治權的「中

華民國」。大陸則以毛澤東為首的共產黨人領導創建「中華人民共和國」新政權。

回顧1911年辛亥革命成功以後，可以區分為1911至1927年北伐成功、1927至1945年北伐至抗戰勝利、1945至1949年抗戰勝利至政府遷台為止等三個階段。除了短暫或局部的安定，國家大部份時期處於戰亂，警察制度無從建立，即便是草創建立，也難以貫徹落實。

北伐成功，全國統一，但不久就發生日本軍國主義入侵；國家再度陷入生死存亡的艱苦時期。面對異族入侵，中央政府雖然有心創建警察，但是兵馬倥傯戰事頻仍的時代，即使有熱血男兒從警，也是跼蹐踉蹌，無論警察制度或是警察功能都無法發揮。

李士珍（夢周）先生，於1936年春，接掌警官高等學校，同年9月中央警官學校成立，改任教育長；1948年5月，升任校長，1949年2月卸任，主持我國高級警官教育長達14年。今天的中央警察大學，設在校園內的「世界警察博物館」，亦存有李士珍先生事略。.

根據李士珍紀念網站的資料，中央警察大學的前身曾經六度更名、四度遷校。中央警官學校係1936年9月1日在南京馬群鎮正式成立，初期是將各省警官學校或者警官訓練所集中合一，自1937年蘆溝橋事起、抗戰結束、內戰失利，中央警官學校歷經遷移重慶、南京、廣州、臺灣等地；各省分校裁併再重設再裁併（李士珍紀念網站，2011）。

由於戰亂以及國家未能統一的困境，在某些軍閥割據或抗戰時期非政府統治地區，還出現「官警即盜匪」的現象。綜合而言，戰亂時期與政府遷台之前的警察良莠不齊，大體上一般民眾多畏懼警察，視其為統治階層的一部份。

二、戰後與戒嚴時期的政治與警察

由於國共內戰失利，中央政府於1949年遷台，遷台之後的警察制度，還要上溯一段臺灣在日本殖民統治下的歷史。

（一）戰後復員時期的警政

　　1895年中日甲午戰爭，清廷戰敗，將臺灣割讓給日本，也開展了臺灣長達51年的殖民地統治。日本殖民伊始，並非順利接收統治，面對臺灣人民抗日運動，透過高壓統治，才能有效控制臺灣治安，這個由混亂到平息的過程，日本警察在其中扮演了重要角色。

　　到了日治後期，臺灣的警察派出所，除了執行警察事務之外，還執行其他一般行政事務，儼然成為臺灣殖民統治的關鍵力量。警察官吏派出所，散在配置，事務所並宿舍，建築標準，日本警察的「散在所」，就是臺灣今日「派出所」的由來。日本學者矢內原忠雄曾指出，「臺灣的統治是典型的警察政治」。被當作基層行政輔助機關的保甲制度，也被置於警察監督和指揮之下，因此得以貫徹社會控制（張勝彥，1996：208）。

（二）戒嚴時期的警政

　　日本戰敗投降後，國民政府於1945年10月25日，以臺灣省行政長官公署及警備司令部為接收主力，開赴臺灣接收日軍武裝與警察權力。接收後的警察業務動向不明，不久爆發二二八事件，臺灣社會迅即回復到日本殖民時期的「警察統治」時期。事件發生時，臺灣警備總司令部認為是「奸黨暴徒主謀指使，企圖以政治改革為幌子，實現其背叛國家、脫離祖國的獨立主張」，因此採取軍隊鎮壓方式弭平民眾的反政府抗議活動。1947年2月28日下午3時，臺灣警備總司令部宣佈台北實施戒嚴（賴澤涵編，1994：199）。

　　我國實施憲政始於1947年12月25日，然而國共內戰日加劇烈，政府於是在1948年5月12日公布動員戡亂時期臨時條款，同年5月20日蔣中正、李宗仁就任第一任行憲政府的總統、副總統，出現戡亂戒嚴與民主憲政體制並行的狀況（陳添壽、章光明，2013：9）。但是實際上，由

於總統擁有的權力已凌駕於憲法之上，形同將憲法凍結，憲法明文規定的人民權利也被限縮甚至取銷。

　　政府一方面想要維護島內秩序，一方面要全力防堵共黨份子滋事，因此透過軍警採取了更多的高壓政策。1949年5月20日零時起，臺灣全島都納入戒嚴範圍，沒有落日期限，另外還通過「懲治叛亂罪犯條例」全力緝捕匪諜。為避免中共武力解放臺灣，再成立臺灣省保安司令部，並規定加強入境臺灣的檢查，嚴格取締縱火的破壞社會秩序行為，舉發與肅清中共間諜，禁止與中共統治區的電信往來等措施（張知本，1960：599-600）。但軍警權力過份擴大的混亂時期，也製造了許多冤屈案件，影響後來的政治發展至為深遠。戒嚴令加上動員戡亂時期臨時條款，臺灣警政在很長的一段時間裡，是在威權體制下，呈現「警察即政府」的警政社會結構。

　　政府遷台初期以反攻大陸為目標，為防犯中共武力侵台，警察工作重心在於防諜肅奸與鞏固政權，此一時期的警政社會結構如圖2所示。

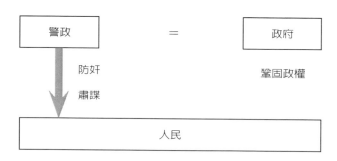

圖2：遷台初期臺灣警政社會結構（本研究製圖）

　　「警察即政府」的警政兩項特色是「以軍領警」、「戶警合一」。以軍領警，係由軍人領導警察，以軍事思維來規劃警察的勤務業務。戶警合一，則是藉由警察管理戶口登記、異動來防止匪諜進入臺灣社會進行破壞。在彼時，社會治安及肅清匪諜工作是以臺灣省警備總司令部

為首，警察首長及下屬亦都納在警總的管轄之下（張淵菘、章光明，
2013：157-158）。

警察即政府同時意味著，如果政府宣稱是一個民主政府，那麼警政
就是民主警政；如果人民認為政府是威權的，那麼警政就是威權的。

表現在政治上的，是對人民基本權與參政權的限制，例如對於人民
的言論、集會、結社、出版等自由皆受管制；在經濟上，是對經濟活動
與市場行為的干預；在社會上，是對人民團體與社會運動的壓制；在文
化上，則是動員傳播媒體塑造和控制意識形態。在這段威權政治體制下
的警察，與軍隊、法院，都扮演著近似於L. Althusser所指稱的「鎮壓的
國家機器」（repressive state apparatuses）角色（Althusser, 1971）。

三、回歸憲政民主的政治與警察

威權統治一直要到1987年解除戒嚴，才開始慢慢轉變；到了1991年
終止動員勘亂時期之後，逐步回歸憲政民主體制（汪子錫編，2011b：
2-3）。

（一）民主化歷程

回顧我國民主化歷程，重要時程如下：

1948年：4月18日國民大會通過「動員勘亂時期臨時條款」，憲法
規定各款暫停時實施。

1954年：3月31日國民大會決議臨時條款繼續施行。

1960、1966、1972年：修正臨時條款部份內容。

1987年宣佈解除臺灣戒嚴、同年開放民眾赴中國大陸探親。同年，
民主進步黨成立。

1988年解除報禁、黨禁。

1991年：4月22日國民大會決議廢止動員勘亂時期臨時條款，通過
「中華民國憲法增修條文」第1條至第10條，同年5月1日由總統公布，

國家逐步回歸憲政體制。

　　1996年：第一次人民直接選舉總統，李登輝當選。

　　2000年：政黨輪替，民進黨贏得總統選舉，國民黨結束在臺灣50年執政。

　　2003年：制定實施警察職權行使法，全文32條，警察制度法治化更進一步。

　　2004年：民進黨總統勝選，繼續執政。

　　2008年：國民黨贏得總統選舉，二次政黨輪替。

　　2012年：國民黨馬英九連任總統，任期至2016年。

（二）解除戒嚴初期的警政

　　中華民國民主化過程，明顯出現先經濟、後政治模式，歷經了40年代的經濟發展之後，經濟基本上已步入坦途。1960年代奠定了高成長、高穩定的經濟發展基礎，1970年代則進入經濟升級的時期。到了1980年代，社會上出現人權價值觀的領悟，出現許多中產階級爭取人權、要求政府回歸憲政的訴求。各種形式的群眾運動，往往都使集會遊行以警民衝突、警察逮人收場。臺灣民主化發展就在衝突、妥協、再衝突、再妥協的循環過程中，慢慢前進（吳學燕，1993：39-40）。

　　中華民國在臺灣的威權統治，始自蔣中正總統領導的反共復國時期，而在蔣經國總統的晚期逐步邁入自由民主體制。1987年經國先生推出一連串解禁措施，包括解除報禁、黨禁、開放臺灣人民赴大陸等等。

　　臺灣歷經長期戒嚴，讓國家機關有良好的社會控制，也因此提供了穩定發展的工商投資條件，個人經濟地位也得以提升，出現了為數眾多的中產階級。當經濟得到發展之後，中產階級出現重建社會的責任感與公民義務感；並且形成了具有開放性、參與性、自主性與自由性的價值觀。這種價值觀為後來成為中華民國民主化進程，一股推動蓬勃發展的重要的支持力量。

　　1970年代後期，國家機關在外交上失去美國的支持，變成只剩下經濟社會與其他非官方活動可與國際接軌；經濟社會的影響力漸增，這樣的改變成為日後公民社會中反對勢力的重要基礎。中產階級開始反思臺灣在人民在威權體制中，所喪失的基本權利（王振寰，1989：71-116；蕭全政，2004：1-25）。臺灣民主化一路走來跌跌撞撞，最終由中產階級價值觀的轉變，成為民主化的堅實後盾。

　　在80年代反對運動初起時，政府一律採用軍警與司法壓制的手段。並且以掌控主流媒體配合箝制言論的手段，為「統治正當性」及鎮壓反對運動合理化找出路，但最終這樣的手段並未成功，才有後來一連串的政治妥協與開放。

　　臺灣地區於1987年解除戒嚴，結束了戰時政治威權統治，警政結構亦隨之變化。早在解嚴前，警政署即預作準備提出「主動打擊、消滅犯罪綱要計畫」，1985年警政署提出五年警政建設方案，警察基本職能要求是維護治安，維持社會秩序以及整頓交通（張淵菘、章光明，2013：170-171）。回歸憲政初期的警政社會結構如圖3所示。

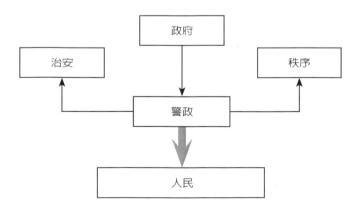

圖3：解嚴後的臺灣警政社會結構（本研究製圖）

　　在此一時期的警政結構中，警政扮演配合政府施政的社會管理者、環境監視者、權威命令者的角色，左右手高舉「治安」與「秩序」的規

範，以實現打擊犯罪、維持社會秩序為主要的警察作用。此一時期是由警察以自己的專業規劃警政，並且實現其規劃，人民沒有太多參與的可能。

（三）民主鞏固的警政

1991年廢止《違警罰法》是警政回歸憲政民主的重要標竿，由於《違警罰法》讓警察擁有極大的權限，不僅擁有法規制定權並且掌理警察司法裁判權，權力範圍從工商、衛生到消防、安全幾乎無所不包。警察同時擁有立法權、行政權及司法裁判權，實質上是軍管警察（蔡震榮、黃翠紋，2000：54）。

1990年代之後，臺灣展開了大幅度政治改革，包括各種開放政策、更公平公正的選舉制度、百家爭鳴的媒體自由化，每一個改變，都深深影響臺灣社會更充沛的人民主權意識。在第三波民主化浪潮裡，臺灣是唯一從黨國體制過渡到支配性黨體制，再過渡到競爭性政黨體制的個案（朱雲漢，2004：146）。我國經歷2000年、2008年、2016年政黨輪替並且和平移轉政權，臺灣已經進入了深化的民主鞏固時期。

進入民主鞏固時期，人權概念及其範圍也隨之擴大，個人言論自由加上媒體的新聞自由，讓警察公共關係的政治因素、社會因素都與之前迥然不同。警察公共關係除了配合政府政策、依據警察政策推動與社會的溝通之外，也揭開了落實人權保障的警察公共關係新頁。

警察機關隨著政治民主化，經濟自由化，社會多元化的發展，許多傳統警察業務都隨著「除警察化」而脫離了警察職掌。例如，消防、水上、移民、外事、保安等業務已陸續移除。另外，從1991至2005年，歷經七次憲法增修，基本國策增加了更多關於性別平權、性侵害、性騷擾防治及兒童及少年福利保障等人權保障事項。於此，警察角色也隨著政治變遷，從秩序維護功能，過渡到執法功能，再進展到服務功能（梅可望，2002）。

　　以民主鞏固時期的政治環境來看，與警察公共關係相呼應的，是要提供一個以服務為導向的現代警察屬性。這個時期的警察要面對各種社會力的壓力，包括民意監督、政治監督，以及傳播媒體監督所形成的一個範圍極大的警察執法、人權保障與媒體再現課題。

第四節　我國傳播媒體的變遷

一、大陸時期的大眾傳播環境回顧

　　中華民國行使治權及於大陸時期為1912至1949年，在這段時間之中，社會主流傳播工具是報紙、廣播電台，這兩種媒介都有「集權」的特徵，即刊播內容可輕易被記者、編輯或者政府部門少數人所掌握。孫中山建國理想所嚮往的言論自由，在建國之初曾經短暫出現，也曾經有個別例外的期刊、電影、報紙擺脫政府掌控。但綜觀此一時期，政府大部份對人民採取的是單向傳播，對異議份子則是採取箝制言論的威權政策。大陸時期的大眾傳播情況，擇要說明如下：

　　1912年：全國報業在上海聚會，倡議成立報業學堂，為我國新聞教育開啟先河。

　　1914年：上海《新聞報》率先採用輪轉印刷機，印報速度比平版印刷機更快、更精美。

　　1927年：交通部在天津成立廣播電台，為我國第一個公營廣播電台；同年上海新新公司設立第一個民營廣播電台。

　　1928年：國民黨在上海創辦《中央日報》，作為國民黨的宣傳機器，在以黨領政時期，中央日報成為各新聞媒體中的消息權威。

　　1931年：頒行訓政時期約法，約法保障人民言論自由，提供報業較有保障的發展環境。

　　1933年9月1日：國民政府頒布「保護新聞工作人員及維護輿論機關」命令，至1944年行政院核定，以每年9月1日為中華民國記者節（曾虛白主編，1966）。

　　1945年：對日抗戰結束，國共全面戰爭登場；1947年12月，國民政府在戰火蔓延中頒行憲法，但在內戰升高的危局下，隨即由國民大會於1948年通過「動員戡亂時期臨時條款」，將憲法規定各款暫停實施，憲法保障言論自由也因此受到斲傷。失去媒體監督，軍隊與警察繼續成為統治者的國家機器，縱然已有「警察公共關係」的名詞，但在實際上，只有名目上的意義而已。

二、臺灣民主化的大眾傳播環境演進

　　1949年之後，中華民國治權無法行使於大陸；但臺灣則在戒嚴命令以及動員戡亂時期的影響下，繼續了一段威權統治下箝制言論的時期。

　　1987年解除戒嚴是臺灣媒體發展的分水嶺，並且以報紙解禁為始，媒體隨著臺灣民主化而勃興。1991年終止動員戡亂，廣播電視媒體大幅度解禁，臺灣大眾傳播媒體開始蓬勃發展。2000年之後網路（internet）傳播工具日漸普及，個人化傳播自由達到新的境界，促成言論自由、新聞自由受到憲法刻意保護的現象。

（一）戒嚴時期的臺灣大眾傳播環境

　　1949政府遷台到解除戒嚴的1987年之間，是政府管制傳播媒體、箝制言論的時期。在動員戡亂時期以國家利益為主的前提下，報紙、廣播、電視等主流媒體，需要配合政府政令，處於言論不完全自由的環境，其發展梗概如下：

　　1945年：臺灣脫離日本殖民統治。由臺灣人創辦的第一份民營、全中文報紙《民報》創刊。同年政府接收日產臺灣放送協會及其支局，更名為「臺灣廣播電台」，後併入中國廣播公司。

1947年：臺灣光復後第一家民營晚報《自立晚報》創刊。

1949年：國民黨黨報《中央日報》在台復刊。

1962年：教育電視實驗台開播，為臺灣第一個實驗式廣播電視台。同年，臺灣電視公司（台視）開播，為臺灣第一個民營商業綜合電視台；1969年中國電視公司（中視）開播；1971年中華電視台（華視）開播。

三家電視台陸續成立之後，政府透過管制，不再核准新辦的電視事業。形成了三家電視台寡占，或者「聯合壟斷」的局面。除極少數民股，三台的股權及管理者，都來自於黨政軍，三台節目內容由新聞局事先審查，國民黨文工會則居於幕後監管電視節目內容。

1975年：《廣播電視法》完成立法，開始尋求廣播電視業管理及輔導的法制化。1979年以解決因地形或建物造成之電視收視不良為由，政府制定「共同天線電視設備設立辦法」；對於一部份民間人士偷跑在前的有線電視，政府採寬鬆政策，不承認其合法，亦未積極取締。

1983年：臺灣行政院通過修正《廣播電視法施行細則》，解決爭議許久的家庭播放錄影帶合法或非法問題，媒體自由的環境逐步開始改變。

（二）解除戒嚴後的臺灣大眾傳播環境

1987年臺灣地區解除戒嚴，1991年中華民國終止動員戡亂時期。回歸憲政的民主化之路，愈行愈開闊。逐步回歸憲法保障言論自由、新聞自由。

1987年：行政院新聞局取消無線三台節目播出前須先送審制度。同年廢除「臺灣地區戒嚴時期出版物管制辦法」，將出版品的管理審查轉由行政院新聞局負責。

1988年：解除報禁，開放新報紙登記及增張，報紙發行不限制發行張數，任何人都可自由辦報；新聞內容更趨多元化。

1991年：行政院新聞局終止廣播電視歌曲審查業務。

1992年：政府對外宣布開放廣播頻率設立電台政策，將未用廣播電視頻率釋出，供社會大眾申請設立廣播電台或電視台。

1993年：立法院通過《有線電視法》，開放有線電視市場。（1999年更名為《有線廣播電視法》）

1996年：民間全民電視台（民視）開播，為國內第四家無線電視台，亦為當時第一家純民營的電視台。

1999年：制定實施衛星廣播電視法，開放衛星暨有線電視（王天濱，2002）。

（三）民主化與科技演變的大眾傳播環境

2000年之後，出現廣播電視、報紙、網路匯流（convergence）的傳播科技大突破。網際網路、智慧型手機等個人傳播工具盛行。

2004年：為因應網際網路形成傳播媒介匯流，公布《通訊傳播基本法》。傳播媒介匯流是指以往區別大眾傳播媒介的方式已不適用，電話電信、廣播電視、報刊，都因為傳播科技的創新，而可以輕易跨業經營。同年成立國家通訊傳播委員會（NCC），整合傳播、資訊、通信的發照與監管。該委員會組織法明定其主要任務為「保障言論自由、黨政軍退出媒體」等。

2008年：政府開放數個電視台，網路寬頻業者與電信業者試播行動電視。

2009年：《蘋果日報》推出3D影音「動新聞」，透過QR Code或者手機可以接收閱讀新聞影片。

2010年：個人使用網路傳播佔全國人口70％以上。

2011年：我國電視頻道在2012年底前，將全面轉換成數位開播，完成無線電視數位化（中華民國建國一百年新聞傳播大事紀網頁，2011）。

　　獨立機構自由之家（Freedom House）每年定期公布新聞自由報告，年報依法治（legal）、政治（political）、經濟（economic）3大領域，為全球196個國家與地區評定新聞自由程度。2011年的新聞自由與媒體獨立全球調查，在0至100的範圍內，評分越低代表越為自由。0至30為自由，31至60為部分自由，61以上為不自由。從2002年至2011年之間，臺灣評分一直都在20至24分之間，顯示了臺灣擁有充份的新聞自由（《中國時報》，2011年5月3日第A6版）。

　　新聞自由的核心意義，是保證傳播媒體享有監督政府的合法性、自由批評的權利以及憲法層次的高度保障。把新聞自由加入警察公共關係理念來思考，警察無可避免的要面臨更多媒體監督批評；而媒體督批評的「力道」，也會日益增強。

　　假如沒有新聞自由，警察公共關係還是處在「警民關係」而已，或者說是單向傳播的階段。而新聞自由則使得當前警察公關，勢必要採取更多雙向傳播的方式來與公眾溝通。

　　所謂單向傳播，指的是「我說、你聽」的傳播模式；也可以專指警察的「宣傳」公關。雙向傳播，則重點在於「回應」民意，需要針對民眾的意見，給予適當的回應，才能達到溝通的目標。網路被普遍使用後，警察公共關係所從事的是形象管理工作，也開始重視網路媒體。

　　根據Johnson的見解，公共關係從業人員可以使用網路輔助，來推動媒體關係、員工溝通、政府以及公眾關係（Johnson,1997：213-236）。而根據Hill & White的研究，網際網路可作為組織公共關係利器，例如增加接觸公眾的機會、提供記者信息等。而且網站具有象徵意義，可以為組織建立正面的形象以及競爭力（Hill & White, 2000：31-35）。

第五節　傳播媒體自由與警政公共關係制度的演進

基於前述層層介紹，可以說警政公共關係的演進，是伴隨著政治制度、傳播工具變遷後的衍生發展。警政公共關係的作為與理念，與政治、傳播二者，具有高度的關聯性。

當民主化程度較低時，新聞自由的程度亦相對較低；對照來看，也是傳播工具不發達的時期。以此來檢視我國的現象，可以看到從建國初期一直到解除戒嚴時期為止，相當於從1912至1987年的期間，我國警政官民階級關係、警民互動關係演進到警察公眾關係，而且標到1987年之後，才開始慢慢建立今天所理解的警察公共關係。上述不同階段的現象，略似於我國憲法施行的軍政、訓政、憲政三階段。依百年來我國民主化程度高低的不同，警政公共關係演變略如圖4。

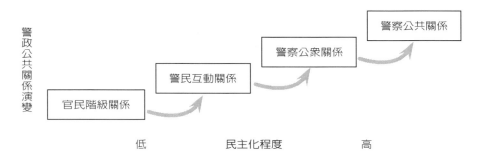

圖4：政治發展民主化程度與警察公共關係演變階段示意

在「官民階級關係」階段，警察是統治階層的一部份，扮演的是「統治者」的角色。在「警民互動關係」階段，由於欠缺傳播媒體的外部監督，警察究竟對待民眾是否恰當，大部份是由警察內部督察系統進行判斷，此時警察扮演的是「權威者」、「管理者」的角色。而在「警察公眾關係」後的「警察公共關係」階段，藉由教育程度提高與傳播自

由化逐步萌芽，警察角色漸進演變為「服務者」、「溝通者」與「治理者」。

一、媒體欠缺傳播自由時期的警政公共關係

推動或執行警察公共關係業務，需藉助大眾傳播工具的操作才可能完備，並且達成公共關係與期望的溝通效果。如果欠缺新聞自由，媒體無法自由報導，那麼，警察公共關係最多只能稱為「警察單向宣導」而已。所以，要論完整的「警察公共關係」，不能排除傳播媒體的角色與作用，尤其要關注「新聞自由」的程度如何。

1952年11月，行政院將政府發言人辦公室改制為新聞局，新聞局是政府公關的執行者，也是管制言論的執行者。1953年3月20日，行政院檢討會議第13次會議中決議：「各機關公共關係之建立，至為重要，各部會應指定專人擔任新聞工作，隨時與政府發言人辦公室密切聯繫，以發揮宣傳效果。」此項決議經由行政院通令各級機關實行，此為政府正式宣佈建立公共關係制度之始（王洪鈞，1989）。

1958年，行政院訂頒「各級行政機關及公營事業推進公共關係方案」，各級機構上自中央，以至各縣市地方政府均據此方案設立公共關係單位，並依方案原則，各自擬定公共關係職責範圍。甚至連一般公共關係專家認為最難推行公共關係的臺灣省警備總部和臺灣省警務處，也都設置了公共關係單位（林靜伶、吳宜蓁、黃懿慧，1996）。

在「各級行政機關及公營事業推進公共關係方案」中，行政院對推行公共關係觀念作了進一步的闡示：

（一）公共關係是民主政治的新延伸，其一切措施係基於容納異見，接受批評之精神，以探尋正確輿論，造成人民與政府間的融洽關係，故推行公共關係為一強化民主設施之制度。

（二）公共關係是科學管理的新制度，其最大功能在從有效率的行政當中表現政府政策的正確，以達到政府為人民服務之目的。政府一切

行政設施，皆給予人民以方便，而非給予以麻煩，故公共關係之作用，應在發揮行政之最高效能，為人民作最大的服務。

（三）家和萬事興，近悅則遠者來。應確認社會公眾對一機關團體之毀譽，多源自於內部職工之意見，故對謀求對內關係公道和諧為建立良好公共關係之起點。

（四）積極促進事業之進步與發展，為推行公共關係之鵠的，應加強真實報導，闡揚事業政策以增進社會瞭解，博取公眾的同情贊助與合作。

這個時期的政府公共關係是在戒嚴時期威權統治下被提出來的，在報禁與媒體管制下要運作政府公共關係，實際上是在欠缺新聞自由的狀況下運作的。在彼時，政府機關中負責公共關係的承辦人，通常只需要以「吃飯喝酒」應酬方式，就能相當掌握到媒體記者關係，也很容易達到公關效果，但是這套作法在「高度新聞自由」的現在，已經行不通了。

二、傳播媒體自由化後的警政公共關係

符合我國憲政民主制度下的警察公共關係，應該是從1998年臺灣省各縣市警察局設置公共關係室之後才開始的。從1998年到現在2011年，警察機關發展公共關係也不過短短13年。在此之前，所援引的警民關係或警察公眾關係的說法，仍然可以視作是警察公共關係的前期，只不過在實際內容上，今日的警察公共關係有與以往迥異的見解。

1989年內政部警政署、臺灣省警政廳以及直轄市的台北市、高雄市警察局成立公共關係室。1993年各縣市警察局在秘書室下設置公共關係股，到1998年6月，各縣市警察局才以任務編組方式擴編為公共關係室（莊德森，1999：148）。與此同時出現的，則是已經先一步啟動的「媒體自由化」，警察機關是在被媒體監督下，被動開始的作出組織應變及調整。

2000年之後，臺灣社會以迅猛速度進入了資訊、通信、傳播數位匯流的媒介新時代；加上人權意識高張，警察機關不能不回應民意輿論，警察機關與傳播機構的互動，更顯出公共關係組織管理與傳播行動的重要性。

三、傳播媒體大發展時期的警察公共關係

在「軍管警察」長年的積習下，驟然面對改革，也有不少困難，學者章光明即提出警政改革的必要配合條件。他認為，警政現代化的歷程，需藉由結構、技術、文化三個層面著手。結構層面指涉的是警察組織內在結構與其他行政組織間關係；技術層面指涉的是警用裝備科技的現代化；文化層面則指涉微觀的個人行為，和宏觀的組織（章光明，1998：179-202）。

隨著民主化的腳步，警察制度出現了不少改革的呼聲，其方案名稱包括現代化、革新、改革、再造等等，其終極目標都是要回歸到符合憲政體制的民主國家警政制度。

（一）警政再造方案

2000年5月行政院函頒實施警政再造（Reinventing Police）方案。總計8項計畫，43個計畫要項。其中「全面提升警察服務品質計畫」，與警察公共關係有密切關聯。其全部內容，相當於因應憲政民主時期，傳播大發展下，警察推動以服務為核心的警察公共關係行動全盤規劃。其重要內容如下：

1. 健全警民關係與服務機制，各級警察機關成立「為民服務中心」，提供民眾報案、請求服務與案件申訴管道。
2. 建立以顧客與社區為導向之服務流程，強調應整合警察公共服務資源，並加強與有關機關、學校、團體與新聞機構溝通聯繫與協調合作。

3. 結合社區資源，協力推動警政治安服務。結合企業或社會團體，協力提供警政治安服務與辦理公益活動。並且要積極輔導建立或健全民間社團組織，成立各類型之公共安全與犯罪預防及交通安全等宣導機構。

4. 積極推展公共關係，加強警民合作關係，包括辦理民眾服務需求意見調查；加強推動警民關係活動等。

5. 改善警察服務態度與便民服務措施等。

（二）全面邁向服務型警政

2007年行政院頒訂「政府服務創新精進方案」，警政服務再次出現重大變革，警政署亦於此時提出「服務型警政」的口號。該方案係政府各機關為民服務的指導規範，各級警政單位也被要求照章辦理。

1. 提升服務品質，深化服務績效

合宜改造服務場所、建立服務人員專業、親切、責任感形象；善用傳播媒體及公聽會宣導施政措施及執行成效；聯合企業、社會團體辦理各項公益事務，爭取民眾認同。例如改造派出所，使其更為親民、便民。

2. 便捷服務程序，確保流程透明

設置全功能櫃台，提供單一窗口服務，均衡各櫃台承辦業務，縮短民眾等候時間。例如刑事警察局165防詐騙電話專線，就是單一窗口概念的實現。

3. 探查民意趨勢，建立顧客關係

建立「常見問題集」（FAQ）管理機制與民眾抱怨處理機制，重視民眾興革建議及陳情案件，依據規定，審慎、迅速、正確地處理。

建立新聞媒體及報章輿論快速回應機制及標準作業程序，主動為政

策辯護或更正不實內容，以導正社會視聽。辦理民眾意見調查，改進服務缺失。

4. 豐富服務資訊，促進網路溝通

主動規劃公開機關基本資料、核心政策、執行計畫、服務措施等重要資訊，提供之資訊內容需正確連結並即時更新。

5. 創新服務方式，整合服務資源

發掘服務過程出現的問題，運用法令與流程檢討再造，規劃創新性、整合性的措施以精進為民服務。

在這樣的情況下，媒體已經完全進入警察公共關係的行動範疇，因為所有不符合前述服務規範的警政，都有可能會被民眾投訴、抱怨，出現警政負面的媒體再現。

第六節　21世紀新警政公共關係的媒體行動趨向

公共關係是民主警政媒體行動很重要的一部份，而且已經發展成為警政例行工作之一。然而，從百年變遷發展的歷程來看，21世紀的新警察公共關係行動，顯然出現新的結構面需要加以認清，而且在確定警政管理目標後，也需要針對警察行動者（agent）進行適宜的教育與培訓。本研究歸納三個要點，權作臺灣民主警政進入21世紀後，可以再思考的新警察公共關係行動趨向。

一、透視警政公共關係的質變

當前民主制度下的集體價值觀，係以人權保障與人性尊嚴為取向，在此既定情況下，社會結構之間所出現的衝突，例如媒體惡意監督警

察，或者民眾蓄意挑釁警察，都會持續上演，這是社會條件變遷所必然會出現的局面。警察所能做的、應該做的，就是強化現代的警察公共關係管理，針對輿論進行回應與有效的溝通。

面對警察公共關係隨著政治、傳播變遷後的新局，謀求警察公共關係的與時俱進，建議應該從整合警察公共關係的能動性（agency）與應變思維，警政才有機會扭轉頹勢。透視以下四個質變現象，才有可能建立當前警察公共關係的基本認知。

1. 角色的改變，警察已經從統治者轉變為服務者。
2. 權力意識的改變，警察已經從權威者轉變為溝通者。
3. 任務的改變，警察已經從管理者轉變為治理者。
4. 能動性的改變，警察已經從監視人民轉變為同樣被人民監視的對象。

二、正視警政公共關係知能培養

在傳播大發展時期，警察公共關係已經被列為警政再造工程之一，說明警政單位也察覺到警察公共關係比以往更具重要性，但可惜的是在實務上，並沒有見到後續任何具體而有效的作為，以致於警察形象並未有所改善。此一原因出在警政公共關係，經常被認為是少數人或特定人的工作，多數警察未必正視警察公共關係其實是普遍的、也是日常會遇到的課題。

警察執法的技術性技能指包括法律、體技在內的專業技能；概念化技能是警察對於維護治安、維護公共秩序等的職能認識；而人際間的技能，則是指人際關係與溝通的技能。警政公共關係行動，則是透過傳播媒體與社會大眾溝通的技能，應視為警察專業知能之一，對全體警察實施全面媒體教育。

警察處理媒體公共關係的基本工作型態，包括日常媒體關係、警察提供消息來源、警察出任新聞發言人等等，這些透過傳統媒體的警察

發言人，就是日常生活的媒體再現。一般警察未必需要處理日常媒體關係，但是「人人都可能成為發言人」的情況愈來愈顯著，警察天天都在新聞中出現。警察公共關係或者主動，或者被動在配合記者採訪新聞的需要，並且成為電視新聞中媒體再現的符號。

圖5：新聞媒體再現人人都可能成為發言人，是警察日常例行工作。

（本研究翻攝自民視新聞台。2013年3月26日）

「人們使用象徵符號的終極形式就是說故事」，警政公共關係策略需要倚重發言人對外「說故事」的發言表現。擔任警察發言人，需要透夠學習與演練，來說好故事，給社會一個好的感覺（汪子錫，2009：253-282）。

警政公共關係的知能，包括能動性與行動，列為必備的專業能力之一，警政單位應對於警察人員實施更多的相關教育訓練。尤其民主社會的商業媒體對警察未必友善，如果不具備基本的能力，將導致警察窮於應付的窘況。

三、鉅視觀察當前警察公共關係定位

從鉅視的角度來看，警察公共關係要針對媒體、人與社會結構的關聯性來審慎定位。今日的警察公共關係情境係由人民、媒體、民意

代表共同組成，個別或聯合起來以警察為監督對象，三者都各自擁
有能動性，也會各自出現「正當的」或「不正當的」行為，其特性
如下：

（一）人民

在言論自由環境下，人民為了自身的權利，會充份利用個人網路傳
播工具發表主張、監督警察。然而其公開的主張，可能是基於正當的，
也可能屬於不正當的對警察挾怨指責。

（二）民意代表

基於權力分立原則，民意代表有時候會「正當的」行使監督警察公
權力的職責；然而在某種民粹主義與追求選票的利益計算下，民意代表
在享有言論免責權的議場，也有「不正當的」言辭或肢體表演，對警察
進行某些誇張作秀式的指責。

（三）媒體

在數位匯流的傳播環境中，媒體充份享有新聞自由，有些時候其執
行的是正當的第四權公共監督職能；但有的時候，在傳播商業利益的驅
使下，也會出現不正當的惡意攻擊警察，並且形成破壞力。

就圖5來看，從媒體輿論到形成民意氣候，係由人民、民意代表與
媒體三方面個別，或者共同透過傳播媒體製造出來的。警察職能的本質
在於履行民主政治與保護公共利益，無可避免要承受媒體輿論監督，但
是此一監督可能是有建設性的，也可能是破壞性的。警察要確保工作成
效，需要透過公共關係的管理與作為，來有效回應媒體輿論可能出現的
破壞性監督。

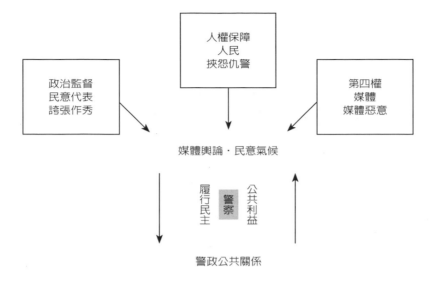

圖5：警政公共關係的社會結構關係模擬

　　綜合而論，隨著政治環境與時代轉變的結構變遷，警政公共關係重要性與困難度都越來越高，如何將民主警政作有效多元的方式呈現，使社會大眾對警政能透過溝通而理解、支持，已經成為21世紀新警政公共關係的目標。

　　從能動性來區分，警政公共關係包括公關（媒體記者應對及擔任發言人）、警政行銷（犯罪預防、校園反毒、防詐騙、反家暴、交通安全等）、經營社群媒體（臉書、微電影）等一切與媒體再現有關的行動。

　　警政公共關係除了要回應環境變遷，也要試圖展現媒體傳播的能動性（agency），才能開創新的契機，建立優質的、「服務型」的警察好形象。惟有如此，才能結合警政捍衛公共利益，與傳播媒體第四權創造的公共利益呼應，共同成為鞏固國家民主的堅定基石。

參考文獻

一、中文部份

中華民國建國一百年新聞傳播大事紀網頁（2011），取自：http://100news.udn.com/ roc100app/newsTw.jsp?by=C7，下載日期：2011年5月4日。

王天濱（2002），《臺灣新聞傳播史》，台北：亞太。

王洪鈞（1989），《公共關係》，台北：華視教學部出版。

王振寰（1989），〈臺灣的政治轉型與反對運動〉，《臺灣社會研究季刊》2（1），71-116。

行政院新聞局編（1994），《寧靜革命》，台北：行政院新聞局。

朱雲漢，（2004），〈臺灣民主發展的困境和挑戰〉，《臺灣民主季刊》1（1），146。

李湧清（1983），〈論警民關係〉，《警政學報》4，51-75。

李湧清（2002），〈警政新思維：修辭或現實〉，《警學叢刊》33（5），1-14。

李瞻（1992），《政府公共關係》，台北：理論與政策雜誌社。

汪子錫（2009），《警察與傳播關係研究》，台北：秀威資訊。

汪子錫（2011a），〈警察面對記者採訪的回應能力教育訓練芻議〉，《警專學報》第5卷第2期，pp.111-128。台北：臺灣警察專科學校。

汪子錫編（2011b），《憲法基本教範》，桃園：中央警察大學。

李士珍紀念網站（2011），取自：
http://fatherofpolice.cpu.edu.tw/introduction.htm，下載日期：2011年5月1日。

吳學燕（1993），《三民主義與警政現代化》，台北：正中。

林靜伶、吳宜蓁、黃懿慧（1996），《公共關係》，台北：國立空中大學。

陳光中、秦文力、周愫嫻譯（1992），《社會學》，台北：桂冠。

陳添壽（2010），《臺灣治安制度史》，台北：臺蘭出版社。

陳添壽、章光明（2013），〈警察與國家發展之關係〉，載於章光明編《臺灣警政發展史》，桃園：中央警察大學。

陳通和（1988），〈從社會治安論警民關係與警政宣導〉，《警學叢刊》18（3），27-36。

梅可望，（2002），《警察學原理》，桃園：中央警察大學。

章光明（1998），〈從行政革新運動的演進論我國警政現代化〉，《中央警察大學學報》32，179-202。

章光明（2000），《警察業務分析》，台北：五南。

莊德森（1999），《警察公共關係》，桃園：中央警察大學。

張知本（1960），《最新六法全書》，台北：大中國出版社。

張勝彥（1996），《臺灣開發史》，台北：空中大學。

張淵菘、章光明（2013），〈警察業務發展史〉，收於章光明編《臺灣警政發展史》，桃園：中央警察大學。

張覺民（1993），《警察公眾關係》，台北：書華。

馬振華（1981），〈警民關係理念的新境〉，《警學叢刊》11（4），114-121。

曾虛白主編（1966），《中國新聞史》，台北：三民書局。

康樂、簡惠美譯（2007），《基督新教倫理與資本主義精神》，（The Protestant Ethics and the Spirit of Capitalism）。台北：遠流。

蔡震榮、黃翠紋，（2000），〈現代警察概念與職能知發展趨勢〉，《警學叢刊》30（6），54。

賴澤涵編（1994），《二二八事件研究報告》，台北：時報文化。

詹延欽（2011），〈清末巡警與辛亥革命〉，取自：http://www.lw23.com/paper_92958721/，下載日期：2011年5月6日。

蕭全政（2004），〈經濟發展與臺灣的政治民主化〉，《臺灣民主季刊》1（1），1-25。

二、英文部份

Althusser, L. (1971). "Ideology and Ideological State Apparatuses," In *Lenin and Philosophy and Other Essays*. London: New Left Books.

Bernard J. Clark (1976). "Police-Community Relations." In A. W. Cohn, & E. C. Viano (ed.). *Police-Community Relations: Images, Roles, Realities*, Philadelphia: J. B. Lippincott Company.

Cutlip, S. M., Center, A. H., & Broom, G. M. (1996). *Effective Public Relations*. Englewood Cliffs, New Jersey: Prentice Hall.

Giddens, A. (1979). *Central Problems in Social Theory: Agency, Structure and Contradiction in Social Analysis*. London: Macmillan.

Giddens, A. (1998). *The Third Way: The Renewal of Social Democracy*. Cambridge: Polity Press.

Grunig, J. E., & Hunt, T. (1984). *Managing Public Relations*. New York: CBS College Publishing.

Grunig, J. E. & Grunig, L. A. (1992). "Models of public relations and communication." in Grunig, J. E. (ed.). *Excellence in Public Relations and Communication Management*. Hillsdale, NJ: Lawrence Erlbaum Associates.

Harlow, R. F. "Building a Public Relations Definition." *Public Relations Review*. Winter 1976. pp.7-16.

Harris, T. (1997). *The Marketer's Guide to Public Relation*. New York: John Wiley & Sons Inc.

Hill, L. N. & White, C. (2000). "Public Relationship Practitioners' Perception of the World Wide Web as a Communications Tool." *Public Relations Review*, 26 (1), 31-35.

Huntington, S.P. (1993). *The Third Wave: Democratization in the Late 20th Century*. Norman: University of Oklahoma Press.

Johnson, M. A. (1997). "Public relations and technology: Practitioner Perspectives." *Journal of Public Relations Research*, (9) 213-236.

Katz, R. L. (1974). "Skill of an Effective Administration." *Harvard Business Review.* 52 (5) , 90-102.

Kleinig, J. (1996). *The Ethics of Policing.* New York: Cambridge University Press.

Kotler, P. & Armstrong, G. (1994). *Principles of Marketing.* (6th ed), Annotated Instructor's Edition. New Jersey: Prentice-Hall Inc.

McQuail, D. (1992). *Media Performance: Mass Communication and the Public Interest.* Newbury Park, CA: Sage.

第三章　民主警政的警政行銷行動
與媒體再現

第一節　警察政策行銷的發展與問題

一、警政行銷的源起與本質

行銷（marketing）這個字詞原本用於企業拓展市場，是一個從產品、通路、售價到宣傳密切相關的拓展市場行動。管理學認為行銷是以追求產品銷售、進佔市場為目的，產品行銷是預期顧客利益與滿足顧客需要的管理過程（Sargeant, 1999）。

由於傳播媒體日漸發達與多元化，靠著單一廣告（advertising）拓展商品市場，顯然效益遠不如整體行銷手段，因此企業開始廣泛運用行銷，行之有年的媒體廣告則被納在行銷策略架構中。

當企業廣泛採取行銷管理時，也引起非營利組織、政府部門的興趣，自1970年代末期開始援用行銷概念，將非物質的價值觀念、服務推銷給民眾，開啟了非營利組織行銷（nonprofit organization marketing）、公部門政策行銷（policy marketing）的概念，這是一個從商品行銷過渡到服務行銷的過程。

1980年興起新公共管理學（NPM）將公共管理導向市場化（marketization）發展，在市場性的公共管理概念中，政府的公共政策

被視為有待行銷的產品，而且必然會規劃顧客導向、服務至上的行銷手段，將政策產品包裝，推銷給社會大眾，政策行銷更為明確且日趨成熟。只不過政策行銷過程，吸收了商品行銷的觀念，也調整了作法。

　　政府具有生產性（productive），既能生產，自然便有行銷的需要（Alt, & Charystal 1983）。但是政策行銷賣的不商品，而是政策內容與服務，民眾在政策行銷架構下並不是買商品，而是要不要接受（購買）政策觀念，進而於態度或行為中實踐政策所引導的價值觀。民主制度經常舉行各種公職選舉，候選人在選戰中，是在爭取選票，選民就是待開發與佔有的市場，這個發展，又出現政治選舉市場化（marketization）的現象，出現更多政治行銷手法。如今政府非營利行銷包括了政策行銷、政治行銷之外，也發展出公部門個人行銷。

　　臺灣大約在1990年前後出現警政行銷（policing marketing）的討論，包括警政全方位行銷與警察個人行銷。警政全方位行銷表現於重視民眾報案，設立報案單一窗口、採用報案三聯單，以及各級警察機關啟用電腦網路服務等。警察個人行銷則可見於警政署《警察機關表揚員警好人好事實施要點》以及《提報特殊優良具體事蹟作業規定》中輿論表揚的部份：「對員警優良事蹟，應撰述事蹟資料，分送當地報章、雜誌、電腦網路、警察廣播電台、電視台適時披露，並送請警光雜誌社刊登表揚」，這些作法就是針對員警個人所作的行銷，其目的在於塑立警察在民眾心目中的良好形象（汪子錫，2008a：85-106）。

二、警政行銷組合中的媒體作用

　　政策行銷活動包括公關、廣告、活動、宣傳或者事件行銷、整合行銷等，與媒體有密切關係，從一般資訊溝通、政府發言政策溝通，乃至於到運用媒體產製行銷宣傳品，都會運用媒體，政策行銷的目的在於改變或建立民眾認知，使民眾便理解與支持政府推動的政策（汪子錫，2008b：647-664）。

　　有不少學者認為以傳播、資訊傳遞作為政府治理的工具，這些見解肯定了傳播行動的重要性，其具體的實踐則與政策行銷有關。

　　Hood提出 "NATO" 的名詞，說明政府治理的四項工具分別是：Nodality（交會或中心點）、Authority（權威）、Treasure（財政資源）、Organization（組織）。其中Nodality是指政府的治理居於社會網路的交會處或中心點，在這個位置上，政府應該掌握資訊作為治理工具，並且達到溝通的目標（Hood, 1986）。其中所提到的掌握資訊，除了各種統計數據之外，也包含社會流通的訊息，例如新聞報導就是其中之一。此外從Budd所提出的e化民主（e-Democracy）治理概念來看，e民主增加了公民參與的機會，也展現公民對於政治的影響，這些機會、影響力與發達的個人化媒體有關，也與數位匯流生產的輿論有關（Budd, & Lisa, 2009）。

　　警政行銷需要警察媒體行動，在警察媒體能動性之外，新聞媒體也有能動性。市場導向新聞學（market-based model of news production），直接影響了警政行銷的媒體再現。

　　傳統新聞學著重新聞道德和客觀中立，並以第四權自居，近年來這樣的觀念已經被新聞市場觀念侵蝕。1994年美國傳播學教授McManus提出市場導向新聞學，界定「讀者或觀眾」已被新聞機構認定為顧客，而新聞則是商品，至於發行量或收視率則將被視為是市場佔有的指標（McManus, 1995: 301-338）。市場導向新聞學服膺市場信念而非新聞價值，煽情及資訊娛樂化才是媒體市場競爭的法則。

　　這個說法也可以在臺灣得到證實，歸納警察好人好事報紙新聞見刊，大部份的版位是地方版，而不是全國版，其原因深受市場導向新聞學所影響。依據新聞市場導向原則，擴大渲染的警察負面新聞比警察好人好事的新聞市場更大。因此，警察好人好事，大多被擺在較不重要的版位或地方版上（汪子錫，2008c：195-226）。

　　市場導向的新聞傾向，對於警察服務或警察「好人好事」的新聞，會有不利的影響；但是警察機關也可以運用自己的行銷能動性與行動。

第二節　警察政策行銷的傳播結構

一、警政行銷的傳播行動

　　警政行銷（policing marketing）與警政公共關是警政媒體行動的兩個結構面，但是警政行銷包含了公共關係策略在內，行銷目標是有針對性的。而本書第二章所稱的警政公共關係，則是存在於結構面的。警政公共關係的媒體行動，所形成的媒體再現，警察是產製媒體的元素，記者才是行動者，但是在警政行銷的媒體產製中，警察成為行動者。例如產製媒體或者產製什麼樣的媒體，在數位匯流提供的條件下，警察已經具有充份的能動性。數位匯流新傳播動力的警政媒體行動結構可參考圖1示意。

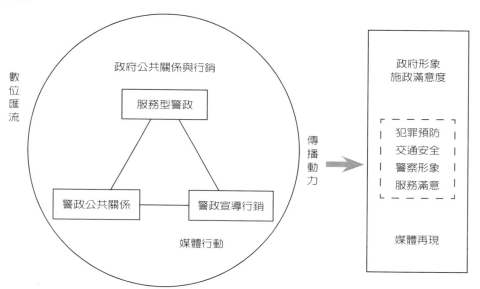

圖1：數位匯流新傳播動力的警政媒體行動結構示意

（本研究製圖）

　　警政公關與行銷的成效，會影響民眾對於警政支持與配合的程度，在社區警政「溝通至上」的概念下，警政行銷與警政公共關係，成為警政媒體行動的兩個焦點。民主社會中，民眾對於警察服務的期待，以及對於警察形象的要求，促使警察必須採取更多警政行銷的媒體行動。因為最終會影響警察的形象、滿意度，也會影響政府的形象、滿意度。

　　在國外警政利用媒體行銷經驗部份，回顧1970年代迄今的美國警政發展，諸如社區導向警政、問題導向警政、破窗警政、熱點警政、電腦統計警政等等，無論任何一種被強調出重點的警政工作，都蘊涵了基本的、不可或缺的犯罪預防策略，並且形成了重要的公共政策，也可以說，各階段警政思維，都包含了犯罪治理的意圖（章光明，2012）。要實現這些政策，就需要透過政策行銷的手段加以實踐，而政策行銷的本意，就是要促進社會行動者多元參與、採取對話溝通與宣導說服方式，爭取民眾（服務對象）的支持與配合（張世賢，2005）。

　　此外，警政學者Lab（2000）認為，警政機關透過傳播媒體行動，可以達到協助教育民眾關於犯罪問題與犯罪預防活動、針對特殊犯罪問題進行充份宣導、鼓勵民眾檢舉可疑或不法（Lab, 2000）。這些說法肯定了傳播（communication）行動在公共行政的重要性，數位匯流的發展，使傳播不再只是機構運用的工具，任何行動者，包括個人、警察、政府部門都能更為便利的使用媒體。在匯流所形成的全媒體運作的新時代，對於警政行銷的媒體能動性而言，意義非凡。

　　本章參考Lab前述建議，選擇具有「特殊犯罪問題進行充份宣導」案例，也就是警察針對青少年所作的反毒宣導行銷，來說明警察在數位匯流時代，在多元化的媒體能動性下，所採取的警政行銷行動，並歸納警政整合行銷傳播的媒體能動性。

二、警政行銷的傳播宣導模式

宣傳（propaganda）是透過媒介傳播或者人際傳播的方式，針對特定的目標群眾（target），使用文字、聲音、語言、圖像等符號，去建立或改變目標群眾認知的過程。其特色是單向傳播、由上而下的傳播、我說你聽的傳播、廣告傳播等等；由於宣傳過程欠缺回饋（feedback）以及信息互動的機會，宣傳的內容有時會夾入不正確的訊息而未被發現，因此「宣傳」二字就有了負面的意思，如果再加上技倆二字，就出現了宣傳必有技倆的負面暗示。

既然宣傳二字含有負面的意思，因此政府很早就將宣傳改以「宣導」二字替代，宣導是「宣傳引導」的簡約說法，但本質還是宣傳。而且「宣傳」或者宣導的英譯都是 "propaganda"，因此宣導是修飾了宣傳的用字，宣導就是宣傳。

最著名的宣傳模式，是拉斯威爾傳播模式（Lasswell Formula），依其主張，一則行銷傳播活動的過程與元素，略如圖2所示（Lasswell, 1948）：

圖2：拉斯威爾傳播模式（Lasswell,1948）

參考廣告學者Colley提出著名的廣告效果三階段論，即認知（cognition）、情感態度（affection）、行為（behavior）（Colley, R. H. 1961），將Colley三階段論套入Lasswell的傳播模式，那麼政令宣導行銷的過程與行為是：執行政策行銷的人，使用文字、聲音、語言、圖像等符號所完成的特定文本、活動，通過大眾媒介或人際親身傳播的通路，

到達特定目標（人或群眾）；目的在於建立或改變認知、情感態度與行為。

從Lasswell的傳播宣導模式，警察是警政行銷的行動者，警政行銷的內容是產品，通過大眾傳播媒體或者人際傳播通路，針對目標群，展開追求更好的民眾需求、更安全、安心的日常生活環境。

三、警政行銷的整合行銷傳播

整合行銷傳播（Integrated Marketing Communication, IMC）概念的出現，主要是因為傳統行銷已無法滿足日趨複雜、多元化和同質化的市場情勢，再加上遽增的各類型媒體助長大量傳遞複雜不一的資訊，消費者「疲乏且迷惘」於接收生產導向式的行銷訊息，造成廣告訊息的可信度與影響力持續下降（Duncan,T. & Everett, 1993）。換言之，商品廣告投資效果不佳的困境，需要將傳播工具加以「整合」並以消費者為導向再出發才能改變傳統行銷效果不彰的頹勢。

整合行銷傳播於1980年代後被提出，發展至今基本上認為：整合行銷傳播是一個概念，是一個流程，目的在於取得綜效（synergy）。綜效的關鍵在於體認到不同的媒體具有非常不一樣的優點，整合行銷傳播試圖利用這些相異的優點。整合行銷傳播「協調運作各項訊息，使它們的影響力達到最大」，這樣的影響力便是經由「綜效」而產生（Moriarty, 1994）。

當傳統行銷手法無法滿足日趨複雜的多元化市場、消費者時，行銷所製造的大量訊息，反而造成消費者「疲乏且迷惘」，行銷也走到困境（Duncan & Everett, 1993）。依Kotler（2003）的解釋，走入困境與無效率的行銷需要加以整合，並且實踐兩個面向，一是各種的行銷運作，包括廣告、顧客服務、產品管理、行銷研究等必須同時運作進行。再則，行銷工作必定涉及各個部門，因此各部門決策都必須進行有效的整合。

Semenik（2002）認為，整合行銷傳播是整合所有宣傳工具，以達到統合的傳播效果的過程。Shimp（2000）認為整合行銷傳播的目標不僅在影響消費者對於品牌的認知或態度，而在進一步的設法影響消費者行為。

Schultz & Schultz（2004）則認為，在瞭解整合行銷傳播的影響時，最重要的是促成買賣的行為，而不只是顧客態度的轉變。

依據Schultz等人的說法，對警政行銷的痛統合效果而言，例如在反毒宣導行銷時，不只要讓民眾知道毒品是有害身體（認知），還要使民眾拒絕施用毒品（行為）。又例如防制酒駕宣導行銷，不只使民眾知悉其害，而且能做到自己不酒駕，也要制止他人酒駕的行為（汪子錫，2013：165-186）。

第三節、警政宣導行銷6P策略

一、警政行銷與犯罪預防

警察一直都是以打擊犯罪來實現維護治安，但是將犯罪區分為預防（anticipation）、後果（consequence）回應（response）三個階段來看，可以發現在犯罪預防階段，所耗費的社會成本、經濟成本都是最低的（汪子錫、章光明，2013b：103-126）。因此，當前我國警政行銷行動，很多是針對犯罪預防，或預防道路交通事故，進而以提升警政形象為目的。初級預防行銷的行動目標，同時也是降低整體社會成本，降低民眾出現潛在損失的風險。

廣義初級預防的具體作為包含環境設計、守望相助、一般嚇阻以及推動民眾教育等（Lab, 2000）。而宣導（campaign）是民眾教育最基本的作為，此一行動是透過媒介傳播或者人際傳播的方式，針對特定的目

標群眾（target audience），使用文字、聲音、語言、圖像等符號，去建立或改變目標群眾認知的過程（汪子錫、章光明，2013a：47-67）。

二、警政行銷6P模式

McCarthy創建了商品行銷經典的4P模式，4P係指產品、價格、通路以及促銷（McCarthy, 1960）。當商品行銷4P被轉用在政策行銷時，Kotler另加入公共關係、公權力，形成政策行銷6P模式（Kot1er, 1986）。根據汪子錫、章光明（2013a）的研究指出，警政行銷6P的樣態，其界定以及實例如下：

（一）產品（product）策略

警政行銷的產品概念，可以分為兩類，第一類是指警政（policing）是可以透過包裝，來展現形象的產品，這是專指警察形象而言。另一類警政行銷產品，則是指各種犯罪預防政策作為，例如警察宣導反毒法令、舉辦反毒活動都可以視為警政行銷產品。

警政行銷的產品通常是非物質的服務，因此將這些抽象的政策與警察作為，用具體的方式來表達，就需要將其「概念化」處理。概念化的警政行銷產品實例包括：放假出門警察替你顧家、治安風水師、機車或農業機具免費烙碼、守望相助、春安工作等等。其他警政行銷產品例如報案到府服務、開放民眾上網報案、165反詐騙專線等等。

（二）價格（price）策略

價格係指目標群體願意配合政策，並且接受新行為所付出的成本或代價，亦稱「接受成本」（adoption costs）。根據交換理論，政策行銷者的定價策略，必須能讓目標群體感受到所獲得的利益大於或等於必須支付的成本。警政行銷的價格策略還衍生出兩個概念，其一是加值型服務，其二是設計讓民眾在極低的時間成本、經濟成本就能享有警察服務

的策略。

　　警政行銷價格策略沒有價格問題，但是警政行銷需要打動人心，也需要民眾花時間配合，因此，警政行銷的價格策略還衍生出兩類概念，其一是加值型服務，其二是設計讓民眾在極低的時間成本、經濟成本就能享有警察服務的策略。

　　警政行銷中免費服務的例子甚多，例如鐵馬驛站免費加水打氣、免費出借機車安全帽、架設網站免費服務外籍人士、服務視障人士搭計程車點字，以及免費代叫計程車服務等等。而與犯罪預防有關的免費服務與降低民眾成本策略，例如2012年8月警政署開發APP程式供民眾免費下載提供9項功能的犯罪預防服物，包含110報案定位系統、165反詐騙專線、113婦幼專線、防酒駕代叫車服務、即時路況報導、失竊車輛、逃犯、失蹤人口、受理案件查詢等。民眾只要透過智慧型手機中的APP，即可立即撥打110，還可透過GPS位置，讓警方得知報案人定點，及時派遣警員前往支援。

（三）通路（place）策略

　　通路策略係指政策傳遞的方式，一般包括大眾傳播行銷通路、人際傳播行銷通路兩種。對警政行銷而言，警察機關所在位置即place，它的意思可以是服務的場地，也可以是行銷通路。

　　警政行銷的通路實例甚多，例如安排學童參訪警察局、派出所規劃為環保綠建築、觀光服務示範派出所、派出所設咖啡雅座、派出所前設家長接送學生區、機動派出所等。此外警察在遍布全國的超商實體店面，建立警民防護連線，以及如遇民眾大額購買集點數時，協請店員及時向當地派出所通知，以有效遏阻類似案件之發生等，都是延伸犯罪預防行銷通路的策略運用。

　　通路策略考量的重點是政策能否透過多樣的、普遍的通路行銷到社會大眾，讓民眾有接近性與易取性。

（四）促銷（promotion）策略

促銷策略亦被稱為「促進策略」，其要旨是提供免費可得的贈品、免費可得的附加價值。例如有獎徵答活動、歌舞表演、開放警局戶外教學宣導、以捐血公益活動帶動警政宣導等。促銷策略是警政行銷最常見的，例如免費發送警政文宣贈品、春節前免費發送犯罪預防紅包袋、加印防盜防搶警語的春聯等都屬於促銷策略。

（五）公關（public relation）策略

警察機關服務社會的行為，並不是有形的產品，因此，透過公共關係行銷途徑與手段，推動各項措施，建立良好的公共形象，成為重要的課題。例如：警察機關識別CIS部份、警局獲得ISO認證、採用新制服改變民眾對警察印象等。此外以對象來說，警政行銷的公關對象還有媒體與民意代表等。在犯罪預防政策行銷方面，運用媒體關係，發佈犯罪預防、春安、反詐騙的新聞稿等等，都屬於公共關係策略運用。

警察機關服務社會，並不只是警察單獨的行動，需要考慮結合其他機關部門、民間社團組織、公益組織、各級學校的力量，共同規劃執行警政宣導行銷就是公關策略的具體應用。

（六）公權力（power）策略

警察展示公權力最直接的方法，就是展現警察科技、武器裝備，或者展開專案掃蕩臨檢，以武力、公權力展示打擊犯罪的能力，一方面讓善良百姓安心，也讓歹徒收斂，達到嚇阻犯罪的效果。例如：全國警技競賽、春安工作警力展示、金融機構防搶演練、警察快速打擊戰力展示等。廣泛而言，高見警率（highly-visible police）藉由增加警察的武器、裝備、車輛的曝光程度，達到嚇阻犯罪的目的，也是犯罪預防公權力展示策略的行動之一。

　　本章在以下三節中，選擇以校園反毒整合行銷實例，具體說明警政行銷的運作與行動。在第四節中先敘明青少年吸毒犯罪與預防政策，在第五節中介紹關於警政針對青少年反毒行銷宣導的能動性與行動行動實例。第六節則歸納並延伸討論警政行銷的媒體再現。

第四節　青少年吸毒犯罪與預防政策

一、校園毒品與青少年施用問題

　　在臺灣影藝界迅速竄起的柯姓藝人，因為演出電影爆紅，奪下金馬獎最佳新人獎，一時間成為青少年新偶像，主管毒品危害防治的法務部，趁勢邀請柯男與該片導演、女主角為反毒代言，拍攝宣導短片。未料3年後卻傳出柯男在北京施用二級毒品大麻，被公安逮捕拘留，讓他的反毒宣導不幸成為笑話一則。

　　這起喧騰全球華人社會的藝人吸毒案，凸顯毒品入侵的嚴重性，連知名藝人都難免沾染，案中被大陸公安人員查獲的大麻，在我國被列為二級毒品。文獻顯示，吸食大麻會產生欣快感，有時會出現幻覺和妄想，致癮長期施用則會引起精神障礙、思維遲鈍，並破壞免疫系統。依據「毒品危害防制條例」第10條規定，柯姓藝人施用第二級毒品若查屬實，可處三年以下有期徒刑。

　　綜觀我國防制毒品政策與法律運作概念，主要有二，第一個概念是「毒品分級制」，毒品依毒害程度區分為四級，一級屬最嚴重；毒品的分級則由法務部會同相關單位定期檢討調整。另一個概念則是「分級處分制」，一級毒品的製造、運輸、販賣、持有、使人施用、施用、轉讓等行為處分最重，四級毒品則相對較輕。至於毒品的廣泛定義是指：「具有成癮性、濫用性及對社會危害性之麻醉藥品與其製品及影響精神

物質與其製品」。

在各級毒品中，實務上可以區分為傳統毒品、新型毒品。傳統毒品例如鴉片（從罌粟果實中流出的乳液經乾燥凝結而）、嗎啡（鴉片中的主要生物鹼）、海洛因（俗稱白粉，由嗎啡加工）、古柯鹼（從古柯葉中提取的一種白色晶狀的生物鹼，亦稱可卡因）；新興毒品則是例如K他命（氯胺酮）、搖頭丸（是多種致幻性苯丙胺類興奮劑的混合物）等。

相對於鴉片、海洛因等傳統毒品，以化工原料混合其它成份製成的新型毒品對青少年危害極大，有些新型毒品被製成糖錠的模樣（例如搖頭丸，英文縮寫 "MDMA"），有些被製成膠囊（例如紅中、青發，可以口服或注射）不但施用方便，而且外觀看起來無害。在臺灣查獲的案件中，也有將K他命包裝在三合一咖啡飲料包中，一方面規避查緝，另一方面也使青少年失去戒心。青少年染毒之後，往往不易戒除，製造出許多治安犯罪問題。可以說，新型毒品以討好青少年的方式，包裝成無害的東西接近青少年，造成極惡劣的後果。

青少年第一次接觸毒品的原因主要是好奇心、同儕影響、學業壓力等。加上被製成糖果外觀的藥物，讓青少年容易放下戒心。然而開始接觸毒品後，許多人開始沉淪，難以自拔。

根據警政署2013年第45號通報顯示，臺灣地區2013年18歲以下兒童少年違反毒品危害防制條例1,519人（占12.62%），僅次於竊盜與傷害，佔兒童少年犯罪類型第三位（警政署，2014a）。若以近幾年兒少煙毒犯人數觀之：2010年1,214件、2011年1,320件、2012年1,655件，可以明顯的看到兒童、少年違反毒品危害防制條例的人數逐年穩定增加，但在2013年減少136人，會逆勢減少的原因之一，即在於警政、教育、社會公益團體合作在校園進行反毒宣導初見成效。

參考美國警察校園反毒的作法，1983年時，美國面對日益惡化的毒品問題束手無策，各種因為毒品氾濫衍生的暴力犯罪，是各地警察沉重

的負擔。當時擔任洛杉磯市警察局局長的Daryl Gates提出從問題根源救起的構想，倡議由員警進入校園，親自教導中小學師生認識毒品的危害與相關法律。這項由警察進入校園進行一學期教師的濫用毒品防治教育（Drug Abuse Resistance Education, D.A.R.E.），被譽為當代最重要的毒品防治策略之一，由洛杉磯開始，逐漸推展至美國與加拿大，也有多國前往取經仿效（Starting a D.A.R.E. Program, 2014）。臺灣則是由地方警察機關，進入校園或以青春專案方式，以青少年為對象進行校園反毒宣導預防。

我國警察進入校園反毒，肇始於2003年開始的青春專案，至今已12年。經過制度內容多次調整與精進，警察已經累積不少校園反毒宣導經驗，包括舉辦各式活動、露營、徵稿競賽、法令問答以及製作微電影宣導等。

二、毒品入侵校園衍生的治安問題

毒品入侵校園後果嚴重，會形成青少年循環不止的犯罪鏈。校園犯罪鏈是指從毒品發展出其它各種青少年犯罪類型，例如霸凌、勒索、打架、殺人、賭博、性侵害、暴力討債、女學生賣淫、援交等。

校園犯罪鏈的女學生受害模式例如：黑幫份子利用網路，假借招募打工誘拐女學生，先提供免費毒品誘騙吸食，等上癮後就讓其到應召站出賣肉體，以皮肉錢購毒抵癮。

校園犯罪鏈的男學生受害模式例如：以幫派入侵校園吸收學生或中輟生，尋找對象，先以免費毒品引誘其試用，等到致癮後就開始驅使男學生為其兜攬簽賭、討債、販毒，或進行其他犯罪行為等。

根據臺灣衛生福利部彙編的藥物濫用案件暨檢驗統計資料顯示，2014年2月臺灣地區學生藥物濫用統計總計167件，品項分級統計部分：以第三級毒品（K他命、FM2、一粒眠）占最多152件、第二級毒品（安非他命、搖頭丸、大麻）次之15件。依各學制統計，依發生次數為高中職100件、國中63件、大專校院3件。

　　另參考近五年統計所有學制學生藥物濫用案件數，2008年815件、2009年1,308件、2010年1,559件、2011年1,810件、2012年2,432件，校園毒品呈現出嚴重的快速增長趨勢（衛生福利部彙編，2014）。

三、校園反毒運動與宣導行銷政策

（一）紫錐花反毒運動

　　面對毒品入侵校園日益惡化的嚴峻形勢，教育部從2012年6月開始推動一個新的反毒運動，並命名為紫錐花運動（Echinacea Campaign），設定每個月第一日為紫錐花反毒傳播日，以「反毒、健康、愛人愛己」為運動主題，在臺灣各級校園進行全面、長期的反毒宣導。由於這項運動實施未久，校園反毒的成效如何，猶需觀察。

（二）春暉專案

　　自1990年起，教育部在高中職及大校園內推動春暉專案，初期只針對校園毒品案件預防及處理，主要是以宣導教育方式讓高中生、大學生遠離毒品藥物。1991年時，將消除菸害、預防愛滋病2項納入春暉專案。教育部亦開始提供經費補助，輔導各校成立春暉社團，藉由學生社團力量協助推動校園安全工作。1995年時，再將酗酒、嚼食檳榔納入春暉專案，至今春暉專案共有5項校園安全主題工作，即：反毒、消除菸害、預防愛滋病、不酗酒、不嚼食檳榔。春暉專案如今已是高中職學校、大學校園內組織化、定型化的校園安全專案工作之一（汪子錫，2009：137-150）。

　　春暉專案的反毒工作，不僅只是宣導而已，還有具體的防毒作法，專案規定要由教師、教官、訓輔人員，應在日常生活中觀察學生有無濫用藥物的危險訊號，並請醫療檢驗人員到校園，針對學生隨機抽取5％進行尿液篩檢，以期能及早發現、及早處理學生濫用藥物事

件。尿液篩檢的作為,還有嚇阻學生施用毒品的預防作用(陳惠次等,1993)。

(三)青春專案

2003年開始實施的青春專案結合了內政部、教育部、法務部、經濟部、衛生福利部、勞動部等相關部會及地方力量,提出「淨化妨害青少年成長環境」,有效減少暑假期間兒童及青少年犯罪及被害;「舉辦熱力青春休閒活動」,提供青少年參與體能、藝文活動的多元管道;擴大預防犯罪宣導,建立兒少自我保護意識等三大專案回動主軸(警政署,2014b)。近年來,警察在青春專案中的角色與任務愈來愈顯著,警察機關實質上,已經成為青春專案最重要的業務單位。

青春專案於每年7月初至9月初的學校暑假期間實施,由各單位主動提供青少年育樂正當休閒活動、進行青少年犯罪預防宣導、自我保護宣導,並且由各地警察機關頻繁臨檢取締可能妨害少年身心的場所,例如網吧、釣蝦場、啤酒屋、夜店、KTV等場所。青春專案以關懷勸導、避免青少年犯罪為宗旨,並且宣導自我保護,以減少青少年被害案件發生。近年來,反毒宣導已經成為青春專案最重要的項目之一。

第五節　青少年反毒政策行銷案例

參考前述青少年反毒、拒毒政策,警政行銷行動於焉展開。本研究使用立法院新聞知識庫網頁(http://nplnews.ly.gov.tw/index.jsp)檢索系統,以關鍵字搜尋相關樣本。從青春專案實施的2003年7月1日至2014年7月1日,蒐集到490筆新聞報導文字內容,同時出現校園、毒品、宣導、警察的四組字樣,並完成以下分析結果。

一、警政反毒行銷6P模式個別策略

參考警政行銷6P模式，將警察校園反毒宣導6P按個別分類，遇有重複或類似類型，則選錄一則為行銷樣態。

（一）警政反毒行銷產品（Product）策略類別

1. 製作各種校園反毒影視廣告、平面媒體廣告，利用多元傳播通路播出。

2. 警察說故事：警察解析親身處理毒品之案例，呼籲青少年勿濫用藥物、遠離菸、酒、檳榔危害。

3. 警察除了到校園做預防宣導、建立校園緝毒通報窗口，配合春暉專案，加強查毒、查訪及輔導高風險學生。

4. 在國小舉辦學童毛筆、畫筆反毒創作，以比賽方式進行校園反毒宣導。

5. 將反毒宣導結合校園幫派暴力問題、中輟生問題、性侵害與暴力問題、青少年援助交際、青少年常見交通違規、網路安全等做綜合性的宣導產品。

6. 組合產品與綜合宣導：講解、展示圖片。

7. 以集會宣誓儀式，將標識著「霸凌」、「黑幫」及「毒品」三議題的球踢出校園，表達維護校園安全、建立友善學習環境之決心。並由學生表演相聲，增加宣導趣味性。

8. 警察提供防止搖頭丸、Ｋ他命毒品嚴重入侵校園的宣導動畫、短片、標語，在學校大型電子看板播放，進行反毒宣導。

9. 針對轄內行為偏差少年、中輟生，由警察機關安排專家傾聽少年心聲，進行心理輔導。由婦幼隊員警講解「113」婦幼保護專線專線，及警察各種貼心的服務措施，同時也由少年隊員警對青少年進行法律教育，教導青少年建立預防犯罪之常識。

10. 苗栗縣警局徵求原住民警察，組成「BUNI宣導團」，進入校園、原住民部落，用原住民歌聲等地寓教於樂宣導，將反毒宣導主題，用趣味的內容融入歌詞。

11. 對曾犯違反毒品管制條例的高關懷學生，給予輔導。

12. 園遊會中教導民眾製作健康茶飲，吸引民眾興趣，並教導其辨識毒品。

13. 實施組合式宣導活動，將法律講座、法律劇場、少女防身術、少年生活成長營等結合，引導青少年從事正常活動，達到遠離毒品的目的。

14. 結合大學生在校園內推出「快閃族創意比賽」活動，用無厘頭式的指天大喊，吸引學生注意，進行反毒宣導。

15. 警察為轄區青少年辦音樂會、開辦小型關懷治安說明會，並舉辦游泳、籃球賽等體育活動，並且組織「治安小天使」遊行、發布新聞稿等綜合式宣導活動。

（二）警政反毒行銷價格（Price）策略類別

1. 與校園反毒宣導有關的價格策略，全部都是免費服務。

2. 使參與者降低成本策略的作法是警察進入校園執行宣導，學生不用花費交通費用及太多的時間成本。

3. 警察局提供手機APP程式，供免費下載，提供反毒、拒毒犯罪預防服務，包含110報案定位系統、165反詐騙專線、113婦幼專線等。

（三）警政反毒行銷通路（Place）策略類別

1. 舉辦少年反毒害羽球團體賽，宣導行銷通路移至運動場上，藉由活動，對現場參賽的青少年及觀眾進行反毒宣導。

2. 將警察辦公室當做行銷通路，邀請學生參觀保安隊、史蹟館、交

通隊及刑警大隊等單位，讓小朋友更進一步了解警察工作。由保安隊員警現場解說，同時回答各項裝備的使用方式及功能，讓小朋友動手觸摸武器裝備，同時進行毒品危害的法治教育宣導。

3. 警察聯繫學校利用假期返校日，舉行擴大預防犯罪宣導，培養國中學生、小學生反毒觀念，並強化免於被害的警覺性，減少學生受害機會。

4. E通路策略：呼籲家長鼓勵青少年上網參與青春專案趣味活動。提供網路搜尋各地方警察局青春專案網頁，參加暑期正當休閒育樂活動。

（四）警政校園反毒宣導促銷（Promotion）策略類別

1. 捨棄以往照本宣科的八股反毒宣導方式，提供具有收藏價值，不同造型的警察公仔當作獎品，有刑警、男警、女警及交通警察等。在與學生面對面交流，並播放動畫影片加深學生印象之後，開始進行有獎徵答活動。由於公仔獎品限量，學生熱烈參與搶答，宣導效果不錯。

2. 在農曆7月7日中國七夕情人節，舉辦大型反毒宣導活動。提供法律問題徵答、獎品、免費播放熱門電影（由主辦單位支付公開播映費用）。

（五）警政反毒行銷公關（Public Relations）策略類別

1. 發布新聞稿、召開新聞記者會，傳播宣導活動反毒訊息。

2. 結合民間社團力量，共同舉辦反毒宣導活動。

3. 建立少年警察專人聯繫校園機制，與學校合作。若發現有吸毒、加入幫派或有其他不當不法徵候時，立即列冊輔導。

4. 少年警察隊經常主動協助學校，增近師生瞭解毒品、黑幫入侵校園等發展。

（六）警政反毒行銷公權力（Power）策略類別

1. 向菸酒業者宣導不得違法供應菸品給未滿18歲者，並加強宣導業者販賣菸品時應落實停、看、查年齡等動作，同時也結合公益團體（例如：董氏基金會）到網咖宣導拒菸反毒衛教資訊。

2. 刑警進入校園，配合實施「校園防毒拒毒緝毒戒毒連線行動方案」，採網狀方式掃蕩校園毒品。

3. 捕獲藥頭、毒蟲後，即時召開記者會，展現警察緝毒專業能力，並向毒品宣戰。

4. 針對學生、年輕族群出入易涉及毒品之夜店、KTV等地點，列為重點查察場所。

5. 執行全台警察機關同步檢肅毒品專案工作，有效阻斷供毒管道。

二、警政反毒行銷6P模式組合策略

除了前述的個別分類，校園反毒宣導還可以將6P組合運用，組合的方式不限制，任何P都可與其他P進行組合（見圖3）。而組合的選擇依據，則是在既有的資源與優勢上加以發揮即可。也就是實踐公共關係準則中的「趁勢、運勢」法則，利用地利之便、既有人才、地方特色、因時制宜的組合。

例如以網路作為通路，以反毒遊戲作為產品，並介紹法律知能，來宣導公權力的處罰規定，在遊戲中過關者，就可以得到贈品，這也就是促銷策略。前述的組合，就是「通路」、「產品」、「公權力」與「促銷」的組合運用。而根據研究發現，還有多種組合策略的實際案例，可以提供參考。

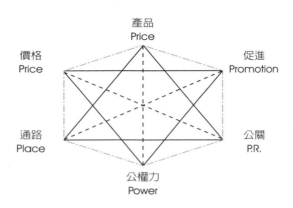

圖3：警政校園反毒宣導6P模式組合策略（本研究製圖）

（一）產品、促銷組合策略

　　警察設置反毒宣導列車攤位，邀請學生參加，並且對比賽參賽的青少年學生進行反毒教育宣導（產品策略）。為了增加參與樂趣，同時辦理摸彩活動，採通通有獎方式（促銷策略），以提升反毒宣導效果。

（二）產品、通路、促銷組合策略

　　刑事警察局借用熟悉的中醫師小金人廣告，推出「警光中醫診所」遊戲網頁（通路策略），網頁以遊戲互動方式呈現，藉由中醫師提出10題有關毒品幫派、詐騙竊盜的情境題目，讓化身為小金人的受測民眾選擇作答，最後診斷受測民眾「火氣指數」（產品策略）。火氣指數越高就表示受測者對相關法令知悉程度越低，如果火氣指數達「心如止水、波瀾不驚」境界，表示受測者具備足夠法律常識，即可參加線上抽獎（促銷策略）。

（三）產品、公關、通路、價格、促銷組合策略

　　警察結合民間社團國際獅子會（公關策略），在人潮眾多的百貨公司前廣場（通路策略、價格策略），舉辦「反毒、反暴力、反霸凌暨吃

得健康、走得健康——珍愛生命」園遊會宣導活動（產品策略），提供民眾現場闖關拿禮物（促銷策略）。

（四）警政行銷6P完全組合運用的實際案例

1. 警察機關結合大學社團、民間團體扶輪社等（公關策略），在大學體育館辦理「青春不沾毒」反毒宣導活動（通路策略），邀請附近高中、國中等學生共同參加。活動內容靜態部份是由大學生和警察共同提供反毒海報、反毒書法展、漫畫展（產品策略）。動態部份是由大學社團表演反毒行動劇與有獎徵答（促銷策略）。警察則同時派出霹靂小組戰技表演（公權力策略），教導防身術宣導，促使學生融入宣導活動（價格策略）。

2. 警察機關結合民間團獅子會共同舉辦反毒法令法規宣導（公權力策略），並在活動前、中、後將訊息透過社群媒體Facebook對外宣傳（公關策略）。一方面在網路上提供反毒宣導影音短片供人點閱，同時舉行徵求自製反毒宣導微電影比賽（產品策略）。活動主辦單位設立各種獎項，頒給製作最受網友歡迎影片的參賽者，包括蘋果第二代平板電腦、iPad2等大獎（促銷策略）。另於活動期間，舉辦免費參加的「反毒我最酷」熱門音樂電場演唱會（價格策略），由人氣歌手樂團演出，吸引青少年參加活動（通路策略）。

3. 警察機關前往國小校園（通路策略、價格策略），配合參加公益團體辦理的「陽光愛心早餐會」（公關策略），和師生共進愛心免費早餐後（促銷策略），展開熱鬧的團體活動。並穿上反毒品T恤、貼上反毒胸章，共同踏破寫著「毒品」、「霸凌」、「黑幫」的氣球，進行反霸凌、反毒品、防黑幫入校園共同宣誓（產品策略、公權力策略）。

第六節　警政行銷媒體能動性趨向：自製微電影分析

一、警政行銷反毒微電影

　　從前述案例歸納警政行銷的媒體行動包括三類，第一是傳統公共關係發佈新聞稿、記者招待會等；第二是使用網路及社群媒體作為警政行銷通路，舉行網路遊戲、有獎徵答、訊息發佈等；第三則是警察創新行銷產品，最顯著的就是警政反毒宣導微電影，許多微電影產品都是全部或大部份由警察自行製作，在各縣市警察局，還鼓勵轄下每個分局都提供作品，互相競賽評比。數位匯流的警政行銷出現的微電影，除了放在網路供人點閱，有些還被轉製成DVD發送宣傳，這些都是警政行銷出現的媒體能動性。

　　反毒行銷微電影，全部或大部份的工作都由現任員警擔任，而且花費極少。經檢視樣本加以統計，僅2013年暑假期間，警察自製青少年反毒微電影，全國有37部，若加上過去已經上傳的影片，估計超過130部以上。

圖4：蘆洲分局青少年反毒宣導微電影「假如」擷圖

（資料來源：http://www.youtube.com/watch?v=DNVqXBaKENU下載日期：2013年10月1日）

　　2013年青春專案期間，被媒體大幅報導介紹的，有桃園警察局各分局製作的13部微電影、彰化警察局與精誠高中學生合作的反毒微電影「幸運草」等。新北市蘆洲派出所由一名員警負責編、導、演、剪輯、配樂，並由派出所全體警察擔任演員，推出一部名稱為「假如」的反毒宣導微電影，被認為具有相當專業水準，也得到網路佳評，畫面擷圖見圖4。

　　警察自製微電影蔚為新趨向，這個能動性的展現，使警政可以透過自製微電影的行動，直接影響媒體再現。警察也從以往被動的媒體配合者，轉變為可以依據個體日常工作經驗，擔任主動的媒體支配者。這個轉變意義非凡，因為警察最了解警察，在警察掌握微電影的媒體控制權之後，意味著好的微電影作品，應該成為極大的媒體正向動力，而且在數位匯流中，還會引起傳統媒體的注意。

二、警政行銷防制酒駕微電影

　　警察自製微電影做為行銷產品，內容不只是反毒而已，反詐騙、交通安全都曾經是警政行銷微電影相繼製作的主題。警察自製微電影在數位匯流趨勢下，將會是e化時代的警政行銷必然趨勢。

　　警察在交通安全宣導任務中，比其他政府更早採行了整合行銷傳播的手法。交通安全雖然是政府各部門共同的職權與責任，但是治安、道安（道路交通安全）被列為警察機關的具體工作項目，警察是每日可見的街頭交通執法者，用路人最經常接觸到的交通執法者也是警察。因此，警察把執法取締當作「棍子」，比宣導服務當作「胡蘿蔔」，是交通安全行銷宣導的優勢（汪子錫，2013：165-186）。

　　酒駕肇事危害不淺，成為輿論公敵，雖然警政機關持續強力執法取締酒架，但是仍然無法有效遏止，為了擴大宣傳效果，警察也曾運用公共關係，主動協請電視及報紙媒體新聞記者隨同執勤員警現地採訪，將取締酒駕的過程製成新聞播出，以擴大宣傳效果。

　　此外，警察媒體能動性還顯示在交通安全宣導微電影中，各機關還展開獎金競賽徵稿活動。其中高雄市警察局仁武分局完成的「交通安全，執法先鋒」4部微電影，由員警出任演員，民間協助拍攝、後製，也成為警政行銷微電影的合作新模式。微電影並經電視新聞報導，出現媒體匯流的行銷效果。從圖5和圖6可以比對出來，左圖是警政行銷微電影原片，右邊則是電視新聞報導的畫面。

圖5（左）：仁武分局宣導交通安全微電影取締酒駕篇擷圖。

資料來源：http://www.youtube.com/watch?v=_nQXIjj2l-E下載日期：2013年10月1日。

圖6（右）本研究翻攝自民視新聞。

　　自製道路交通安全宣導微電影意義非凡，因為在以往只能委託專業人員製作的交通安全宣導短片，無論是高額製作費用、低度傳播效果，都有受人詬病與質疑之處，如今傳播發展已經進入新的里程，當社群網站、個人網頁勃興發展之後，一般非大眾傳播工作者的素人，可以跳脫傳播結構的限制，從觀眾（audience）變為寫眾（writers），也就是從單純的收訊者轉變為主動的訊息生產者與傳播者，這種革命性的變化當然為警政行銷帶來了許多未來能動性的想像。（汪子錫，2013：165-185）。

三、警政行銷的媒體能動性

由上述演進可以看出，警政行銷有兩個主要目標，一是直接訴求的警察形象，另一個是多主題整合行銷傳播，例如犯罪預防、交通安全等間接訴求警察形象。傳統媒體或者社群媒體的警察再現，事關警政行銷的效果成敗。

媒體數位匯流賦予服務型警政擁有更多的傳播能動性，透過公共關係與行銷到達與媒體接觸（reach）民眾，並透過媒體產製與再現，實踐傳播動力，達到民眾對政府滿意、對警政治理滿意的效益，最終則是實現正面的形象。

警政行銷是民主警政重要的媒體行動之一，透過有效的行銷，當民眾對治安、交通都產生信心與信任時，警察形象自然也會跟著呈正向的、更好的方向發展。可以說，所有警政行銷都是配合警政策略而採取的行動，其中很多皆與媒體有關。

此外，民主警政與多元化服務型警政幾乎同義，因為警察服務的行動，也被視為行銷手段之一。我國警政行銷的媒體行動，目前出現較顯著的有犯罪預防警政行銷、交通安全宣導行銷、服務形象行銷。警政行銷是透過告知、教育、宣導的整合式作為，任合有益於民眾福祉與警政效益的項目，都可以採取警政行銷方式進行。

警政行銷的本質接近於問題導向警政、社區警政、預防犯罪行銷的實踐，在多元民主社會中，各種政令宣導產品都容易陷入「八股教條」的說教模式，而被民眾排斥，警政機關可以參考本章所介紹的行銷6P模式，創造新穎地、趣味地行銷手法，讓民眾更願意接受警政行銷的內容。民主警政行銷的行動者不必然是警察機關而已，而是可以善用公共關係行銷策略，結合各界的資源，包括其他政府部門、社會公益團體、宗教團體、企業機構等，整合更多行動者，增加警政行銷更豐富多元的能動性。

參考文獻

一、中文部份

汪子錫（2013），〈整合行銷傳播概念運用於交通安全宣導的探析〉，《警察行政管理學報》第9期。

汪子錫（2009），〈對當前校園反毒宣導犯罪防治工作的表現探析〉，收於《2009年犯罪防治學術研討會論文集》。桃園：中央警察大學。

汪子錫（2008a），〈利社會行為對警察人際關係的影響探討〉，《警學叢刊》第39卷第1期，pp.85-106。桃園：中央警察大學。

汪子錫（2008b），〈警察機關公共關係與行銷實例探析〉，收於《2008警學與安全管理研討會論文集》pp.647-662。台北：臺灣警察學術研究學會。

汪子錫（2008c），〈與警察服務有關的人與事新聞類型探析〉，《警察大學學報》第45期，桃園：中央警察大學。

汪子錫、章光明（2013a），〈警察犯罪預防政策行銷的理論與實例探析〉，《警學叢刊》第43卷第6期。

汪子錫、章光明（2013b），〈警察的犯罪預防宣導與媒體運用探析〉，《警大學報》第50期。

張世賢（2002），〈電子化政府的政策行銷〉，《國家政策研究報告》（內政（研）091-059號，未出版。

張世賢（2005），《公共政策分析》，台北：五南圖書。

章光明（2012），《警察政策》，桃園：中央警察大學。

陳惠次等（1993），《防治青少年犯罪方案之評估》，台北：行政研考會。

蔡中志（2008），《酒駕肇事特性與道安防制措施之研究報告書》，桃園：中央警察大學交通管理研究所。

警政署（2014a），〈警政統計年報：警察機關受（處）理刑事案件少年嫌疑犯人數：機關別〉，2014年7月1日下載。 http://www.npa.gov.tw/NPAGip/wSite/ct?xItem=26911&ctNode=12595&mp=1

警政署（2014b），《暑期保護青少年青春專案開跑》，2014年7月1日下載，http://www.moi.gov.tw/chi/chi_news/news_detail.aspx?type_code=01&sn=8575

衛生福利部彙編（2014），〈藥物濫用案件暨檢驗統計資料〉，2014年3月，http://www.fda.gov.tw/upload/133/2014070210204816991.pdf〉。

二、英文部份

Ajzen, I. (1991). "The theory of planned behavior." *Organizational Behavior and Human Decision Processes*. 50 (2), 179-211.

Budd, L. & Lisa, H. (2009). *e-governance: Managing or Governing?* (1st ed). London: Routledge.

Colley, R. H. (1961). *Defining Advertising Goals for Measured Advertising Results.* New York: Association of National Advertisers, Inc.

Duncan, T. & Everett, S. (1993). "Client Perceptions of Integrated Marketing Communications." *Journal of Advertising Research,* 33 pp.30-9.

Evans, R. I., Henderson, A. & Raines, B. (1979). "Smoking in children and adolescents: psychosocial determinants and prevention strategies," *NIDA Research Monograph* 26, 69-96.

Graeme, H. (1996). "Pre-teenage Drug Use in Australia: The Key Predictors and School-Based Drug Education." *Journal of Adolescent Health* 20, 384-395.

Hood, C. C. (1986) *The Tools of Government.* NJ: Chatham House.

Kandel, D. B. & Faust, R. (1974). "Sequence and stages in patterns of adolescent durg use." *Archives of General Psychiatry* 32, 923-932.

Kotler, P. (2003). *Marketing management* (11 th Ed.). Upper Saddle River, NJ: Pearson.

Kotler, P. (1986). *The Principles of Marketing.* Englewood Cliff, N. J.: Prentice-Hall.

Lab, S. P. (2000). *Crime prevention: Approach, Practices, and Evaluations* (4th ed.). Cincinnati, OH: Anderson Publishing Co.

Lasswell, H. D. (1948). "The Structure and Function of Communication in Society." In Bryson, L. (Ed.) *The Communication of Ideas.* New York: Harper.

LaTour, M. S., & Rotfeld, H. J. (1997). "There are threats and (maybe) fear-caused arousal: Theory and confusions of appeals to fear and feel arousal itself." *Journal of Advertising,* 26 (3), 45-59.

McCarthy, E. J. (1960). *Basic Marketing: A Managerial Approach.* Homewood. Illinois: Richard D. Irwin, Inc.

McQuail, D. (2000). *Mass Communication: An Introduction.* London: Sage.

Moriarty, S. (1994). "PR and IMC: The Benefits of Integration." *Public Relations Quarterly.* Fall.

Sargeant, A. (1999). *Marketing Management for Nonprofit Organizations.* New York: Oxford University Press.

Schultz, D. & Schultz, H. (2004). *IMC, the Next Generation: Five Steps for Delivering Value and Measuring Financial Returns.* New York: McGraw-Hill.

Swanson, J. C. (1972). "Second thoughts on knowledge and attitude effects upon behavior." *Journal of School Health,* 42 (6) ,363-365.

Semenik, R. J. (2002). *Promotion & Integrated Mmarketing Communications.* Cincinnati. OH: South-Western.

Shimp, T. A. (2000). *Advertising, Promotion, and Supplemental Aspects of Integrated Marketing Communications* (5th ed). Orlando, FL: Dryden.

Starting a D. A. R. E. Program (2014)，2014年7月1日下載，http://www.dare.org

第四章　民主警政的社群媒體行動與媒體再現

第一節　社群媒體的動力

資訊與通信科技（Information and Communication Technology, ICT）帶來的變革與便利，超乎人們的想像與預測。Facebook、Google、Yahoo!、YouTube、Wikipedia等社群媒體（social media）興起，環繞著人們的日常作息。社群媒體帶來的不只是傳播本質的變化，它還從政治、經濟、社會系統結構，以及各種次系統，全面滲透到人們生活中，並且產生極為驚人的動力（Dominick, 2011）。

對於政府機關而言，推動電子化政府的外部問題，也正在顯現。參考聯合國教科文組織（UNSECO）在釐清政府實施e化管理或e化治理的問題時，提出e化治理的不同層次：提昇流程效率的e化行政（e-Administration）、改善公共服務傳遞品質的e化服務（e-Services）、以及公民參與的e化民主（e-Democracy）（Budd, & Lisa, 2009）。

我國政府現在面臨的正是第三層次e化民主的問題，此一現象同時提醒政府「不只是政府如何運用社群媒體的問題，而是民眾使用社群媒體行使更多政治參與的問題」。民眾政治行為的變化建立在公民新聞監督、公民社會崛起的可能性之上，這些現象臺灣都已經開始上演，而且才在不久前拉開序幕。

一、公民運動見證e化民主時代來臨

　　新媒體的工具性動力發揮新奇多變，新媒體強大的溝通、互動功能讓人目不暇給。2013年7至8月發生公民抗議洪仲丘枉死軍營事件，2014年3至4月發生318反服貿學運，一次次讓世人看到新媒體能動性（agency）的可能樣貌。

　　2013年7月底陸軍下士洪仲丘死於軍對不當體罰，一開始時，於家屬無法接受軍方的解釋，轉向媒體訴求討公道，又由於國防部欠缺危機溝通能力，以致危機一發不可收拾。在抗議洪員枉死軍中案，集會主要訴求是「要真相」，案件的引爆點始自有人在社群媒體上，將涉案范姓士官個人吃喝玩樂臉書打卡的數位足跡（digital footprint）一件一件揭露，成為電視新聞反覆播出的內容，引爆群眾怒火。相互不認識的群眾由網路串聯起來，將矛頭指向國防部，並且兩度動員走上街頭，最後迫使國防部在7天之內換了三位部長，造成政府信用危機。

　　在這次公民抗議國防部隱瞞事件真相的群眾運動中，臨時性的公民組織運用社群媒體號召動員，最高記錄有25萬人走上街頭。

　　2014年318學運的訴求是抗議立法院黑箱作業，抗議口號是「退回服貿，捍衛民主」。在學運過程中，學生運用社群媒體最經典的例子，是拿拖鞋用作固定攝影鏡頭的腳架；用手機、平板電腦進行拍攝與即時轉播，學生直播速度比電視台SNG還快，不中斷轉播的時間也比電視台還長。可以說，一個傳統上一直由統治者掌理的傳播能動性，已經徹底被解放到了公民的手上，e化民主展現出公民媒體新行動，也成為新生的社群力量。在這次運動中，學生運用社群媒體號召，最高記錄催出50萬人走上街頭參加集會（太陽花學運，2014））。

　　抗議軍中人權集會和反服貿學生佔領立法院議場行動，學運讓所有人都上了寶貴的一課，開始認真面對社群媒體的能動性。

　　當太陽花學運持續24天落幕之後，不但政府部門對學生運動新媒體

運用技術刮目相看，臺灣雅虎奇摩網站（Yahoo！Kimo）受到太陽花學運啟發，也宣稱要在臺灣招募百名員工，專門針對數位的、移動的、社群的新媒體發展運用，進行深入的研究（汪子錫，2014：73-106）。兩個重大公民抗議事件，讓執政者和全社會都看到了，社群傳播的力量，沛然莫之能禦，e化民主從理論走到了生活之中，成為可以參與的行動。

網路促成個人媒體風起雲湧的同時，媒體結構也出現變化，社群媒體開始瓜分傳統大眾媒體廣告。這個影響持續擴大變化中，不但造成全球印刷媒體報業、雜誌普遍沒落；也出現廣播電視、報業的廣告大餅，被社群媒體逐步瓜分的事實。社群媒體為參與式民主帶來新的風貌，對臺灣民主警政，既是挑戰，也是機會。

二、警政社群媒體行動拉開序幕

當社群媒體逐漸被視為大眾傳播新媒介之一時，報紙、廣播、電視就被以傳統媒體（traditional media）相稱，以示區別。因而，今日大眾傳播機構的屬性是混雜的，大眾傳播機構單向傳播的分眾效果並未消逝，而雙向反饋的傳播效果也已經在網際網路新媒介中出現（汪子錫，2009）。對執法的警察而言，要如何看待社群媒體，並且展開媒體行動，已經是一個眼前的重要課題。

為了釐清社群媒體的功能與警政能動性，2013年9月14日在警政署召開「社群媒體與警察執法」學者專家500人圓桌論壇會議，這是我國警察第一次舉辦社群媒體相關的座談會，跨出了探討警察執法與社群媒體關聯性的第一步。該次會議會後影響深遠，原本對社群媒體還在觀望的各級警察機關，紛紛開始採取積極應對的作法。

召開是次圓桌論壇會議的緣由，係由內政部人權咨詢委員針對國內民眾陳情抗議事件中，社會輿論對於警察執法屢有抱怨或質疑，警方執法過程被嚴重扭曲，已經嚴重破壞警察形象。由於民眾普遍使用臉書

（Facebook）、BBS（批踢踢）、YouTube等社群媒體，再現許多對警察不利的、不盡事實的批評，而警察極少甚至於沒有使用社群媒體回應，加上在傳統媒體領域的澄清發言，都受限於媒體立場而不見效果，因此建議召開一次集會，探求學者專家與實務經驗。當天會議分成問題與挑戰、國外經驗、運用建議等三個主題進行專家報告及討論。

在問題焦點部份，會議報告提出近期社會陳抗運動出現了匯流現象，例如：反媒體壟斷陳抗活動、反政府拆大埔占領聯合辦公大樓、聲援苗栗大埔張藥房拆除、洪仲丘案要真相凱道集會、反核（反核四）、支持關廠工人、反美麗灣開發陳抗案等。經檢視相關新聞報導發現，在關鍵字抽樣的181則報紙新聞中，批評政府施政或違反人權的、表揚或支持公民抗爭的共有161則，占88.9％，其中25則還具體點名批評警方執法不當。至於肯定警察執法或給警方打氣的僅有6則，出現輿論一面倒的現象。警察執法面臨前所未見的挑戰，民眾持續運用社群媒體評論、動員還會持續加重此一嚴峻挑戰（葉毓蘭，2013：1-12）。

在國外經驗部份，會議報告介紹加拿大警察執法經驗，其中一則案例內容是2011年溫哥華警方運用Twitter簡訊、官方臉書，在不同階段，向民眾發出溫馨喊話、表明立場、提供事實、行動配合、全民蒐證、市民支持等與民眾溝通的訊息。順利處理一場球賽群眾暴力事件。過程中警方運用社群媒體輔助配合，取得雙料成就。第一是平息暴動並逮獲所有警方欲逮捕歸案的嫌疑人；第二是民眾協助警方蒐證，提供個人手機拍下的暴力份子畫面，民眾透過這種實際行動增加了參與感，也增強了對察執法的認同（章光明，2013：27-34）。

在運用建議部份，會議報告提出我國警察目前運用社群媒體輔助執法，主要用在執法服務、警察訓練教材、犯罪預防宣導、警政行銷微電影、自製微電影等，至今還沒有出現如美國、加拿大的使用模式。

我國警察的運用還可以分為二類說明，第一類是輔助執法與為民服務類，例如透過iPolice、Mpolice以及警政署的警政雲，民眾可以在社

群媒體上報案、查詢車輛拖吊、查詢交通路況等等。第二類是警政宣導通路類，例如在YouTube發布警察自製的微電影，內容包括有反詐騙、反家暴犯罪預防宣導、交通安全宣導、青春專案宣導等等（汪子錫，2013a：55-65）。

　　此外，在這場圓桌會議之前，警學關於社群媒體的研究極少，會議之後，亦不太多見。已出現的研究偏重於探討警政應該怎麼做、想要怎麼做，卻很少探討人民怎麼做、年輕世代怎麼做。如果是警察只將目光侷限在自己，就不容易看到社群媒體的基本屬性，將造成本末倒置的缺失。換句話說，警察若僅以傳統媒體單向傳播的思維來看問題，那麼可能就弄不清楚社群媒體的能動性，尤其是社群媒體核心概念的分享、互動、多向傳播就很難為警政所用（汪子錫，2013b：11-31）。

第二節　界定社群媒體

一、傳播媒體的演進

　　大眾傳播（mass communication）是專業化的媒介組織運用傳播技術和商業化手段，以社會大眾為對象而進行的大規模訊息生產和傳播活動。傳統大眾媒介專指報紙、廣播與電視（McQuail, 2000）。而網路成為一種新的大眾傳播媒體，則可溯自1998年，第七任聯合國秘書長安南（Kofi A. Annan）在聯合國新聞委員會年會上，以「第四媒體」提出。安南指出，在加強傳統的文字、影像的同時，應該利用第四媒體，也就是網路新媒介，以加強訊息傳播工作。學者Morris & Organ（1996: 39-50）則宣稱網際網路是繼報紙、廣播、電視、雜誌之後的第五大媒體。無論將網路稱為第四或第五媒體，網路被公認是新的大眾傳播媒體，意義非凡。

　　若從1998年起算，到2013年網路新媒介的發展僅15年；若從臉書社群媒體於2004年誕生起算，至今不到10年，放在傳播發展史上來看，10年意謂著太短也太倉促，要觀察與研究這樣既短又倉促出現的新媒體，顯然缺少確定不移的使用經驗。不過，有幾個基本現象是不容置疑的：傳播的主體不再是傳播機構而已，大眾傳播的權力已從機構下放到每一個人。社群媒體由是改變了千百年來人類傳播的本質，也創新了傳播發展的歷史。

　　1962年時傳播科技論者McLuhan，曾提出傳播發展演進四階段，將人類傳播史分為口頭（oral）傳播、書寫（writing）傳播、印刷（printing）傳播與電子（electrical）傳播（McLuhan, 1962）。

　　在1982年網路傳播還未出現時，F. Williams在《傳播革命》（*Communication Revolution*）書中提到，如果將人類傳播發展史以一天24小時計算，廣播電視的電子傳播接近午夜11點58分，時間雖然很短，但是對人類歷史的影響卻是最為深遠的（Williams, 1982）。然而Williams來不及提到的社群媒體（social media），在極短的時間襲捲地球村，改變了他描繪的傳播媒介發展風貌。如果我們用Williams的標準來估算，社群媒體大約是在午夜11點59分出現。

　　一般人使用社群媒體，是享用其溝通形式的多元便利與娛樂功能。例如透過臉書可以宣揚自我、與朋友連繫；使用LINE加上智慧型手機、平板電腦移動的掌上平台，可以在捷運車箱內觀看電影、打遊戲、錄製影音然後上傳YouTube。這些使用者（user）在網路間連繫，個人主體性依舊保存，但也因此有可能凝聚出鬆散的、流動的社群（communitarian），這樣的媒體完全異於廣播電視、報紙、雜誌，因此稱其為社群媒體也算貼切。

二、社群媒體的崛起

　　在社群媒體（social media）名稱出現之前，還有其它名稱，像是虛擬社群（virtual community）、線上社群（online community）、網路社群

（network community）、社群網路（social network），這些名稱是演進而來，所指涉的意涵略有不同。

　　Rheingold在1993年最早提出虛擬社群的名詞，他指出虛擬社群源自於電腦中介傳播所建構而成的虛擬空間（cyberspace），是由網際網路所衍生的社會集合體（social aggregation），開始於小規模、片段或不持續的聚集。當有足夠的使用者在其中進行長期且充分的公眾討論及情感交流後，自然就會形成虛擬社群。Rheingold預言並舉證虛擬社群是新型的社會組織，並出現四項特質，即表達的自由、非集中控制、多對多傳播、成員出自願（Rheingold, 1993）。這類社會組織因為相互連結的規模不同，而形成地球村，部落或者自治區等。早期的虛擬社群形式包括電子佈告欄、討論區、MUD等等，之後也被用在部落格。

　　1990年代中期，隨著網路硬體建設和使用者日增，網路通訊功能更加進化，網路溝通方式日漸普及，有學者開始使用線上社群（online community）的名詞取代虛擬社群。線上社群的名稱，更強調了網路雙向即時互動的功能（Baym, 1998., Kollock, & Marc, 1999）。

三、社群媒體的實踐原則Web2.0

　　數位化（digitalization）、匯流（convergence,數位全部都可匯入寬頻通訊系統broad band communication）與Web2.0是社群媒體崛起的重要技術關鍵與實踐原則。

　　O'Reilly公司創辦人Tim O'Reilly在2005年發表的網路文章 "What Is Web 2.0?" 至今仍被公認係經典之作。O'Reilly在文中闡釋Web 2.0是網路發展的核心動力，Web 2.0不是一項新的網路技術，而是一種網路應用。可以將Web 2.0視為一組原則或實踐，各式各樣的網站多少都體現Web 2.0的原則。Web 2.0以「互動、參與、共享」為核心價值，而Web 2.0時代最容易指出的特徵就是部落格的崛起。

　　進一步來說，O'Reilly指出Web2.0的七項關鍵原則是（O'Reilly, 2005）：

　　（一）網路即平台

　　（二）善用集體智慧

　　（三）資料創造服務價值

　　（四）傳統軟體發佈週期的終結

　　（五）輕量級的程式開發模式

　　（六）跨越多種設備裝置的軟體服務

　　（七）豐富的使用者經驗。

　　2006年O'Reilly與其夥伴Musser發表Web2.0的實踐原則時指出，Web2.0是由一系列經濟、社會、技術趨勢所共同形成的次世代網路的基礎，是一個更成熟且特殊的媒介，其特徵為使用者參與、開放以及網絡效應（Musser, & O'Reilly, 2006）。

　　亦有其他學者指出，Web 2.0是一個分享機制，是一組概念。此一概念包含開創有雙向傳播功能，便於公眾參與、使用者人人貢獻內容；而且任何人都可以對他人的網路內容，進行註解、分享及檢驗（Huber, 2010）。

　　具體而言，Web2.0的重大變革，是改變了Web1.0例如全球資訊網（World Wide Web, WWW）只能下載檔案的單向功能。Web2.0可以上傳檔案分享，這項功能開啟了一點對多點、去階層化的傳播平台。以Facebook為例，其成功吸引人們的主要原因，就是開創使用者參與生成內容（User-Generated Content）的模式。此一模式滿足了個人發表內容、分享內容的需求，也成為任何人想要建立公眾形象的利器。

　　換個角度來看，Web2.0之前的Web1.0網路型態近似於傳統媒體，提供由上而下、權力集中、互動不易的網路傳播型態。Web2.0則協助使用者從閱聽眾（audience）躍昇為寫眾（writer）。並且促成全球各地公民新聞（citizen journalism）的大量出現，我國警察在近期處理愈來愈多

的群眾運動、陳情抗議事件時，所面臨到公民新聞的壓力，即源自於Web2.0的概念運用。

　　具有Web2.0特徵的相關應用包括部落格、Facebook、Google、Plurk、Twitter、Wikipedia、YouTube等網路服務，這些社群媒體都具有使用者互動、參與及共享的機制。在網通技術不斷的突破之下，這些社群媒體也不是獨立的、涇渭分明的存在。各個不同網站平台不但可以獨立運用，也可以彼此連結運用。

　　無線上網（WiFi）技術、智慧手機、平板電腦，都在加速擴大社群媒體使用者的方便性，從定點使用進步到移動使用，人們對於這類工具的依賴性日漸加深。

四、社群媒體的意涵

　　許多研究者從不同角度為社群媒體作出定義，Boyd 和Ellison認為社群網站是以網路為基礎的使用者關係連結服務，並且滿足使用者建構個人公眾形象、鏈結其他使用者、觀看他人網站延展關係網絡（Boyd, & Ellison, 2007: 210-230）（Boyd, & Ellison, 2007）。Weber定義社群媒體是一個讓有共同興趣的人集合在一起，分享想法、意見和觀點的網路平台（Weber, 2007）。Safko和Brake則認為社群媒體提供使用者與他人對話、交換資訊與討論經驗的網路平台，使用者透過互動分享所產生的內容，不但具有社交性，而且是資訊承載的媒介（Safko, & Brake, 2009）。

　　因此，從社群媒體與傳統媒體的差異來定義，社群媒體藉由接收、連結、互動、無階層傳播等功能，形成可以進行一對一、一對多、多對一、多對多的擴散傳播，規模擴大後形成以個人為中心點的傳播網路。

　　以圖1為例以臉書（Facebook）使用者為例，從箭頭端來看，箭頭所指的是一個訊息的接收者。從兩端箭頭而言，則代表雙方訊息交換，即所謂的互動。傳播階層可以任意穿透，沒有上下階層可以阻攔彼此通訊互動。而且還可串用其它社群媒體像是YouTube, Google等。

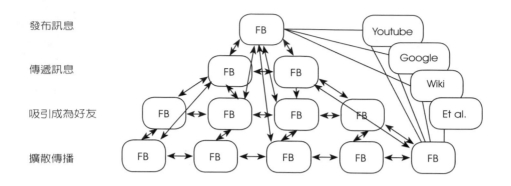

發布訊息

傳遞訊息

吸引成為好友

擴散傳播

圖1：社群媒體的傳播功能示意（本研究製圖）

綜合而言，社群媒體帶來了傳播行為與本質的變化，已經可以觀察到的重大變遷有以下四項：

科技變遷：傳播模式由單一傳播、接收，到無階層多方向串接傳播、接收；形成寬頻數位匯流。

工具變遷：傳播工具由昂貴複雜到便宜簡單。

生產變遷：傳播內容產製能力由傳播機構擴散到每個人。

能動性變遷：傳播能動性由傳播機構下放到公民，傳播權力為人人所享有，傳播行動也由每個人自行決定。

第三節　社群媒體與公民社會的能動性

一、媒體動力與功能

媒介是社會中一股強大而重要的力量，在過去幾年，全世界的大眾媒介經歷了幾波驚人的轉變，它們永久性的改變了媒介景觀。世界政治

環境的變化對大眾媒介產生了重大影響，技術繼續向前推進，其後果無人能預測。網際網路繼續發展，並且進一步模糊了人際傳播與大眾傳播的界線（Dominick, 2011）。

但是可以運用傳播的動力權力者，分屬於社會每一份子，既屬於民眾，也屬於警察。對警察而言，這種動力的方向是正面或者負面，就要看警察如何制定策略模式。

從功能論（functionalism）的角度來看，媒體的正向社會功能，就是傳播的正向動力。有三位學者明確提出大眾傳播的社會功能，分別是Laswell提出的守望環境、聯繫社會及回應環境、傳遞文化等功能；Wright提出的娛樂功能以及Mendelsohn提出的「動員」功能。

參考McQuail的的歸納，傳播的正向動力包括（McQuail, 2000: 60-89）：

（一）提供信息（information）：提供關於社會與世界上發生的事件信息；指明權力關係；促進創新、適應與進步。

（二）建立關聯性（correlation）：社會化的功能；建立共識；解釋與評論事件的意義；統合分離的活動與社會意識。

（三）維持的功能（continuity）：維持並表達主流文化；認識次文化並維持新文化的發生；維持共同價值。

（四）娛樂（entertainment）：提供娛樂、消遣；降低社會緊張。

（五）動員（mobilization）：社會動員；凝聚政治、戰爭、工作或宗教的社會目標。

警察機關如果能夠善用以上「傳播的正向動力」，就可以擺脫「傳播媒體只會找警察麻煩」的迷思，也才能面對公民社會崛起後，公民新聞盛行的e化民主（e-Democracy）大潮。

二、臺灣社群媒體使用者

2013年的統計，臺灣上網人口突破1734萬，曾經使用社群媒體的民眾達1301萬人。在亞洲國家使用臉書情況調查中，臺灣是亞洲國家中使

用比例最高者。此外，Google公布2013年第1季智慧型手機用戶行為調查顯示，臺灣的智慧型手機普及率達51%，臺灣人對智慧型手機的依賴度高達81%，亦居於全亞洲之冠。

根據資策會產業情報研究所MIC的調查顯示，平板電腦的使用比率，也從2011年的5.7%，成長至2013年的29.5%；使用手機上網則從2011年的41.1%，躍升至2013年的79.2%。臺灣網友擁有智慧型手機已同時帶動網購、社群、即時通訊、閱讀、遊戲等行動應用服務的發展。

過去的調查都顯示，行動族在等車、等人或利用零碎時間上網的習慣，已逐漸轉移成「沙發經濟」，意謂消費者回家之後，已經不再打開家中電視或者電腦，而是躺在客廳沙發或床上，用平板電腦或智慧手機直接上網購物，或從事社群、即時通訊、閱讀、遊戲等休閒。

根據ARO/MMX（創市際市場研究顧問）觀察報告，提到臺灣社交媒體類別使用情形，在2013年3月份，臺灣網友造訪社交媒體到達率為96.6%，相當於100個人只有不到4個人沒造訪過社交媒體類的任一網站。平均每天有666.8萬人造訪社交媒體，平均每日造訪停留20.3分鐘、瀏覽30.8頁。其中領先的少群媒體是Facebook以334.5萬人遙遙領先，人數次高的則是Yahoo!奇摩，平均每日有將近140萬人造訪（ARO/MMX, 2013）。

三、公民新聞學與民主參與

公民新聞（Citizen journalism），被認為是一種參與式的新聞（participatory journalism），公民在蒐集新聞、報導新聞、分析新聞以及吸收新聞與資訊上，扮演主動的角色。參與式新聞學鼓勵公民積極產製內容，打破傳統媒體的資訊壟斷，以媒體力量促進民主對話。由於部落客（blogger）參與訊息產製，刺激了傳統媒介及新聞記者，使新聞來源更多可以來自政府和企業以外，以取得公共論述的平衡。某些在個別領域學有專精的部落客，在網路發表精湛的分析，會引起傳統媒體的追逐，跟進報導。即便沒有傳統媒體跟進，其本身也可發揮影響力。社群

媒體使傳統新聞本質從集中化、由上而下的單向傳播，轉變為個人傳播、社群傳播，兼具互動與回饋的功能。

Bowman & Wills（2003）提出 "We Media" 的概念，鼓勵每個公民都能成為媒體、都能發新聞、都能當記者。他們認為 "We Media" 的核心概念是：一個或一群公民，蒐集、報導、分析、散播新聞和資訊的積極行動，目的在提供民主所需的獨立地、可信地、準確地、廣泛地切合需求地資訊（Bowman, & Willis, 2003）。這樣的理念和公共新聞學相通，同樣是為發掘和傳播公眾參與公共事務所需的訊息。

透過社群媒體的直接政治參與，體現的是直接民主、與公共論壇的可能性，公民自主的「公民社會」隱約出現。

鼓動公民政治參與以形成公民社會（civil society）的學者不勝枚舉，在1980年代美國出現的自由主義與社會主義之辨論，鼓吹社群主義不遺餘力的Selznick教授提供的觀點，可以支持由社群媒體來支撐公民新聞（公共意見平台），以求「共同善」的政治境。例如他提到（馬洪、李清偉譯，2009）：

> 從社群（共同體）的社會學可以得出基本結論，「在與共同體相關聯的理想中，沒有比對追求正義更重要也更具爭議了」。社群（共同體）需要從權力濫用和私人暴力中解脫出來，正義通過解決糾紛和確定權利而帶來和平。社會正義把注意力從個人的情景和確定的規則轉向了如何對正義進行更廣泛的評估，不僅是被政府評估，也被整個共同體評估。檢驗正義、規則、程序和他們產生的結果仍待批評和重構。這種批評提供了正義是什麼和正義需要什麼的最佳理解。

社群媒體提供了媒體去中心化的機會，提供自由、平等的社會溝通，負有普遍權利與義務的公民，成為主動積極的行動者，這樣的參與

目的在「追求正義」。這個說法亦足以解釋2013年8月,為什麼會有25萬彼此不相識、與死者也不相識的陌生人,能夠在數天之內,透過社群媒體串聯,號召走上總統府前追討洪仲丘枉死真相。可以解釋的是,25萬人要追求他們認定的、他們心目中的正義。25萬群眾是由25萬單一個人組成的,他們追求的是「共同善」,鼓勵他們上街頭的,則是社群媒體號召的「社群正義」。

對執法的警察而言,這個必然而且無可迴避的趨勢十分明顯,會有愈來愈多的社群媒體,針對施政缺失向政府討公道。大量而且頻繁的陳抗運動,也會對長期處在「保守的警察文化」中的警察,帶來無休止的公民監督、批評、對抗;警察必須謀求回應之道,才能確保執法的順利進行。否則被公民監督批評之後的警察,過激者會形成躁動,後果不堪設想;畏葸者會退縮,坐失事機;這些都不是警察正常執法應有的現象。

四、e民主的社群媒體能動性案例:太陽花學運的啟示

2014年3月18日,學生突然衝入立法院議場,宣稱要「退回服貿,捍衛民主」,並展開佔領國會行動。這場也被稱為太陽花學運的運動,在學生佔領國會24天之後,於4月10日傍晚學生全部撤出議場而宣告學運落幕。學生在佔領國會期間,充份使用web2.0新媒體,作為運動的傳播工具,展露了一場前所未見的新媒體科技秀。學生運用新媒體,從鼓動、維繫、召募支持者守護學生佔領國會,在24天之間將學運推展擴大為社會運動,讓各界都看到新媒體的強大傳播功能,也引發政府的高度重視。

新媒體不只是政策行銷的工具,新媒體也是學生反政府運動的意見表達工具,而且具有傳播基本功能。例如發布抗爭訊息、動員群眾、組織運作、反對意見訴求等。而同時,新媒體也可以提供了更多傳統媒體無法達到的功能,例如自主媒體、視訊會議、即時轉播、協作文本等

等。數位原生族異於舊世代的人，而且差距極大，學生運用了多種新媒體平台，即所謂的Web2.0社群媒體，主要的新媒體說明如表1：

表1：反服貿學生運動新媒體傳播平台運用

名稱	主要傳播功能
Facebook	**PO文、轉載、分享** 2009年Facebook推出地標打卡（Check in），臺灣在2011年2月開始使用此一功能。具有粉絲團功能，個人與政府機關、公眾人物常用新媒體，學運期間被學生充份運用。
YouTube	**自製影片轉載、分享** YouTube免費提供影片上傳分享、儲存以及網路轉播，成為海外留學生與立法院佔領學生上傳影片的大本營。
痞客邦	**文章討論** 痞客邦（PIXNET）是一個臺灣網站，提供部落格、網路相簿及留言板等社群服務。2013年痞客邦超越無名小站成為臺灣最大的部落格網站。學運期間湧進大量學生在此平台討論與分享訊息、文章。
Tumblr	**文章討論、分享** 介面設計類似APP的圖像化、比Facebook有更多功能項目，但操作更為簡易。
Flickr	**照片整理、分享** 具備照片儲存、整理、分享、編輯的強大分享功能極受重視，學運期間被大量運用。
PTT	**討論專區** 臺灣罕有的非營利社群媒體，標榜網路言論自由、平等，採BBS通訊，由臺灣大學師生義務經營管理。是學生評論政治、社會意見的重要與常用新媒體。許多公民運動都在此一新媒體發聲。電視、報紙新聞記者或者警察也是經常的訪客。學運期間是造訪人數最多的討論平台。
Google Plus	**新媒體整合多功能** Google Plus整合旗下多種服務到同一個平台上。例如Google的個人資料、Picasa相簿、Google Buzz、Google+1等，形成一個近似臉書（Facebook）的大規模社群媒體。
Google Hangout	**視訊會議** 在對話中傳送相片和表情符號，能進行群組視訊通話，可結合YouTube Live。
Google Maps	**嵌入地圖** 標示抗爭地理位置圖、立法院周遭地標。例如學運直播點、物資點、廁所、拒馬、路障、便利商店、醫院、充電站等。
Wikipedia	**百科全書** 在臺灣亦稱維基百科，全球規模最大的網路百科全書，內容也經常更新。學運期間執政黨青年團經常進入學運相關網頁，編撰有利於政府與執政黨的文字言論。
Yahoo!kimo	**綜合功能** 提供的網路技術服務包括入門網站、搜索引擎、Yahoo!網站分類、Yahoo!郵箱、新聞以及登錄等。包括社群通訊、資訊、知識＋、氣象、字典、娛樂遊戲、網路新聞等。Yahoo!曾經是臺灣網路上被訪問最多的網站。

資料來源：（汪子錫，2014：73-106）

　　新媒體載具，是取得傳播內容原始素材的工具，軟體則是指傳播或編輯運用的程式。學生運用新的載具與各種網路協作平台，製作影音轉播與圖文事件紀錄。太陽花學運期間，學生還組成翻譯團隊，將新聞稿以多國語言發送，提昇國際能見度，在在顯示Web2.0新載具與軟體的強大能動性。

第四節　　社群媒體與警政執法的能動性

一、我國警察運用社群媒體現況

　　世界警察首長協會（IACP）的國際執法政策中心（National Law Enforcement Policy Center）於2010年在官網貼出社群媒體運用策略示範（Social Media Model Policy）文章，提醒各國警察與執法者，應該關注並且善用社群媒體，以便與社會大眾進行全新經驗的溝通（IACP, 2010）。

　　我國警察目前運用社群媒體輔助執法，主要的用途有執法服務、警察訓練教材、犯罪預防宣導、警政行銷微電影、警校學生自製微電影，至今還沒有出現如美國、加拿大突發事件的警民訊息溝通模式。我國警察運用社群媒體協助執法的現況說明如下：

　　（一）警政署於2012年底推出警政服務APP及警政雲系統，讓民眾免費下載，可收聽警廣即時路況、查詢受理案件進度，110報案定位、165反詐騙、113婦幼專線快速播號系統。另提供查捕逃犯、查詢失蹤人口及失竊車輛查詢功能。

　　（二）刑事警察局研發從即時通Whats app資料庫擷取、驗證的軟體，加強查緝毒品買賣。

　　（三）臺北市政府警察局提供移動式高畫質影像傳輸即時廣播系

統，在大型活動或遠距離的監控犯罪活動時，可清楚辨識人臉、動作、衣物、攜帶物品等，美國波士頓爆炸案也是靠此類高清晰監控系統找到炸彈客。

（四）新竹市警察局推出智慧型互動平台，整合資通科技，提供電話、網路、簡訊、APP、GPS衛星定位、e化派遣系統等功能。

（五）新北市、臺中市、高雄市及桃園縣等警察局，提供手機應用程式（iPolice）、刑事器材管理系統、防制危險駕車及電信詐欺車手ATM提領贓款等。

（六）新北市警察局情資整合中心、科技防衛城、i-Police、交通戰警、快速到位服務、防竊達人4S服務、快打特警隊、投訴案件公開審理、專業CSI鑑識團隊等。

我國警察目前執法運用社群媒體的實例，大致還可以區分為二類說明。第一類是「輔助執法與為民服務類」，例如前述ipolice、Mpolice以及警政署的警政雲，係透過社群媒體工具報案、查詢車輛拖吊、查詢交通路況等。第二類是「警政宣導通路類」，例如在YouTube發佈警察自製的微電影，內容像是反詐騙、反家暴犯罪預防宣導、交通安全宣導、青春專案宣導等。

從工具概念來歸納，第一類運用iPolice、Mpolice、警政雲方便民眾報案、查詢等，尚屬於「媒體中介功能」，換句話說，這些運用只是取代親身報案、電話報案而已，只是一般概念的警察e化服務（e-Service）而已。至於第二類的各種社群媒體被用於警政宣導，亦僅屬於傳播通路（channel）的概念，並未見到社群媒體接收、連結、互動、無階層傳播等功能。

綜合而言，目前我國警察把社群媒體當做單向傳播之用，社群媒體對警察而言就是傳遞訊息的媒體，與運用廣播電視、報紙、雜誌，並無不同。這種使用模式並沒有見到社群媒體的潛在能動性與價值。

二、警察運用社群媒體的策略模式探討

（一）警察執法面臨的問題與挑戰

　　基於以上的歸納，顯現我國警察目前處於一個局部使用、小範圍使用社群媒體執法的狀況。如果要擘劃善用社群媒體，以期能協助警察執法，應先釐清警察執法的問題與挑戰，接著找出社群媒體能動性的機會與優勢，才能提出行動方案。

　　此外，民主警政的挑戰主要來自於公民新聞監督、公民爆料。這些監督不只出現在陳抗事件，日常生活中也有可能出現。由於社群媒體傳播的自主性高、傳播速度快，警察很難事先預知或者進行管理控制，因此，運用社群媒體作為警察澄清與發聲的平台是有必要的。警政行銷也可以深化運用社群媒體，將社群媒體作為警政行銷通路平台。

　　如果要經營警察社群媒體，還有不同的社群媒體型式需要選擇與考慮，這些選擇例如：

　　1. 機關的－首長的－警察個人的

　　2. 中央的－地方的

　　3. 上級的－下級的－全部機關的

　　4. 單一的－少數的－大量的

　　5. 專職的管理－兼職的管理

　　6. 所有警察工作－分類警察工作

　　7. 治安的－交通的－服務的

　　此外，社群媒體的服務功能多變化，幾乎全部社群媒體都可列入警察運用範圍，但是警察運用社群媒體，仍然要基於自身的條件或優勢，做出合理的判斷與選擇，合乎人力與物力資源，才具備成功的可能性。

（二）警察執法社群媒體運用策略

根據前文分析，歸納出警政社群媒體運用策略，有以下5項：

1. 情蒐策略：

　　目的在於了解民意輿情，從社群媒體進行輿情蒐集。

2. 預防策略：

　　目的在於就治安、交通、可能發生社會緊急危害、天災來臨前的公告通知。

3. 動員策略：

　　目的在於請民眾配合警方行動，進行動員，例如協尋特定人士、特定物件、特定情報。

4. 立場聲明策略：

　　目的在於藉助社群媒體，表達頂方在某一事件、議題上的立場澄清與闡釋。

5. 行銷平台策略：

　　目的在運用社群媒體，長期經營對於犯罪預防行銷、警政行銷、形象行銷的傳播平台。

（三）警察執法社群媒體運用模式

根據前文分析，歸納出警政社群媒體運用模式，有以下6項：

1. 訊息通知公告模式：

　　從現行的簡訊或email靜態通知模式，研擬突發狀況的訊息通知公告，可以與電信業者研發指定熱區傳送訊息。

2. 民情輿論蒐集與回應模式：

　　在國內，可以從批踢踢、YouTube社群媒體蒐尋民眾對警察執法的議論，並適切給予回應。

3. 警民合作治安治理模式：

先期內容引導犯罪預防宣導、法令、宣導遊戲、報案、協尋嫌疑人、協尋失蹤人口。中繼內容請粉絲上傳。

4. 警民合作交通治理模式：

先期內容引導路況app，中繼內容請用路人（粉絲）現場立即路況報導。在災害發生前後，這個平台還可以結合氣象局、防災指揮中心提供諸如：預防天然災害報導（例如颱風）、天然災情即時報導、救災即時報導等。

5. 警政行銷管理模式：

先期內容引導微電影、圖片、影片。中繼內容請粉絲上傳，例如徵求青少年、一般民眾提供手機拍下的「警察故事」上傳。

6. 突發新聞澄清模式：

警察機關要做為社群的發起者、引導者並吸引粉絲加入共同產生內容。

第五節　社群媒體的社群與能動性反思

一、太陽花學運的社群媒體能動性反思

以太陽花學運過程來看，社群媒體能動性在不同領域展現出意志凝聚效益，不同領域還出現彼此結合連帶關係（汪子錫，2014：73-106）。透過社群媒體所形成的「社群」，出現以下的能動性：

（一）多元信息產製（information）：on demand（可隨選隨播）、現場直播、現場動態公告、重要通知、UGC（User Generated Content）使用者原創內容。

（二）建立關聯性（correlation）：個人社群媒體連結、連結傳統媒體、PTT/FB/Blog討論。

（三）維持（continuity）：維持參與者情感成份、以情感成份加入參與、不在場參與、隨時參與或退出。

（四）全國與跨國動員（mobilization）：動員、重複連續動員、物資募集動員、24小時動員、跨國動員。

（五）娛樂（entertainment）：製造傳統主流媒體需要的新聞素材，以及維持運動能量。

探討社群媒體的能動性，不能只看到媒體，而同時要看到社群。

媒體是溝通與連結社群的工具，社群媒體聚集的是不同個體，社群才是一切動力的蓄電池。社群可能是短暫的、鬆散的，個體可以臨時加入、也可以自由進出，但是無論如何一定需要出現一個凝聚意志共識的社群，才能展現社會運動的力量。太陽花學運凝聚民眾意志的媒體行動，對e化時期的臺灣民主警政而言，是不能忽略的見證與實踐經驗。

太陽花學運佔領立法院持續了24天，嚴重衝擊政府施政以及行政、立法兩院關係，但是行政院長在事件落幕後，仍然客觀評價了學運期間的社群媒體能動性，行政院長宣布成立「行政院新媒體小組」，正視並開發社群媒體的能動性。行政院長的這項回應，是政府開始看清e民主時期正式降臨，民眾不再隨主流媒體起舞，公民架設了自己的媒體，繼續監督並挑戰政府施政。當然，警政也正在面臨同樣的課題。

二、影音再現的社群媒體能動性反思

web2.0時代出現新的媒體管道，對臺灣民主警政而言，如何處理好媒體再現的警察形象才是當務之急。原因無它，當臺灣民主警政被定位為服務型警政時（見本書第一章），警政已然成為國家範圍內，規模最大的公共服務業。服務業所需要的顧客認同，就是來自於良好的形象，而社群媒體有提供了這樣的能動性。

臺灣目前可以上傳影音的社群媒體不只一個，但是YouTube是目前最常用的影音分享平台。YouTube創立於美國，網站的口號為Broadcast

Yourself（表現你自己），後來演變為一般人常用的影片儲存庫和作品發表園地。

2007年YouTube進行全球在地化服務，先推出10種語言版本，包括臺灣中文版。YouTube可以自動識別用戶電腦的語言並跳轉到相應的頁面，介面可供59種語言選擇、62個地區版本。近幾年，YouTube開始免費提供一些視訊或影集，免費線上現場轉播體育比賽，YouTube已有與各大電視網平起平坐，甚至超越電視台的潛在可能。

參考美國Pew Research Center卓越新聞計畫（Project for Excellence in Journalism, PEJ）報告，YouTube已經成為全球視覺新聞新霸主（Pew Research Center, 2012）。這意味著YouTube正在成為全球最大的新聞台，全世界的人都是這家超級新聞台的記者（reporter）。

YouTube官方2012年公布的統計數字實在驚人：每60秒上傳新影片總長度72小時；每月上網觀看影片的時間為30億小時；上傳影片來自39國、共54種語言；2011年全年點閱次數為1兆，地球上所有人口平均每人分配到140次。各種關於YouTube的統計數字，都標誌著一個新的影音傳播環境的出現。

YouTube影片來自全球四面八方，統計260部點閱率最高的影片中，超過一半來自電視新聞機構（多半是網友未經許可張貼的影片），另外40％是目擊者透過手機、攝影機提供的影像。YouTube的影響力驚人，已經滲入日常生活中，並且提供了前所未見的媒體再現可能。這是臺灣民主警政的挑戰、機會同時存在的狀況。

三、影音再現的形象管理能動性反思

在社群媒體行銷時代，圖象、影音或者微電影短片，都是形象管理的工具，純線性文字的訴求漸漸失去魅力。運用社群媒體進行形象管理，只需要出現一部恰當的影音短片，就可能扭轉頹勢，改變負面形象。

（一）美國海外軍人影音再現形象管理的經驗

2003年發生美軍虐待伊拉克戰俘事件（Abu Ghraib torture and prisoner abuse），醜聞震驚全世界，各種違反國際法以及人道原則的行為，都被揭露，海外美軍成為其國人不齒的暴徒象徵。等事件過後，輿論已見平息，美國百威啤酒（Budweiser）廠商出資，製作一部為美國海外軍人打氣的60秒短片，在電視播出，也被人放在YouTube上。影音再現感動了許多人，扭轉了軍人的負面形象，企業也藉此為自己累積了企業形象。

圖2：一部社群媒體流傳的形象短片有機會扭轉頹勢，改變負面形象。

資料來源：http://www.YouTube.com/watch?v=xKIaod5lOnU
2014年7月1日下載

從這部為美軍形象管理打造的短片來看，分析其影音再現的內容，可以作為借鑑，也可以體會影音再現的神話（myth）感染力。影片擷圖如圖2。

畫面一開始時身著軍裝的美軍，有男有女，陸續通過入境閘門向攝影機鏡頭方向走來，在返國前他們皆知，在伊拉克戰場上發生虐待俘虜不名譽事件，已經引發了國內輿論抨擊。

這些奉國家之名遠征的年輕人，魚貫行經嘈雜的機場大廳（背景音樂漸起）。年輕軍人的臉上沒有表情、沒人交談、默然前行。有些軍人

因為背著沉重的行軍袋,而頭臉壓得更低。

坐在椅上低頭閱報的旅客,有人將視線移到這些移動的隊伍鼓掌,更多的旅客停止聊天,將視線移到這些移動的隊伍。嘈雜的聲音降下了,響起了更多掌聲,大廳漸靜下來,漸多的掌聲揚起。

有機場工作人員驅前向通過身邊的軍人握手,有人豎起大姆指,象徵為他們打氣。大廳內所有旅客都紛紛起立,目視這支隊伍,鼓掌聲響遍大廳了,年輕軍人綻開笑容。持續不斷的掌聲,有更多軍人綻開了笑容(背景音樂漸停)。黑底畫面上字幕「Thank You.」,再下一個畫面則是黑底白字的企業標誌(logo)。

這是網路流傳,且極能感動觀者的短片,影音符號的人物動作、表情,搭配恰當的背景音樂,可以見識到影音媒體再現的情緒浸染力量。

(二)我國警政影音再現的形象管理機會

在國內,2008年11月大陸海協會代表陳雲林到臺灣時,發生群眾抗議的圍城事件,連續在台北街頭不同地點,發生激烈的衝突,並且被電視新聞記錄下來,圖3是一幅靜止的影音擷圖,從這張擷圖,可以看到警政形象管理的機會。也就是說,這幅圖象符號再現,如果善於運用,有助建立警察捍衛民主的勇者形象。

圖3:一張圖片再現可以訴說一段震撼人心、感動社會的警察故事。

資料來源:本研究翻拍自中天電視新聞台

　　從擷圖畫面來看，媒體再現的是有一名警官張開雙臂，微低的頭，似乎默然承受可能發生的丟擲攻擊，或許解讀再現，會以為警察是消極不對抗民眾。或者警察是一份危險工作，吃力又不討好。

　　如果用這個符號再現訴說一個故事是：沒有使用武器的警察，以個人血肉之軀承受攻擊，阻擋一場可能極為嚴重的警民流血衝突，那麼，觀眾對警察的看法就可能會改變。可能會轉而認同警官的動作，理解警察的忍辱，是為成就更大的理想，也就是捍衛臺灣的民主。

　　用神話論來說，警察願意犧牲自己，挺身而出的勇氣，值得欽佩與尊敬。但是圖3這個可以訴說民主警政故事的影音再現，提供了形象管理的機會，卻沒有被注意到以及妥為運用。

　　綜合而論，臺灣民主警政運用影音再現來實踐公共關係、警政行銷，要注意發掘影音再現的強大能動性，只要一張影像圖片，就能說出一段震撼人心、感動社會的警察故事。警政媒體再現的能動性，需要能夠從一張圖、一段影音再現，說出一段好故事。

　　警察具有高度政治性，是被民意期許也是被民意監督的對象。社群媒體崛起，民眾有機會、有能力自行操作對警察執法的媒體監督。民眾可以觀看其他來自傳統媒體或其它社群媒體的新聞，知悉事件的發生及發展，然後這些閱聽人可以用自己的方式，做出表達自己觀點的新聞報導，他們是閱聽消費者，也是新聞產製者，成為生產性消費者（prosumer）。

　　公民社會不只有公民新聞衝擊警察執法，也不只是虛擬撞擊警察執法，社群媒體有足的社會動員能力，讓「社群」從虛擬走向實際。在社群媒體平台，充份的公民參與提供了對政治人物、社會事件的論述、分析與批評，還提供圖片或影音來佐證發言的可信度。社群媒體在社群提鍊出某種公理與正義的意志，並且凝聚這種「共同善」的意志。

　　社群媒體在全球普遍流行，使得臺灣民主警政亦發生鉅大變化，

警察執法時的媒體運作也出現新局面。在社群媒體風行的情勢下，民主警政對於媒體的能動性、行動、再現都需要更多現代性的反思（reflexivity）與重置行動（reset）。

參考文獻

一、中文部份

太陽花學運（2014），維基百科，網址：http://zh.wikipedia.org/zh-tw/%E5%A4%AA%E9%99%BD%E8%8A%B1%E5%AD%B8%E9%81%8B.檢索日期：2014年4月10日。

汪子錫（2014），〈E化民主的政策行銷挑戰分析：以反服貿學生運動新媒體運用為例〉，《中國行政評論》第20卷第2期。

汪子錫（2013a），〈如何成功經營社群媒體強化警察行銷〉，收於《運用社群媒體加強警察執法宣導圓桌論壇》，pp.55-65。台北：內政部警政署。

汪子錫（2013b），〈警察執法與社群媒體運用策略模式探析〉，收於《通識教育教學與人文學術研討會論文集》pp.11-32。桃園：中央警察大學。（2013年11月5日）

汪子錫（2009），《警察與傳播關係研究》，台北：秀威。

章光明（2013），〈社群媒體與警察發展：國外案例的啟示〉，收於《運用社群媒體加強警察執法宣導圓桌論壇》，pp.27-34。台北：內政部警政署。

馬洪、李清偉譯（2009），《社群主義的說服力》，上海：世紀出版集團。原著 Selznick, P. *The Communitarian Persuasion*.

葉毓蘭（2013），〈我國警察與媒體互動方式及困境探討〉，收於《運用社群媒體加強警察執法宣導圓桌論壇》，pp.1-12。台北：內政部警政署。

二、英文部份

ARO/MMX (2013) .source: http://www.iama.org.tw/upload/ResourceReport/20130513113904984.pdf, accessed 10 October 2013.

Baym, N. K. (1998). "The emergence of on-line community." In S. G. Jones (Ed.), *Cybersociety 2.0:Revisiting computer-mediated communication and community*. Thousand Oaks, CA: Sage.

Bowman, S. & Willis, C. (2003). *We Media: How audience are shaping the future of news and information*. The Media Center at The American Press Institute, source: http://www.hypergene.net/wemedia/download/we_media.pdf, accessed 10 October 2013.

Boyd, D. M. & Ellison, N. B. (2007). "Social Network Sites: Definition, History, and Scholarship" *Journal of Computer-Mediated Communication*, 13 (1), 210-230.

Budd, L. & Lisa, H. (2009). *e-governance: Managing or Governing?* (1st ed). UK: Routledge.

Dominick, J. R. (2011). *Dynamics of Mass Communication: Media in the Digital Age*. McGraw-Hill Higher Education.

Huber, C. (2010). "Professional learning 2.0." *Educational Leadership*, 67 (8) ,41-46.

IACP (2010) .National Law Enforcement Policy Center, "Social Media: Concepts and Issues Paper." source: http://www.iacpsocialmedia.org/GettingStarted/PolicyDevelopment.aspx accessed 10 October 2013.

Kollock, P. & Marc, A. S. (1999). "Communities in Cyberspace. " In A. S. Marc, & P. Kollock, (Eds.), *Communities in Cyberspace*. London, Routledge.

McLuhan, M. (1962). *The Gutenberg Galaxy: The Making of Typographic Man*. London: Routledge & Kegan Paul.

McQuail, D. (2000) *McQuail's Mass Communication*, 4th Edition, London: Sage.

Morris, M. & Ogan, C. (1996) "The Internet as mass medium." *Journal of Communication*. 46 (1).

Musser, J. & O'Reilly, T. (2006). *Web2.0: Principles and best practices*. NY: O'Reilly Media Inc.

O'Reilly, T. (2013) "What Is Web 2.0" 09/30/2005 source: http://oreilly.com/web2/archive/what-is-web-20.html, accessed 10 October 2013.

Pew Research Center (2012). "YouTube & News: A New Kind of Visual News" By Pew Research Center's Journalism Project Staff. source: http://www.journalism.org/2012/07/16/YouTube-news/ accessed 10 October 2013.

Rheingold, H. (1993). *The virtual Community: Homesteading on the electronic frontier*.HaperPerennial, New York: Addison-wesley Publishing.

Safko, L., & Brake, D. (2009). *The social media bible: Tactics, tools, and strategies for business success*. Hoboken, NJ: John Wiley.

Weber, L. (2007). *Marketing to the social web: How digital customer communities build your business*. Hoboken, NJ: John Wiley.

Williams, F. (1982). *The Communication Revolution*.London: Sage.

第五章　電影再現警察正義的敘事神話分析

第一節　解讀敘事電影再現

　　敘事電影（Narrative Film）是虛構的，但是電影必然從日常生活中取材，而且是人所能理解的意象邏輯，不可能只憑想像製作出觀者所不能理解的電影文本，因此，解讀電影亦需要基本能力。解讀敘事有兩種不同理論取徑，一是傳播學關注的批判性思考（critical thinking），另一個是社會學關注的是認知學習（cognitive learning）。

一、意識形態神話論的電影解讀

　　傳播學研究領域，將敘事電影視為神話或者迷思（myth）再現，電影處處可見作者企圖引導觀者的意識，而這些引導的行動，就是電影作者的權力運作，也就是電影無可避免的政治性（汪子錫，2011：53-84）。

　　雖然電影製作者追求的只是商業利益，但是敘事電影再現所透露的政治性卻絲毫不減。表演、聲音、話語、鏡頭運動，都是用來召喚想像（interpellation）的手法。意識形態安置個人的主要方式之一，便是藉由召喚或叫喚（hail）的過程，電影鏡頭提供的符號再現，讓人們被安置到特定的立場，進而定義他們的主體性以及世界的經驗（Althusser,

1996）。但是電影中有許多符號隱含義（connotation），而不是流水帳的事件交代，因此，分析電影再現還要能夠解構其中的神話。

Roland Barthes界定的神話，認為是一種文化思考事物的方式，是一種概念化事物，也是一連串理解事物的方式。用另一種說法來描繪，迷思在本質上接近於意識型態的形塑，而透過電影敘事，可以完成這個意識型態型塑的過程（Barthes, 1972）。

Barthes以一篇短文「作者已死」（The Death of The Author）來說明他對於創造性閱讀的概念。他認為形成作品意義的作用是讀者的閱讀，而非作者。閱讀是創造文本的過程，是由讀者閱讀時產生的決定性作用，因此，讀者在應該採取一種「評註」的方法，去發現作品的意義，形成一個新的創造性文本（Barthes, 1977）。Barthes的訴求，是認為虛構的電影媒體用獨特的攝影機運動、畫面轉移或留滯時間，產製特殊的符號再現來敘述神話，觀者需要創造性閱讀電影，而非不加思考受到電影政治性的影響。

二、社會學習論的電影解讀

美國史丹福大學教授A. Bandura提出社會學習理論（Social Learning Theory），認為個體除了經驗外，也能經由觀察及直接經驗而產生學習。人類許多學習行為的發生，除了個人的親身經驗外，大多是由觀察他人的行為所產生的替代性學習（vicarious learning）效果，亦即所謂的示範作用。而且Bandura認為傳播媒體所營造符號環境的示範作用，比個體親身的示範行為效果更大（Bandura, 1977: 12-29）。

中外著名的電影類型分類法，無論由誰來進行分類，一定都有警匪片，警察角色透過電影再現，傳達社會集體認知。以美國電影學會資料庫（AFI, American Film Institute Catalog）為例，就將敘事電影分為82類，其中犯罪（Crime）、警察（Police）類都與警察有關。法國電影學者Vanoye, Frey & Leté將電影類型區分成12大類，其中罪犯片（Le film criminel）也有大量警察角色出現（劉俐譯，2002）。

在真實世界裡，警察應該是正義的化身，然而縱觀電影再現的世界裡，導演多將警察打造成「努力成為正義化身」的角色，追求正義的警察不一定在結局時會成功。電影中會出現追求正義的警察，但也會有陷入正義迷思的警察。正因為刻板印象認為「警察本來就是正義代表」殆無疑義；因此，鮮少看到以電影敘事內容為對象，來探討警察正義形象的相關研究。

三、警察故事的電影解讀

真實社會中的警察具有特殊社會功能，警察角色及行動具備衝突元素，這讓全世界許多電影都喜歡從警察身上找故事。好萊塢電影的警察故事多到不可勝數，華人社會則以成龍拍攝的警察故事最多。臺灣除了2000年以女警為主的電影《運轉手之戀》。以外，還有一部以臺灣刑警與黑道對立衝突的電影《條子阿不拉》，這兩部電影都可以列入警察教育的輔助教材。

一部電影可能得到觀眾的迴響，也可能改變觀者認知，警察可以從電影學習正義，也可以藉助電影塑造警察正義形象。為了說明前述兩個觀點，本章選擇三部以警察為主的敘事電影，進行個案研究分析。分別是日本電影《大搜查線》、香港電影《無間道》，以及臺灣產製的《條子阿不拉》。探討敘事電影再現的警察正義形象，警察教育可以藉助虛構的電影再現，對照現實社會可能會出現的一部份故事情節。

敘事電影再現的核心意義在分析故事內容，取其作為社會化（socialization）的教育工具（意識形態工具），無論是意識形態神話或者社會學習論，二者最終的指向是一致的，就是電影可以改變腦海中的圖象（images）。電影是沒有老師的教室，任何人看完電影，都可從電影再現中選擇自我的需要，完成對於事物認知的學習；或完成意識形態的灌輸。

第二節　敘事學理論及電影分析工具

一、敘事電影的型式與基本要求

　　說故事的電影就是敘事電影，產製電影的靈魂要角是導演，由導演帶領的團隊包括編劇、演員、攝影、佈景、道具、剪輯、音樂、動畫、武指等等；導演要將這些各具專長的人湊攏在一起，直到電影完成上映為止。由於敘事電影的商業成份極高，一部拍成的電影如果沒有觀眾，導演的下一部電影就很難開拍。警察與電影的關係密切，在敘事電影的警匪片類型中，少了警察角色，電影就拍不成。

　　電影從1895年正式出現於人類文明，至今已有百年以上的歷史。電影百年來的發展，從它的產銷、流通到傳佈，在近30年來產生了極大的演變。從電影的製作而言，開始於70年代第三世界新興國家的大量生產，使得全球電影每年都有4至5千部影片的產量，並且一直持續至今。同樣發生於70年代的劇變，則是錄影帶保存電影的普遍流行。直到今天人們除了在傳統的戲院欣賞電影之外，電影呈現的型態還包括錄影帶、LD、VCD、DVD到網路。做為一個處於21世紀的電影觀眾，相較於過往任何一個世代的觀眾，毫無疑問地能以多重的便利方式，在一個最舒適的情境中，觀賞任何可能取得的全球流通影片（廖金鳳，2001）。新的電影播映型式，讓電影不再只是在黑暗劇場中閃現的光影與聲音而已，它在客廳、教室、會議室，或者手掌上的影音播放機，隨處都可播放。

　　看懂電影要有一定的經驗範疇（Experience Category），也就是作者和觀眾的經驗大部份是重疊的，否則可能觀眾會看不懂，經驗範疇也涉及跨文化的問題。

　　早期研究提出文化接近性（cultural proximity）的概念，這個概念認

為「觀眾具有主動性，當所有其他條件相當時，觀眾會比較偏好與本國文化相似的節目內容」（Straubhaar, 1991: 39-59）。與此一相對的是文化折扣（cultural discount）的概念。文化折扣認為「植基於某一文化的節目挪移至另一文化時，它的吸引力會因而減低，因為觀眾可能無法對節目的風格、價值、信仰、機構及行為模式產生共鳴」（Hoskins, 1988: 499-515）。但是全球化讓跨文化的問題似乎獲的解決，新的說法是高概念電影（high concept film）。

高概念電影是從好萊塢發展出來的電影美學概念，它是一種近似全球化的概念，電影所歸納的形式範疇即是指一種票房成績亮眼，能勝任跨文化的敘事美學（劉立行，2009）。

Wyatt最早提出構成高概念的三個要素，即 "The Look、The Hook and The Book"，Look是指好的賣相，例如電影中納入俊男美女、風光明媚的等視覺印象。Hook指好的賣點，電影劇情引人入勝，高潮迭起就能Hook（勾住）觀眾注意。Book意指電影語法的正確使用，例如電影劇情要陳述清晰，分鏡內容合理發展，一切依照邏輯來進行敘事（Wyatt, 1994）。

跨文化電影的概念說明，看電懂電影並不難，而且愈來愈容易，因為電影產製者深知如何讓觀眾能看懂，並且讓觀眾生喜歡看電影。

二、敘事學

（一）敘事學與類型電影基本概念

最早的敘事定義出自亞里斯多德，他提出「悲劇是最高的敘事形式」，至今仍被戲劇工作者奉為圭臬。敘事學（narratology）是1969年由俄國學者T.Todorov提出。在此之前，Vladimir Jakovleoic Propp於1928年即以100多個俄國民間童話為研究對象，歸納出故事的31種功能以及其結構形式。Propp發現即使這些故事看起來似乎不一樣，但其實所有的

故事都有一些共同的結構特性（Propp, 1995: 473-476）。Propp的見解影響至鉅，如今執世界電影工業牛耳的好萊塢所採行的「類型電影」專業分工制度，仍受其影響。

所謂電影類型（genre film）是指角色、形式、風格都有固定模式。類型電影是一種慣例式（convention）的影片創作方式，以公式化、規格化的敘事元素重複生產電影。片廠經營者習於採用電影類型制度，很重要的原因是為了控管投資風險，進而確保市場獲利（李天鐸、劉現成，2009）。

美國結構主義學者及影評人Chatman運用敘事分析觀點，指出故事與論述的區別，他認為任何敘事形式可分為兩個部分：一為故事（story）本身，即什麼人發生了什麼事。其二為論域（discourse），即如何說故事；論域是文本中所產生的真實或虛構情境所作的陳述或呈現方法，也可以稱為手法、策略或風格（Chatman, 1978: 59-95）。

（二）敘事電影的劇情要素

戲劇與電影存在著相似性，但卻是兩種不同的藝術類型，其相似性的主軸在於「劇情」，也就是敘事內容。

大略來說，戲劇是行動中的人（man in action）的演出，但是，行動並不單指身體的動作而已，他還牽涉到外在行為的心智與心理因素。亞里斯多德說，一個劇本應該有一個開端，一個中段，一個結局（a beginning, middle, and end）。這句話意指一個劇本應當「完全而自足」，所有有助於了解戲劇的一切都應當包含在劇本之內而無庸外求。戲劇行動應當有其目的，目的可以簡單，可以複雜；但是情節、角色、氣氛與其他因素的控制與構成，都非有一個主要的目的不可。此外，戲劇行動應當具有多樣性、吸引觀眾以及可能性；戲劇行動應避免單調與陳腐、加入變化多端的情節、角色造型或意念。至於戲劇行動應當具有可能性，意指劇中的所有因素要合於邏輯的一致性，觀者對於戲劇的可性度，也就是劇情的可能性問題。

　　戲劇的可能性或可信度，並不是以真實生活的相似性為依據，而是在劇情體系之內，每個劇情、事件都合於邏輯，即使描述的是不可能真實的劇情，也成為了可能（胡耀恆譯，1976：4748）。這類例子太多了，電影《阿凡達》（*Avatar,* 2009年的好萊塢科幻電影）、《2012》（2009年的好萊塢地球毀滅科幻電影）劇中人的遭遇，都是不可能真實的可能情節。

　　戲劇行動是由一連串足以達到劇情目的事件「結構」而成；結構是一種導引觀眾注意力的方法，最常見的結構原則是事件安排上的因果律。這種方式是先在戲的開頭佈置下種種情況，包括整個戲劇行動的局面，以及各個人物的慾望與動機等等；從此而發展出以後的種種情節。劇情發展的路線有主、有副，而一個戲劇要激起並保持觀眾的興趣，在在都需要衝突（conflict）。

　　一部戲的衝突，可能是角色與角色間的衝突、角色內心諸般欲望的衝突、角色與環境的衝突、不同意念之間的衝突。亞里斯多德指出的戲劇六大內容：情節、人物、思想、語言、音樂、景觀，此六項要素成為戲劇的結構，而情節是戲劇的全盤構造。它雖然包含故事內容，卻同時是所有構成意義類型因素的總結構。雖然有些劇本的故事與結構都不甚明顯，每個戲卻一定有其情節（胡耀恆譯，1976：49-51）。

三、敘事電影分析工具

　　Jacques Aunont在其法文著作*L'Analyse des Films*指出，研究電影可以使用以下三種研究工具（吳珮慈譯，1996）：

（一）描述性工具

　　使用描述性工具（instruments descriptifs）的主要目的在於彌補影片理解以及影片記憶方面不足的困難。基本上影片的一切組成都是可以加以描述的，因此這類工具的種類也多，就敘事電影而言，多以大段落的敘事單位為描述主體。影片的分析最常被描述的部分就是敘事結構和場

面調度的組成元素，或者是影像的特色。此一描述性的工具可採用影像的描述、旁白加以輔助解釋。

（二）引述性工具

引述性工具（instruments citationnels）：有補強描述性工具的功能，讓分析能夠更加接近於影片文本本身。引述性工具的主要目的就是為了方便研究影像的取景、構圖、景深、採光和攝影機的運動等問題。

（三）資料性工具

資料性工具（instruments documentaries）：指將環繞在影片外圍的資料運用到研究上。資料性工具著重在相關影片發行宣傳資料、劇照以及相關的電影評論。

本章以敘事學的概念配合三電影研究工具，針對三部警匪片電影《大搜查線》、《無間道》、《條子阿不拉》進行研究，探討電影再現了什麼樣的警察正義，以及在電影情節中的日常生活、互動遭遇時的正義問題探析。

第三節　《大搜查線》的警察角色正義形象

一、電影產製發行基本說明

文化接近性是臺灣人選擇收看日本影視戲劇的因素之一，研究證實日劇相當程度地形塑了臺灣閱聽人對社會現實面在腦海中的影像建構，提供了社會學習理論有利的佐證。而移情作用更是對戲劇內容感同身受的重要原因之一（郭魯萍，2007）。在臺灣，《大搜查線》擁有大量的觀眾，許多人都曾看過其中的電視劇版本或者電影版本。

　　《大搜查線》原本是一套1997年於富士電視台播映的電視劇集，首播時收視率大約在20%左右，後來推出了多個特別篇，並於1998年及2003年推出了兩套電影版。其中，2003年的《大搜查線The Movie 2：封鎖彩虹橋》是日本電影史上，由真人演出的電影票房紀錄保持者，只輸給動畫電影《神隱少女》。第三部電影版的《大搜查線》預計在2010年7月推出（大搜查線，2010）。本研究選擇的是《大搜查線》第一部電影版本，故事發生的地點是電視版中的「警察廳灣岸署」，電影版延續了電視劇中的角色人物。電影《大搜查線》基本背景資料如下表：

表1：電影《大搜查線》基本背景資料

片名	日文名：踊る大搜查線（おどるだいそうさせん）
	中文名：大搜查線
產地	日本。東宝
語言	日語
首映發行	1998年10月
編導人員	脚本：君塚良一
	導演：本広克行（本廣克行）
主要演員	青島俊作（織田裕二飾）警視廳灣岸署刑事課強行犯係
	室井慎次（柳葉敏郎飾）警視廳刑事局參事官
	恩田（深津繪里飾）警視廳灣岸署刑事課盗犯
片長	119分鐘

（本研究製表）

二、電影敘事內容

　　電影的開始是像是一幕跟蹤監視歹徒的場景，夜幕尚未完全撤除的清晨，刑警青島和派出所所長坐在車內，隔著一段距離盯著一間住家的大門。

　　門開了，走出一個攜帶長長提包的中年男子，三名警察表情嚴肅下車趨前走到男子面前，中年男子神情愕然。所長開口：「我們是灣岸署的，來接您去球場為警察高爾夫球大賽主持開球」，隨即面露諂媚的

笑容，同時遞上名片。原來中年男子是現任的警視廳副廳長，是所長口中：「很高階、很高階的警官」。電影從這一段搞笑劇情開始，好像是要引導觀眾，這是一部喜劇，而不是觀眾想像的警匪片。

在整個電影敘事中，可歸納三條主要情節路線，即先後發生的三件刑案，而推動敘事情節向前發展的，則是警察不同人馬在不同案件的偵辦過程。敘事發展途徑略如下圖所示：

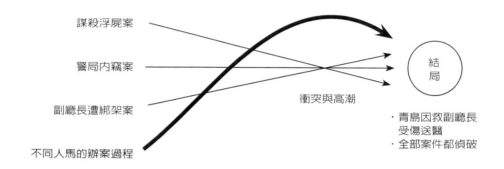

圖1：電影《大搜查線》的敘事發展途徑

一具在河中飄流的浮屍，漂到灣岸署轄內，屍體打撈上岸解剖後，從死者胃中取出一個泰迪熊（Teddy bear）布偶，令這件凶殺案更加懸疑。

與此同時，灣岸署辦公室內頻頻傳出失竊案件，員警辦公桌上的東西經常不翼而飛，遺失最多的是出外辦案時的餐飲、交通花費收據。加上派出所所長一再叮嚀大家「外出辦案要節約，因為警察經費不足」。讓人覺得辦公室竊案，發生得怪怪的。

接著，警視廳副廳長遭歹徒綁架，歹徒並來電勒索鉅額金錢，震動警界高層，並且交代全員秘密偵查，不得對新聞界透露。由於案發地點在灣岸署的轄區，警方出動直昇機、大批車輛運送器材設備進駐灣岸署，並且將外勤、情報、檔案、鑑識、督察、媒體公關等所有負責的警

官召集起來，召開專案會議。

　　高階警察的大陣仗讓灣岸署內的基層警察有些摸不著頭腦，起初以為大批人馬要來辦的是浮屍案，或者是辦公室竊案。但進駐的高階警官面對基層員警，始終板著臉孔，不肯多說什麼，還交待這些基層警察「不要過問」。

　　雖然灣岸署的基層警察抗議不能參與辦案，但也只能接受上級的命令，聽命為專案小組作交通管制的工作。並且繼續偵辦浮屍案和辦公室竊盜案。

　　然而令人意想不到的是，當大批高官都還在朝著錯誤方向偵辦時，卻被青島查知歹徒的下落，在其火速前往拘捕疑犯的路上，又被專案小組命令停止行動，要等專案小組派人過來才能執行逮捕行動。在電影對白中，有一位高階警官說：「基層警察的能力是不可靠的」。其實，觀眾看出是高階警官不想將破案功勞留給別人而已。

　　電影的結局是青島被嫌犯的母親持刀刺傷，大量失血，被室井駕車、恩田護送，緊急奔赴醫院。劇情最後是三件刑案都水落石出，包括副廳長被救出、凶殺案偵破、辦公室竊案被當場破獲。原來警局內竊案，只是所長為了阻止員警報銷經費，指使偷竊核銷單據的「下策」而已。

三、警察角色正義形象探析

　　從前述電影敘事內容中，可以藉由探討警察臉譜與正義形象的情節相當多，本研究聚焦於三個場景，分別是警察官僚體系的不正義、女警恩田的抽屜、青島被嫌犯母親偷襲遇刺。

（一）警察官僚體系的不正義

　　日本警察以警察廳長官為頂點，形成一個金字塔型的階級社會。警察廳長官並非階級，而是職稱，所以警察的最高階級是警視廳的首長警視總監。在電影中被綁架遭勒贖的是副廳長，所以是一位「非常高階」

的警官。導演顯然是在諷刺警察官僚體系，因此讓高官都擺出了一副不可一世的冷峻臉孔。

高階警官的不可一世，電影中處處可見，例如「長官外出，趕快備車」一句台詞，即可說明一切。高階警官辦案，用餐時吃的是一個日幣五千圓的便當，女警恩田只能吃泡麵。

而青島遭嫌犯母親從背後偷襲，持刀插刺青島腰部而大量失血時，在專案會議室中的高階警官，卻完全不聞不問。當情報確定「副廳長安然無恙」時，會議室裡傳出一陣歡呼，然後長官們一一離開會議室，將「有員警受傷」這件事拋諸腦後。

偵辦大案原本是警察的光榮使命，但電影描述高階警官的內鬥，諷刺了警察的官僚作風及爭功諉過的情節。室井臨危授命接任專案指揮官的原因，竟然只是因為原來的指揮官與層峰是東京大學的學長學弟關係，擔心副廳長綁架案辦起來會十分棘手，萬一副廳長遭不測，責任難扛；因此才把重責丟給室井。

即使電影敘事將高階警官狠狠的諷刺了一番，因為他們都不具備「正義形象」，但觀眾不見得相信高階警官都如此不堪；警察整體形象仍然是正面的多。導演如此安排，也是為了讓電影「更好看」而已。因為有足夠的衝突和壓力，才更顯得出敘事內容的精彩，與人物角色奮鬥衝破逆境的戲劇張力。

（二）女警恩田辦公桌抽屜內的辭呈

在電影畫面中，女警恩田辦公桌抽屜被她拉開來三次，導演用畫面交待了抽屜裡放的是一份白信封套，封套上黑筆書寫了「辭表」二字，這是她的辭呈。前兩次恩田都是拿出辭呈看看，在嘆了一口氣之後，放回原處，然後關上抽屜。第三次恩田打開抽屜取出辭呈，是案件已經宣告偵破，因公受傷的青島正在醫院療養的時期。這一次，恩田是帶著自信的笑容將放了許久的辭呈，三下兩下的撕掉，丟進垃圾筒。

　　導演從頭到尾都沒有讓恩田用台詞說出「想要辭職」這樣的話，但作這樣的影像安排，讓觀眾可以看到基層警察的辛苦與責任感。警察懲姦除惡、保護善良的成就感，都來自於破案之後。這在無言中，更強有力的道出警察的正義形象。

（三）青島被刺還在苦守長官命令

　　當青島率先找到嫌犯為一群青少年時，長官們並不相信他的研判，還下令他立即退出，不要插手。但指揮官室井最終還是違背長官的意旨「抗命」，室井透過無線電對講機下達石破天驚的指令：「青島，立即前往逮捕」。當青島和恩田進入嫌犯住家時，原來只是五、六個年輕人，這群沒有任何反抗的年輕人看到青島推門進入，並不驚慌，只是相互調侃了一句話："game over"。原來這些年輕人以為他們綁架的是一位副董事長，並不知道被綁的是警視廳的副廳長。他們相約看警察要花多少時間才能找到肉票，要考驗警察的能耐。這讓為了這個案子疲於奔命，三天沒有睡覺的的青島更加光火。

　　此時，恩田徵詢青島的意見說：「逮捕」，並做勢要拿出手銬。青島卻說：「不能逮捕，要等室井」。在未注意下，青島被嫌犯母親從背後刺了一刀，母親碎碎唸著：「我不要我的小孩上報紙」。青島驚詫的望向腰部，用手去摀，卻是滿手鮮血。一直等到室井率人馬到達，青島才虛弱的說出：「報告長官，請求逮捕」，隨即昏暈倒地。

　　導演這樣的安排劇情，讓警察相互扶持、尊重專業、服從命令的正面形象發揮得淋漓盡致。而青島失血昏迷疑似死亡，室井開車送青島前往醫院的路程中，警用無線電已經全面通報「有員警因公受傷」，不但所有道路開綠燈，沿途出動人員交通指揮，導演還用慢動作讓路邊的制服警察，在車輛通過時，致舉手禮。導演這樣的安排，是戲劇灑狗血的手法，但因為手法巧妙，也符合觀眾自己內心的正義感，而讓全片在結局時達到最高潮。

（四）小結

日本演員織田裕二在《大搜查線》中飾演青島俊作刑事，並且推出同一組演員仔出電影、電視劇。在劇中青島本是一名推銷員，因為愛看好萊塢警匪電影，憧憬警察工作，因此轉行參加日本地方政府舉辦的普通組警察考試，從基層的制服警員開始幹起。

電影《大搜查線》虛構的青島刑事，透過電影再現，建立優質的警察形象，在真實社會成為日本警察代言人。他在電影中的一句話：「案件不是發生在會議室，而是現場」，道盡第一線刑警的辛苦，也顯出與高階警官只能在會議室開會遙控偵查的反差，觀眾聯想到的是第一線警察守護社會治安的貢獻。

在電影類型中，《大搜查線》屬於一部警匪片，但與其它警匪片不一樣，電影從頭到尾沒有開過一槍，這是全世界警匪電影罕見的。

第四節　《無間道》的警察角色正義形象

一、電影產製發行基本說明

《無間道》是2002年10月香港出產的警匪電影，由曾經獲得臺灣、香港、大陸或者亞太影展等影帝頭銜的四位男演員擔綱，分別是梁朝偉、劉德華、黃秋生、曾志偉。四位影帝同台演出，原本是精彩可期，但卻沒想到臺灣首映票房冷清難堪。《無間道》首映失利，在下片後襲捲2003年臺灣金馬獎最佳劇情片、最佳導演、最佳男主角（梁朝偉）、最佳男配角（黃秋生）、最佳音效以及觀眾票選最佳影片。得獎之後重新安排上片，《無間道》成為探討警察正義的經典樣本。

《無間道》原版電影在中國大陸及馬來西亞都沒有通過內容審查，

主要在於電影結局「讓壞人得逞，逍遙法外」不符合正義原則，因此電影公司提供了不同結局的版本。

　　由於票房大賣，電影公司在第二年開拍《無間道2》和《無間道3之終極無間》，完成了一套三部曲影片。《無間道》掀起一片警匪片熱潮的仿效之風，連好萊塢都對《無間道》的離奇警察故事感到興趣，買下劇本版權後重新編劇，拍出了好萊塢的《無間道風雲》於2006年上映。

　　電影結局的一場精彩大戲，是梁朝偉和劉德華相約在警察局的天台談判，這個景點實際上是位於北角的香港政府合署樓頂。影片大賣後，也成為香港電影及MV的熱門拍攝場地（無間道，2010）。電影《無間道》的基本背景資料如表2：

表2：電影《無間道》的基本背景資料

片名	中文名：無間道
	英文名：Infernal Affairs
產地	香港。寰亞電影公司
語言	粵語或普通話
首映發行年	2002年12月首映
編導人員	編劇．麥兆輝、莊文強
	導演：劉偉強、麥兆輝
主要演員	劉建明（劉德華飾），重案組高級督察，其實是黑道角頭韓琛的內應。
	陳永仁（梁朝偉飾），黃志誠的臥底警察。
	黃志誠：（黃秋生飾），重案組警司。
	韓琛（曾志偉飾），油尖旺地區的黑道角頭大哥。
片長	101分鐘

（本研究製表）

二、電影敘事內容

　　陳永仁（梁朝偉飾）憧憬警察維護社會正義的工作，因此立志要當個好警察，在考入警察學校受訓時成績優異，然而訓練尚未結束，陳永仁卻突然遭到退訓處份，警察學校對其他學員公開說明的理由，是陳在

受訓其間「違反紀律」。然而事實上他是經過校長和重案組黃警司（黃秋生飾）的觀察與機智考驗，加上陳的特殊身世而精挑細選出來，要幫警方執行一個長期的「臥底工作」。陳接受命令設法打入黑幫，這段期間他打架、殺人什麼都做，扮演黑道十分賣力。他的表現獲得黑道的信任，數年後，成功的進到角頭大哥韓琛（曾志偉飾）的身邊，成為琛哥得力的左右手。雖然過得是「見不得光」的黑道日子，但他沒有忘記自己是警察，派他作臥底的黃警司不定期和他秘密會面，講述警方的工作指示。

由於遊走於黑道、白道之間，長期的心理「背叛」，讓陳永仁變得更為焦燥，數度要求結束臥底，回復正常的警察工作。他唯一上線黃警司好言相勸，請他忍耐，等破了幾個眼前大案再說。

某日，尖沙咀警區重案組分隊根據線人提供的情報，獲知近期有一批毒品交易；而這個重案組分隊的隊長正是劉建明（劉德華飾）。劉是韓琛送到警校就讀的，韓琛也是長期規劃，目的在培養一個與黑道通聲氣的內應警察。劉建明警校畢業投入工作後，韓琛都會適時提供一些刑案線索，讓劉建明破案立功，數年下來，劉建明累積功獎，在警界快速升遷。

在刑事情報科的支援下，黃警司領導重案組圍捕毒品行動。黃警司原本已經鎖定目標人物韓琛以及來自泰國的毒販，卻仍然被韓琛撇得乾乾淨淨，查不到證據。這次行動後，雙方都查覺自己的動靜都被洩露了，推論出雙方都有臥底在對方的事實，引發警匪兩方都要「抓內鬼」的決心。

在整個電影敘事中，有三條發展主線，就是警匪對立攻防、內鬼警察洩密和臥底警察通報情資；而推進敘事情節向前發展的，則是警匪自清抓內鬼的過程。略如圖2所示：

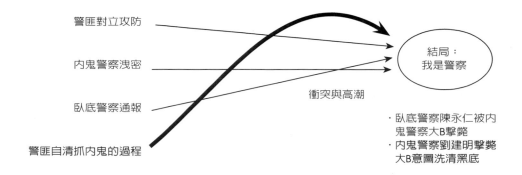

圖2：電影《無間道》的敘事發展途徑

內鬼警察劉建明趁機誘出韓琛將之擊斃，如此一來，在警界發展一帆風順而且已是警界明日之星的他，將不再有人知道他的黑底。

同時，陳永仁也面臨到身份清白證明的困境，原因在於他的上線黃警司已經遭黑道殺害，另一位知道他身份的警校校長也已身故。

故事的結局是劉建明從黃警司遺物的手機中查出陳永仁的身份，陳永仁也意外發現警察局的內鬼就是在警界炙手可熱的劉建明。他們最後相約在警察局的樓頂談判。未料，另一名警察大B也持槍上了樓頂，在對峙之後，移往電梯間要下樓時，大B開槍擊中陳永仁眉心，救出劉建明。大B向倒臥電梯內的陳永仁又補了兩槍，確定斃命，然後才向劉建明坦承，他也是韓琛派來打入警方的，現在韓琛已死，以後他要跟著劉建明了。

在下降的電梯裡，兩個活人一個死人，傳出三聲槍響。電梯到達警察局一樓，大批警察早已持槍瞄向電梯門。劉建明高舉警察識別證，慢慢走出電梯，在他身後的電梯間，倒臥著已死的陳永仁和大B兩具屍體。

三、警察角色正義形象探析

（一）天台對峙：我是警察

警察是正義的一方，所以即使是在黑道臥底，真警察陳永仁說：「我是警察」。這句話名正言順的彰顯出正義是站在警察這一邊的。

當正牌警察陳永仁和內鬼警察劉建明在天台見面之初，陳永仁是居於有利位置的，他持槍舉向劉建明，讓他不要動，然後解除劉的配槍，單手退彈，再單手給劉上手銬。上手銬時，陳永仁說：「對不起，我是警察」，劉建明對陳說：「身手蠻俐落的」，陳回他：「別忘了，我也唸過警校」。

劉要求陳放他一馬，陳回說：「好啊，你跟法官去說，看他要不要放你一馬」。

這段對話給觀者的感覺是，「做一個真正的警察真好，不但見得到光，也可以將壞人繩之以法」。

因為下一步的發展，可以預期的是陳永仁將內鬼警察送上法院，陳永仁公開警察身份，恢復正常人過的生活。然而，沒想到大B的出現，改變了這一切。

（二）電梯出口：我是警察

警察是正義的一方，所以即使是黑道派來打入警察內部的假警察劉建明也要說：「我是警察」。他究竟是在追求正義，從此成為一個好警察，或者他還在繼續騙，用警察身份做黑道的內應，劇情沒有交待，電影到此結局已定。

在從樓頂下到警察局一樓的電梯到了，早就有數十支槍對著電梯門。電梯門開了，一隻手高高舉起劉建明的警察證。

劉建明面對四面八方的槍口緩緩走了出來，坦然地說了四個字：「我是警察」。

在場的槍口移開瞄向劉建明的方向，數名警察衝往電梯，電梯門是被兩具倒臥的屍體擋住而敞開。劉建明轉身，不動聲色地、從容地把手上拿著的警察證別回胸前。回頭看著陳永仁時，正牌警察陳永仁兩眼睜得大大的，有著死不瞑目的遺憾。

片尾，陳永仁的警察身被證實無誤，警方為陳永仁舉行莊嚴的入土儀式。在鑲有陳永仁遺照和刻著「浩氣長存」四個字的墓碑前面，劉建明身穿全套高階警官制服，英氣逼人，率隊向陳的墓碑行舉手禮。到了這個時候，在活人的世界裡，除了劉建明自己，已經沒有任何人知道他曾是黑幫派到警察的內鬼了。

（三）不同的結局版本與呈現的警察正義

《無間道》最初香港版的結局，如上所述。但是這樣的故事結局無法通過大陸的電影審查，因為將電影是為文化商品、流行文化之外，中國大陸一直沒有放掉「電影是意識形態的工具」的把關原則。因此，為了社會教化的原因，這樣的結局被大陸官方拒於門外。電影公司因此而拍了另一段，成為另一種結局。大陸版的結局如下：

陳永仁被大B開槍擊斃，劉建明在進入電梯後再擊斃大B。電梯門開了，一名高階警官走向步出電梯的劉建明，對他說：「劉建明，你被懷疑是黑社會臥底，我們現在要拘捕你」。

劉建明交出他手上的警員證，被戴上手拷，從此淪為階下囚。電影至此結束。

其實兩個結局都有合理性，對於原版結局，觀眾會認為和真實社會相彷彿，「正義總有不能伸張的時候」，情節合乎邏輯。至於大陸版的結局看起來有些不合邏輯，因為劇情並沒有交待警方從何時，又有何證據去懷疑劉建仁，但是讓壞人得逞，總是觀眾的遺憾，「懲惡揚善」的

結局和社會規範相符合；更何況，劉建明所陷害的是代表正義的警察，更不應該讓他得逞。

（四）小結

　　警察要扮演好自我的角色，一個人若一輩子活在謊言中，可能是對別人的背叛、職務的背叛、情感的背叛，所以就會墮入「無間道」。電影劇情有誇大之處，但是《無間道》可以討論「背叛」與「追求善」的人性課題。

　　就警察正義而言，《無間道》提供了一個非常好的探討題目，同樣的都在做著「背叛」的事情，在耳濡目染下，要說內鬼劉建明被警察所同化，是可能的。那問題是，為什麼類似情況下，長期在黑道打殺、販毒的臥底警察陳永仁不會被黑道同化，還拼了命要回到警察身份？這個問題在電影中沒有解答，但是觀眾可以推論「人的本性是在求善」，這是倫理學的命題；維持警察正義，就是在追求善。

第五節　《條子阿不拉》的警察角色正義形象

一、電影產製發行基本說明

　　早期臺灣電影享有世界華語電影市場，但是自80年代後因為盜版猖獗、市場萎縮、替代性休閒娛樂增加等原因，導致臺灣電影一蹶不振。新聞局祭出許多獎勵輔導措施來提振國片，但效果有限。由李崗編劇、導演的《條子阿不拉》於1999年完成首映，在當年是暌違許久的臺灣警匪片。

　　在臺灣社會性語言中，警察也被稱為「條子」，柯受良飾演游警官，綽號叫做「阿不拉」。這部電影把早年臺灣刑警角色，詮釋的活靈

活現。

　　女主角是從大陸出來發展演藝事業的于莉，她以這部電影贏得第44屆亞太影展最佳女配角獎，至於現在當紅的演員九孔、陳昭榮在這部電影中都還是一副剛出道的青澀模樣。電影《條子阿不拉》的基本背景資料如表3：

表3：電影《條子阿不拉》基本背景資料

片名	中文名：條子阿不拉
	英文名：Cop Abula
產地	臺灣。中央電影事業股份有限公司
語言	國、台語
首映發行	1999年
編導人員	編劇：李崗
	導演：李崗
主要演員	阿不拉（柯受良飾）刑事組長
	小青（于莉飾）大陸女偷渡客
	豆乾（蔡振南飾）刑警
	鴨尾仔（陳昭榮飾）菜鳥刑警
片長	129分鐘

（本研究製表）

二、電影敘事內容

　　在全篇電影的敘事情節中，是以父子關係、親師衝突、同事關係為主要的發展路線，推動劇情發展的是阿不拉為主軸的人際溝通，和他與黑道衝突較勁的過程。略如下圖所示：

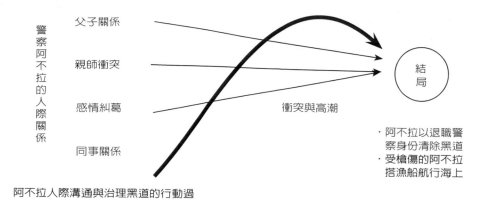

阿不拉人際溝通與治理黑道的行動過

圖3：電影《條子阿不拉》的敘事發展途徑

　　電影開始時，是一場警方埋伏在海邊圍捕走私漁船的戲。由於警專剛畢業的菜鳥警察提早行動，導致任務不能圓滿成功。當條子阿不拉（柯受良飾）在上船搜尋時，意外查到一名躲藏在船上的大陸偷渡女子小青（于莉飾）。阿不拉將其帶回拘留，準備遣返大陸。在談話中得知小青冒險偷渡是為了尋找一名臺灣男子，因為這名男子在大陸時承諾要娶他為妻，並且她已經懷有身孕。

　　阿不拉是單親爸爸，因為妻子生產第二胎時難產而去世，事情發生時有警察任務在身，並沒有陪伴妻子。為了這件往事，阿不拉的兒子阿義對父親極不諒解，等到阿義上了國中又值叛逆期，與阿不拉的親子衝突就天天上演，甚至於和同學一起毆打體育老師。

　　和阿義鬼混的同學之中，有一個男生綽號「議長」，是黑道角頭黑輪的兒子。黑輪經營特種營業並且走私牟利，長期提供金錢供養警察，收錢的白手套的是阿不拉的警校同學「豆乾」。對此阿不拉極為不恥，認為「警察收黑錢」是不對的。反過來，豆乾則經常想說服阿不拉和現

實妥協。豆乾對阿不拉說：「你說我們拿錢，人證呢？物證呢？」阿不拉無言以對。

　　阿不拉想尋找感情的第二春，但是都沒有什麼好機會。長期被關在拘留所中的小青某日在拘留所內產子後，似乎勾起他當年沒有陪伴妻子分娩的遺憾，因此為了彌補感情與道義上的創傷，阿不拉在拘留所內幫小青燉雞湯作「月內」。在經常接觸之後，阿不拉對於小青產生好感，小青也對阿不拉的照顧萌生感激，互有好感，兩人甚至在拘留室內隔著鐵欄杆擁吻。但這些行為明顯與他的警察職務發生了衝突。

　　阿不拉放棄了警察的身份，領清銀行存摺的所有現金，拿去購買重裝備火力槍枝，然後蒙面闖入黑輪的公司，搶走保險箱內的大批現金。當小青從新竹靖廬被帶上軍艦遣返時，一名阿不拉的學弟找到小青，並送上一個阿不拉託帶的紙包，紙包打開全部都是現金。阿不拉留了紙條說：「如果我有去找妳，我們一起用這些錢；如果沒有找妳，就留著自己用」。

　　電影結局是阿不拉自行解決他和黑道的瓜葛，他設下誘捕計劃，讓豆乾騙出黑輪和手下，然後再由豆乾通報警網，將黑道一網打盡，阿不拉則受到槍傷。

　　最後一幕戲，導演讓阿不拉背對鏡頭坐在漁船船首，在海上行進的小漁船上，載著一個肩背部經過紗布包紮的阿不拉背影。電影沒有交待漁船駛向何處，但對照電影前情，顯然阿不拉是要偷渡到對岸，去尋找小青。

三、警察角色正義形象探析

（一）不收錢的阿不拉在警局內的正義

　　如果以條子阿不拉不收黑錢的情節來看，顯然他沒有和其他警察同流合污，阿不拉是電影中警察正義的代表人物。尤其是當督察長來宣導要求警察清廉，並且鼓勵舉發誰收黑錢時，阿不拉真的去了，但阿不拉

的舉發，很快就被分局上下都知道。為此，分局長還找他談話，問他：「你這是何苦呢」？在這裡，電影暗喻其實督察長也是收錢者之一，警界所謂的自清根本是不可的，只是作戲給人看。

一名警察不願意同流合污，而遵照上級指示前去秘密檢舉的後果，竟然是檢舉人的身份資料被交到被檢舉人的手上，這對於阿不拉而言，根本不相信還有「組織正義」可言，這和他後來放棄警職、搶劫、偷渡都存在著連帶關係。

（二）和老師互毆的阿不拉維護警譽的正義

阿不拉接獲通知到學校處理兒子毆打老師案件時，一開始是向校長、主任、老師道歉，並且當面教訓兒子。但是在過程中，因為體育老師說了一句話：「警察和流氓有什麼不一樣」、「警察和黑道都是一樣的」！阿不拉回嘴：「憑什麼說警察是流氓」，然後阿不拉和體育老師又在校長面前開打。觀眾在這裡看到的是「阿不拉是為了捍衛警察名譽與形象」而動手開打。如果警察正義就是捍衛警察名譽，阿不拉的火爆舉動，仍然可以視為是為了警察」而採取的行動。

（三）追求感情第二春阿不拉的正義

阿不拉對大陸偷渡客小青發生好感後是一大轉變。小青在拘留所內產子，阿不拉先是為其燉雞湯作月子，後來又應小青的懇求，和鴨尾仔一起帶著小青離開拘留所，前往台北、六福村遊玩。如果說阿不拉這些行為只是對於之前警察系統內不能處理集體收黑錢的抗議，也是合乎邏輯的。如果說，這些行為是對弱者小青的「同情」，也是合理的。這些都還可以解釋為阿不拉做出符合自己認知的正義，但是卻不符合更高層次的正義，因為，這些不是警察可以做的事。進一步來說，如果說正義是不做違法的事，那麼阿不拉其實和他所檢舉的同仁其實是一樣都做出了不正義的行為，前者是警察收黑錢、後者則是縱放人犯，欺瞞長官。

（四）用非常手段整治黑道的阿不拉

阿不拉放棄警職後，將購買槍械蒙面搶劫黑道的過程，觀眾看到的
是他正在彌補公權力做不到的事，只不過他使用的方式是非常的手段。
這個手段與結果在觀眾看來，其實是符合正義的，因為既然無力改變警
察和黑道共治的事實，唯有採取非常手段，才能懲治黑道。阿不拉的
作法在現實生活中很不可思議的，但是此舉足以彌補觀眾對於正義的
渴望。

四、小結

《條子阿不拉》是1999年出品的臺灣電影，敘事情節多少有受到周
人蔘電玩弊案的影響。周人蔘案在1996年4年月爆發，許多司法檢警人
員都涉入收賄醜聞，這個案子還導致警政署長下台。這起震動警界的弊
案，分7次提出的起訴書，共起訴了194人，其中官警部份有38人。因為
被懷疑負責收錢打點的公關警察張某潛逃出境，以致許多案情到最後都
沒有釐清。

導演李崗則在拍完這部電影後說：「臺灣的警察，尤其在中南部，
往往都有很強烈的臺灣民間草莽味，但也延續著日本統治時期的『大
人』身份，所以他們即是法治與正義的代表，也有著傳統『忠孝節義』
的兄弟情誼」。「臺灣是全世界唯一一個無論警察還是流氓都同樣拜關
公的地方」（條子阿不拉，2010）。

第六節　電影再現警察正義形象的反思

電影是虛構的，需要靠想像力解讀，但每個人解讀不見得一樣，這
是Barthes所稱的「作者已死」。

　　許多商業電影中的「社會寫實片」，都會穿插警察的角色在電影故事中，但是電影具有十足的政治性，電影的作用在於它能生產意識形態。臺灣最早的一部警匪片是中影出品的《洪隊長》，描述一名偵查隊長奮勇追緝歹徒，在槍戰中不幸殉職的故事。當時，中影也是以意識形態教化為目的，意在彰顯警察－治安－英雄－犧牲的神話。這部電影有一套35釐米拷貝膠片如今被蒐藏在世界警察博物館，不過沒有人試過，這套膠片是否還能放映。

　　臺灣生產的敘事電影在上世紀90年代之後因為許多原因而致沒落，直到2008年魏德聖導演的低成本電影《海角七號》，獲得超過4億元的票房，臺灣電影才開始甦醒。2009年另一部低成本電影《不能沒有你》，也受到觀眾支持，劇情描述小市民陳情無助到最後跳天橋的故事。當年的內政部長江宜樺，特別撥預算買下放映權，安排在內政部所屬各機關內放映，讓公務員觀看學習。目的在於促使公務員及全體警察在處理人民陳情案件時，能夠秉持同理心、急民所急、苦民所苦，展現為民服務的積極性、主動性與熱誠的態度。

　　一部電影可能得到觀眾的迴響，也可能讓觀者改變認知，本章選擇日片《大搜查線》、港片《無間道I》以及台產電影《條子阿不拉》，用電影研究方法對影片敘事內容及意涵推敲警察正義。主要目的在於讓警察教育可以藉助虛構的電影情節，折射到現實社會可能會出現的情節。這其中有人性正義、利益動機以及警察天職的衝突矛盾。這三部電影都值得推薦給警察教育機關，列為警察學習正義的敘事電影。

　　此外，本研究提出三項研究結論：警察可以藉電影學習正義是什麼；警察也可以透過電影塑造正義形象，綜合而言，電影具有再現警察正義神話的媒體能動性。

一、觀看電影再現學習警察正義

從警察職能角色或者從民眾對於警察的期待來看，警察都應該致力使自己成為社會正義的化身。而當代警察要致力成為社會正義的化身，就需要學習「正義的概念」，進而採取「正義的行動」。

Bandura認為，個體經常透過學習改變行為，而學習發生與否常依個體行為是否改變而定，其產生的機制在於個體能對刺激有所反應；所以，在人與人的互動過程中，任何可以引起個體反應的刺激，都可能引發個體學習的意圖。Bandura強調個體不一定要有直接的學習經驗，也不需要有增強的作用，只要觀察典範者（model）的行為結果，即可獲得學習，並將此訊息保留，只要遇到適當的誘因出現，個體即可表現出所觀察到的行為（Bandura, 1986）。警察從電影學習正義是什麼，是可以嘗試的方法。

為了促使警察從學習正義概念到實踐正義行動，其過程也可能受到警察組織內部控制與外部控制的影響。警察風紀問題、廉潔問題是所有警察組織都無法迴避的困擾，因此一向是警察組織內部控制的重點項目。內部控制是以法律規章約束警察言行，以獎懲制度維繫警察信守廉潔；如果警察能夠一切照章行事，就不容易觸犯風紀問題。但是畢竟規章法律無法窮盡，因此也無法保證內部控制的成效。法律規章的控制，可以說屬於一種「硬性控制」手段。但是警察學習「正義概念」，進而在警察倫理中獲得實踐；讓警察採取自發式的、自願的信守「警察正義」，則是能確保警察廉潔的軟性工程，也是營造「優質警察文化」的途徑之一（汪子錫，2010）。而藉助觀看電影，並且在觀看後進行討論，是警察學習正義的一種好方法。

二、從電影再現塑造警察正義形象

　　港星成龍的「警察故事」系列，劇情都是邪不勝正，替警察們加油打氣，也營造出極受歡迎的警察正面形象。他曾經穿著臺灣霹靂小組警察制服，配備全套裝備亮相，幫臺灣警察代言。2007年時成龍還曾經為美國洛杉磯郡警局擔任招募華裔警員的代言人。穿著一身夏季警察制服的成龍在儀式上，主動提到他曾經在電影中演出臺灣、日本、香港和中國的警察，與警界有著不解之緣（褚盧生，2007）。從成龍的案例來看，一部幫警察打氣的電影，能夠塑造出偶象藝人，也能有助於塑造良好的警察形象。

　　另一個實例是國片《海角七號》風靡全台後，在一場由警察局主辦的「波麗士親一夏，讓你盡情high一下」的青春專案宣導活動中，請到飾演火爆警察的演員幫忙代言。在電影《海角七號》中，劇情一開場不久安排了警察和不服取締未戴安全帽的年輕郵差當街大打出手。在這場警政宣導活動中，演員穿著霹靂小組的服裝現身為反詐騙、反竊盜、反毒品、反飆車、反走私做宣傳。代言藝人對記者說：「他有很多親友都當警察，對警察有份親切感，能當警方正義形象的代言人，他感到很光榮」（洪美秀，2009）。這個案例說明偶象演員可以代言警察的正義形象，協助推動警政行銷與宣導。

三、透過電影再現的警察正義神話

　　比較日本、香港、臺灣不同文化氛圍所產製的電影，場景展露出產地的警政特徵與社會人文風景，電影再現了寫實的警察在地性與在地文化特徵。

　　例如香港的高樓的天台海景、寬大的人行天橋、大型地下停車場，都展現出香港地狹人稠地理特色。日本警察不配槍、辦公室加班的便當與泡麵、派出所主管對高階警官的阿諛奉承，警界學長學弟的階級觀

念、第一線員警不滿組織不正義想辭去警職等，也再現了日本警察的特色。

至於臺灣生產的電影，劇中人物普遍在日常生活對話時，習慣性使用國台語夾雜的自然語、卡拉OK文化、三溫暖、不良少年校園滋事、警察小鋼珠店圍事收保護費、督察室鼓勵舉報貪污不法、大陸女子偷渡女客等，當年的社會事件，都被導演巧妙安排進電影中再現。

這三部以警察為故事主人翁的電影，導演各有不同的企圖，然而一直隱而未宣的還有一條極為重要的主軸，也就是「警察正義」的天然屬性。如今，全世界的警察都被視為正義的化身，這已經成為現代性對於警察角色的集體再現，而在電影中，也驗證了這樣的結構認知。

試想，如果電影中的警察角色「本來就是不正義的」，那麼，電影所有的衝突情節都會消失，沒有了衝突情節，敘事也將無法發展，也成為無法看下去的電影。這個現象顯示了全球在地化的社群主義認知：「警察是正義化身」、「警察應該是正義化身」兩個特性。而這樣的認知，在意識形態論者來看，是神話；在社會學習論者來看，則是警察學習的目標。

參考文獻

一、中文部份

李天鐸、劉現成（2009），《電影製片人與創意管理》，台北：行政院新聞局電影發展處。

汪子錫（2011），〈在意識型態戰場吹響集結號的大陸電影政經分析〉，《展望與探索》第9卷第9期。

汪子錫（2010），〈警察學習正義概念與實踐警察倫理的途徑〉，《執法新知論衡》第6卷第1期，桃園：中央警察大學。

吳珮慈譯（1996），《當代電影分析方法論》，台北：遠流。

洪美秀（2009），〈波麗士15日親——夏反毒演唱會民雄代言〉，《自由時報》第B06Q版，2009年8月11日。

胡耀恆譯（1976），《世界戲劇藝術的欣賞》，台北：志文出版。

郭魯萍（2007），《在台播映的日本偶像劇類型與閱聽人解讀分析》，台北：世新大學傳播研究所博士論文。

褚盧生（2007），〈港星成龍擔任洛杉磯郡警局代言人〉，中央社，2007年3月12日。

廖金鳳（2001），《電影指南》（上冊），台北：遠流。

劉立行，（2009），《國家電影制度：政治、經濟、文化、產業之理論與實務》，台北：正中。

劉俐譯（2002），《電影》，台北：中央圖書出版社。

二、英文部份

Althusser, L. (1996). "Ideology and Ideological State Apparatuses". *New Historicism and Cultural Materalism: A Reader*. Ryan, K. ed. London: Arnold.

Bandura, A. (1977). "Social Learning Theory of Aggression." *Journal of Communication*, 28 (3) .

Bandura, A. (1986). *Social foundations of thought and action: A social cognitive theory*. Englewood Cliffs, NJ: Prentice-hall.

Barthes, R. R. (1977). "The Death of The Author." *Image, Music, Text*. New York: Hill and Wang.

Barthes, R. R. (1972). *Mythologies*. Trans. by Annette Lavers. New York: Hill & Wang.

Chatman, S. (1978). *Story and Discourse: Narrative Structure in Fiction and Film*. Ithaca and London: Cornell University Press.

Hoskins, C., & Mirus, R. (1988). "Reason for the US dominance of the international trade in television programs." *Media, Culture and Society,* 10.

Propp, V. (1995). "Morphology of the folktale." In Boyd-Barrett O. & Newbold, C. (Eds.). *Approaches to Media: A Reader*. London, New York: Arnold.

Straubhaar, J. (1991). "Beyond media imperialism: Asymmetrical interdependence and cultural proximity." *Critical Studies in Mass Communications*, 8 (1).

Wyatt, Justin. (1994). *High Concept: Movie and the Marketing in Hollywood*. Autin: University of Texas Press.

三、網路資料

大搜查線（2010），資料來源：維基百科http://zh.wikipedia.org/zh/%E5%A4%A7%E6%90%9C%E6%9F%A5%E7%B7%9A下載日期：2010年5月12日。

無間道（2010），資料來源：維基百科http://zh.wikipedia.org/zh-tw/%E7%84%A1%E9%96%93%E9%81%93下載日期：2010年5月12日。

條子阿不拉（2010），資料來源：http://abula.kingnet.com.tw/watch.html下載日期：2010年5月12日。

第六章　警政前舞台媒體再現個案分析

第一節　看得到的警政前舞台表演

　　Ervin Goffman在《日常生活中的自我表演》（*The Presentation Of Self In Everyday Life*）中提出日常戲劇（everyday drama）的概念，透過日常戲劇觀演，成為社會平等者間溝通的有力媒介。Goffman認為「自我」是舞台上的演員與舞台下的觀眾之間透過戲劇互動的產物。因此，他將社會結構概念引入符號互動論，將原本的微觀研究，放大視野到社會整體。他提出的戲劇理論（Dramaturgical approach）或稱為社會學演技研究取徑，認為社會是一個舞台，人們使用道具（props）和布景（scenery）創造各種形象的演員（Goffman, 1959）。

　　Goffman的社會舞台說法由美國社會學Peter K. Manning援引，並用來研究美國警察工作，Manning1977年的著作《警察工作：警政的社會組織》（*Police Work: The Social Organization of Policing*）在解釋警察工作時，認為身著制服在街頭巡邏的警察，是現身前舞台（front stage）的表演者，一舉一動都有觀眾在看著；後舞台（back stage）則是被布幕遮住，是觀眾看不到的部份。Manning認為這一部份包括了後勤整備、教育訓練、督察，以及警政不願意被觀眾看到的部份（Manning, 1997/1977）。

　　本章延用Manning警政前舞台的概念，以三則警民街頭對話衝突進行個案研究，分析其中不同角色演出的語言與行動，並分析媒體再現這些表演之後，出現了警政研究不曾發現到的問題。

195

一、研究問題

根據傳統新聞學原理，新聞媒體版面、時段都是有限的，因此，記者與編輯必須依據新聞專業，來篩選具有新聞價值的事件。「衝突」是選擇新聞的常用標準之一，但不見得所有的衝突事件，都具備新聞價值（莊德森、汪子錫，2012）。例如口角、吵架這類對話衝突，其新聞價值就遠遜於打架、傷人。此外，名人參與也是新聞價值標準之一，例如路人甲和路人乙的口角衝突不會成為新聞，但是公眾人物，例如藝人、政府官員、巨商名流與他人口角、吵架，即使微不足道，也可能躍登新聞版面。可以說，媒體記者在選擇衝突新聞素材時，不但要看衝突的規模，也要看是誰和誰發生了衝突，才決定是否具有新聞價值。

但是數位匯流帶出新變化，臺灣電視新聞近年來出現一個現象，就是記者熱衷於流瀏社群媒體Youtube，自一般庶民的對話衝突取材，而且雞零狗碎的事件、議題都會成為新聞。例如消費者與櫃台人員的對話衝突、樓上樓下鄰居互罵的話衝突、情侶翻臉在街頭的對話衝突等。記者將這些雞毛蒜皮的小衝突，當作大新聞來製播，顯示出臺灣電視媒體在新聞事件選材、新聞製作模式上，都出現了轉變。

這個現象蔓延到警察，出現了警民街頭對話衝突，躍上電視新聞的情況。這類新聞播出後，通常事件中的主角警察，會因為損害警譽、警察形象的原因而被檢討懲處，被懲處的員警喊冤或不服時，這類事件就發展為警察機關內部的、外部的警政危機傳播。面對這個情況，國內至今欠缺相關研究，也沒有人提出解釋，這種新型警政危機傳播發生的原因、影響與預防策略。

本研究要釐清兩組問題，第一組問題是從戲劇框架下的媒體呈現（media performance）來看，警察在街頭對話衝突新聞中的語藝行動表現如何？警察的回應策略如何？有哪些問題值得警政管理者加以關注與應變？另一組問題是從警察溝通回應策略來說，在警民街頭對話衝突

的戲劇框架中，警察在語藝能動性（agency）下選擇了什麼樣的語言行動？目的為何？語藝呈現又產生什麼後果？

二、研究途徑

　　學術界研究對話溝通的途徑不少，例如常見的量表測驗即屬其一，著名的ICI人際溝通量表（Interpersonal Communication Inventory；ICI）就是以測驗方式研究溝通與對話技巧的典範，其所獲的結論是透過五個構面來增進正向溝通效果，即傾聽、同理心、理解意義、情緒管理、自我揭露與善於表達（Bienvenu,1971）。也有學者從社會心理學途徑出發，提出以交換理論（exchange theory），來進行增強人際關係，並且藉由互動所獲得的報酬（reward）、代價（cost）互換來增進正向溝通（Thibaut & Kelley, 1986:9-30）等。也有以人際傳播理論作為研究方法，認為要獲得良好的溝通互動，行動者需要有對於語文內涵意義的敏感度，以及理解語文內容的能力（Verderber & Verderber, 2001）。

　　許多關於溝通與對話的研究途徑，所提出的研究結論僅適於一般社交溝通行為，卻不適於警察工作，因為研究警察溝通對話，需要將公權力、執法角色也納入考慮。而這樣的研究，在國內並不多見。

　　以符號互動論（symbolic interactionism）途徑研究警察工作，享譽國際的Peter Manning教授，每隔幾年就到臺灣訪問講學。他早期著作《警察工作》（*Police Work: The Social Organization of Policing*）（Manning, 1997/1977）在臺灣警學研究領域享有盛名。

　　《警察工作》係Manning教授以戲劇社會學（dramaturgical sociology）概念研究美國警察工作的學術專書，戲劇社會學的重心在於社會控制，其研究重點在於符號互動。《警察工作》開宗明義指出，警察工作是「社會舞台上的一場戲劇表演」。警察工作的社會活動本質上是用戲劇框架進行溝通，其中有些溝通是公開的，有些則是私下進行的，其目的則是使社會回到一個穩定的狀態。Manning認為，人際溝通要傳

遞的訊息與採用的方式，都屬於選擇性、持續地社會活動再現（social representations）。

Manning的著作豐富，亦經多位國內專攻警察政策、犯罪治理學者教授引介至臺灣，頗受國內警學界重視。比較近期的著作，例如*The Technology of Policing.*（暫譯：警政科技論）（Manning, 2008），*Democratic Policing in a Changing World.*（暫譯：變動世界中的民主警政）（Manning, 2010）等，都受到重視，也被國內警政或犯罪學研究所列為參考教材。

Manning的警政哲學觀點獨到，在國內極受尊重，也經常被國內論文引用。不過他早期倡用符號互動論研究途徑，來觀察警民溝通的現象在臺灣較少見到相關研究。

第二節　理論與文獻

一、符號互動論

社會學所有的互動論（interactionism）都吸收了Mead（1863-1931）的學術思想，但是許多思想家都是有選擇的借鑒Mead理論，發表自我創見；這就造成了互動理論百家爭鳴的局面（吳曲輝等譯，1992：429）。

德國哲學家Husserl（1859-1938）提出「回到事物本身」，即對意識本質的研究，或描述先驗的、絕對的認識之根本與法則，他稱之為現象學（phenomenology）（Husserl, 1970）。Mead將現象學方法結合美國實用哲學（Pragmatism），發展出一套微觀人類群體生活的社會心理學方法論，也被稱為符號互動論（symbolic interactionism）。

Mead在美國芝加哥大學創辦的社會心理學課程，進行符號互動的理論建構，在他逝世後，社會心理學課程由Blumer接手，後繼者紛紛發

表研究創見，提出許多新創見、新名詞，這些人與理論，也被後來者歸類為芝加哥學派（School of Chicago）。

符號互動論的基本概念，認為人是會創造並使用符號（symbols）的動物，人以外的其它動物則很少或根本沒有這項能力。符號互動降低了人類以動物生理本能互動的模式，也因此探討符號互動，就會涉及人類心靈的部份。符號泛指口語、音調、肢體動作、姿勢、表情、其它符號等。人類使用符號溝通，前提在於符號所代表的意義是被互動雙方所認同的；人類因為使用符號溝通，才使得社會組織得以運作持續以及發展變遷（汪子錫，2014a）。

（一）Mead的主我與客我

Mead描述自我時，提出主我（I）與客我（me）兩個不同階段。主我是指我所認知的自己，客我則是別人眼中的我。客我具有假設他者態度的功能，能夠感知外在環境並且做出協調的部份。客我以辨證方式與主我對話，協助個人創造新的，更有利的溝通環境。個人在互動過程中要有詮釋符號意義的能力，並且透過角色替代（role-taking）來完成，即所謂的換位思考、同理心，這樣人們的行動才能完成社會交流（social transaction）有意義行為。人們在社會靠著互動，不斷修整自我角色、改變自我行為，來適應社會秩序，並因此形成了自我概念和心靈特質（Mead, 1934: 224-229）。

（二）Blumer的互動意義

Blumer對符號互動論的假設是：人們透過互動對於事、物或他人賦予某種意義，並且在這意義上採取行動。個人以經驗原則處理符號，歷經修正才能掌握符號互動過程的意義（Blumer, 1962）。Blumer強調社會互動是不斷變遷與修正的過程，個人在互動過程中對彼此行動的反應，依賴於在定義下所生的意義。例如面對一個「大聲說話」的人，要理解

他「大聲」的意義，需要配合感知到話語內容、語調、肢體動作等，才能判斷意義。如果是負面意義，則大聲話跡近於無禮、粗魯、輕蔑、鄙視、凶狠等；如果是正面意義，則大聲話透露出的是熱誠、坦白、正直、負責。

（三）Goffman的日常生活戲劇框架論

Goffman的符號互動論讓一般人讀起來親切，主要是他的研究始終繞著日常生活，任何讀者都能循著自我的日常生活，去驗證Goffman的論證與觀點。Goffman將社會結構（social structure）概念引入符號互動論，將Mead的微觀研究，放大視野到社會整體。Goffman對此提出的解釋是，雖然Mead強調自我，但是自我並不由行動者所擁有，自我是透過舞台上的演員、舞台下的觀眾互動才能產生。

Goffman的戲劇理論（Dramaturgical approach）或稱為演技取徑，認為社會是一個舞台，日常生活中互動的秩序，是一場刻意的演出，所有的男男女女都是演員。日常戲劇（everyday drama）中的個人，同時扮演觀者與演者兩種角色。在舞台上，人們使用道具（props）、利用布景（scenery），扮演符合自我形象的角色（Smelser，1995）。

戲劇概念下的日常行動，出現了人們在努力遵照社會規範的同時，心理上又想脫離社會規範的現象，這是戲劇理論所稱前台（front）與後台（back）行為交錯的情形（Goffman,1959）。所謂前台，是指觀眾看得見的角色演出和場景，角色在一特定情境內「被」扮演，個人必須在不同情境努力傳達印象（impression），此一印象是與其角色相稱的個人素質，具有一致性，也需要符合觀眾期待。所謂後台，是指人們下了舞台，卸掉演員與身分角色，就會回歸自己，出現與前台不一致的形象。受台前、台後概念的影響，在不同場景下，觀眾對於表演者的期待未必相同，角色的意義不是自己決定，而是由互動的對方來決定。

自我揭露是為了要讓他人對自己留下印象，藉此讓他人對自己建立認同感，也就是印象整飾（impression management）。印象整飾的功能是使別人重視自己，這樣才能影響與左右對方的行為，目的是達成符合秩序的社會控制。

二、語藝學與戲劇五因論

（一）語藝學的戲劇性與表演

"rhetoric" 在很多時候被譯為修辭，但是修辭二字可能會透露「華麗文藻、精飾巧語」之意，但這卻不是 "rhetoric" 的本意，因此國內學者林靜伶取「語言藝術」之意，將 'rhetoric' 譯為語藝（林靜伶，1993：69）。

根據Kennedy（1980）研究歸納，語藝發展有三個脈絡，即技巧的脈絡（technical strand）、詭辯的脈絡（sophistic strand）、哲學的脈絡（philosophical strand）。語藝在哲學辯證與知識創造的學術範疇中，包含了技巧、詭辯與哲學成份，語藝的多重屬性，使其可以被當作溝通說服的技能，也可以被當作研究的方法途徑。

語言具有表演（perform）性質，這個概念在古典語藝學早已出現，例如亞里斯多德的藝術論證三要素：ethos,（以倫理為主訴求的論證）、pathos,（以感傷情緒為主訴求的論證）、logos（以因果邏輯為主訴求的論證）即已說明「語言是可以事先安排演出的」。藝術三論證認為，要用語言說服別人，必須將感性地、理性地、訴諸道德觀念地三種言詞組合，並適當的表演出來。

在Foss等人所著《當代語藝觀點》（*Contemporary Perspectives on Rhetoric*）一書中，開宗明義指出，語藝是人類展演的行動（Rhetoric as an action Humans Perform）。人們以行為、語文符號向他人表演，達到與他人溝通的目的（Foss, Foss & Trap, 1991）。

（二）Burke的戲劇五因論

Burke（1897-1993）對語藝學的貢獻與影響，在整個20世紀，少有人能出其右。Burke自許為與文字為伍的人（a word-man），一生著作甚豐。從1945年起陸續發表《動機的文法》、《動機的語藝》、《宗教的語藝》三本書，被稱作是研究人類語言背後動機的三部曲，也是了解柏克戲劇理論的重要文獻。

在《動機的文法》（*A Grammar of Motives*）書中，柏克將語言分成語法、語藝、詩學三個面向，提出了他廣為人知的戲劇理論，並將戲劇五因（pentad）作為分析人類語言行為動機的方法。《動機的語藝》（*The Rhetoric of Motives*），書中探討語藝的傳統原則，並揭露人們使用說服的策略，而他認為語藝最重要的辭彙就是認同（identification）。

Burke提出研究行動者語藝論述的方法，是以戲劇觀點（dramatism）作為理論基礎。戲劇觀點是分析的方法、對應於戲劇術語的批評方法，以及分析語言和思維的技術。換一種方式來說，「戲劇觀點」是援引戲劇表演的概念和方式，用來分析行動者語藝內容的方法，以此來探知行動者展演人生戲劇的思維脈絡。也因此，Burke認為，基本上語言（加上動機）主要是一種行動模式，次要才是傳遞訊息（Burke, 1966:54）。

Burke認為，為了尋求個人在世界的定位，行動者必須發展具有主體性的語藝策略，以迎對外在情境構成的生活舞台。「行動者運用語藝應對情境的表現，就是戲劇展演；行動者詮釋外在情境的語藝論述即為演員在戲劇表演當中顯現的語言和行動」。人類行為具有兩種深存於語言的面向，一種是理解情境的認知面（cognitive side），另一種是個人對於情境運作的行動面（active side）。語言認知面在於定義情境的語法，運作面在於利用語言實現情境的語藝（Gusfield, 1989:13）。

對於Burke而言，人生就是戲（life is drama），戲劇形式其實就是行動者人生的真實存在。為了讓戲劇產生意義，行動者必須有秩序的佈置

經驗（place experience in order）。Foss等人整理Burke的語藝概念與詮釋，建構以Burke觀念為核心的戲劇五因論（pentad）（林靜伶，2000：65；Foss, Foss & Trap, 1991）。五因是指：

1. 場景（scene）：語言行動發生的場地、情境、背景、原因。

2. 行動者（agent）：參與戲劇角色的語言行動人物。

3. 行動（act）：行動者具有意識的語言符號行為。

4. 能動（agency）：行動者採取語言行動的手段、工具、技巧與方法。

5. 目的（purpose）：語言行動者自覺的目標或意圖。

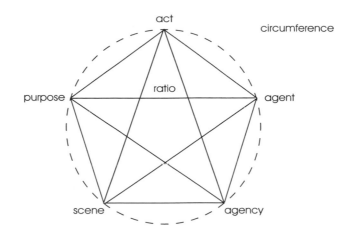

圖1：Burke戲劇五因分析圖示

資料來源：Foss, Foss & Trap（1991）

　　戲劇五因原則上並不是單獨存在與作用著，從圖1來看，任意選取一個「因」，皆可與其它一個或二個「因」相互繫屬。

　　舉例來說，如果以目的為表演或為研究起點，用二元繫屬，出現了目的－場景、目的－行動、目的－行動者、目的－能動等4種取徑。用三元繫屬，則出現目的－場景－行動、目的－場景－能動、目的－

場景－行動者等3種取徑。用四元繫屬，則出現了目的－場景－行動－
能動、目的－場景－行動－行動者等2種取徑。當然，五因全部加以
來，即目的－場景－行動－能動－行動者，亦也無妨。這樣，任何一個
「因」的五因分析都有4＋3＋2＋1＝10種途徑，五個「因」就有50種可
運用的途徑，完全視表演者或研究者的需要而決定。Burke戲劇五因論，
提供了一種足以形成立體化語言環境的舞台空間，或者是研究途徑。

　　至於五因之間的比例（ratio），則是指五因被使用的份量。舉例來
說，做為以說服為目的語言行動，若是場景氣氛有利，能動性不利，那
麼，語言行動就增加場景召喚的運用比例，採行較少比例的能動選擇。
比例的分配直接影響語言行動決策，所涉及到環境考量的因素，包括可
控制的、後果影響的、選擇決定的、產出行動的因子。當人們考慮在五
因之間選擇哪種比例來做精湛的演出時，應該要衡量的是比例關係，而
不是頻率（Cohen, 1998）。

　　五因提供了語言表演、語言分析的框架（framework），這個概念用
在語言分析與評論時，可以描繪行動者面對的外在情境框架，和行動者
運用的內在語藝框架；而行動者的整體表現，就是語藝呈現。

　　Burke的戲劇五因論和Goffman的戲劇框架，將人與人的溝通對話、
符號互動，都放在戲劇的框架內解釋。因為Burke的五因觀點、Goffman
的符號互動觀點，都認為人是會使用符號的動物、人生就是戲，對話
溝通具有表演的性質。前述的這些觀念，都出現在Manning的《警察工
作》一書中。

三、Manning符號互動論的警察溝通研究

（一）Manning的研究途徑

　　Manning在《警察工作》中提及的警察工作，主要場景都發生在都
會（urban），例如都市中的社區、街道、商店、民宅內外等。警察任

務的重心是巡邏、處理犯罪案件、維持秩序、排解民眾糾紛等，類似我國的派出所警察業務。他採用民族誌法（Ethnography）觀察美國城市警察日常生活，並以符號互動及語藝學理論來解釋他的觀察所得。為了更清楚Manning受Burke, Goffman理論影響，將相關學者生平年代列表如下：

表1：與Manning《警察工作》研究有關的符號互動論、語藝學者生平簡介

學者	年代	簡介
Edmund Husserl	1859-1938	德國哲學家、現象學之父，有人認為其學說影響了Mead創建符號互動論。
George H. Mead	1863-1931	在美國芝加哥大學創辦的社會心理學課程，被尊為社會學符號互動論的創建者。
Kenneth Burke	1897-1993	被譽為20世紀最偉大的語藝學者（rhetoric,或譯修辭學），影響了Goffman的劇場理論。
Hebert Blumer	1900-1987	Mead逝世後接手芝大社會心理學課程，擴大符號互動論的學術影響，與Burke約同一時期。
Erving Goffman	1922-1982	符號互動論後期最重要的代表學者，將微觀的符號互動論加入會結構概念，成為鉅視的社會學方法。
Peter K. Manning	1940-	以符號互動、劇場理論研究警察工作的先驅與代表學者，對臺灣警政研究有很大影響。

本研究製表

　　比對出生年代，當1960年Manning在大學讀書20歲的時候，Burke已經63歲，早以哲學、語藝修辭學享譽國際；Goffman年近40歲，且剛於1959年發表他第一本，也是最著名的著作 *The Presentation of Self in Everyday Life*。而Manning的第一本著作《警察工作》在1977年發表時，受到當時學術領袖Burke, Goffman的影響，也是理所當然。

（二）Manning對警察工作的描繪

　　以下關於Manning對警察工作的描繪敘述，係整理自Manning的著作：警察工作、警政科技論、變動世界中的民主警政；以及他2012年、

2014年在警察大學的演講。

Manning對於都會警察工作，提出關鍵的、至為重要的論斷是：

> 警察工作經常使用的武器是對話（說話、talk），而不是槍械、
> 法律。

這句話的背景，包含了民主警政、社區警政、警民關係等警政哲學的思維在內。Manning認為，警察的武器與法律權力都很重要，但是警察與民眾的溝通更為重要。

Manning用工廠生產作比喻，他認為警察工作的產品與再製品，都是信任（trust），要讓民眾信任警察，警察的工作才能繼續運作。雖然法律和武器很重要，但是備而不用，只有在溝通無效時，才會拿出來。如果警察動輒搬出法律、武器，很容易與民眾發生衝突。為了與民眾溝通，警察要十分看重"Emotion"。"Emotion"是「情」，警察日常工作，要讓民眾感受到警察展現出帶有「情」的關懷，這種「情」可能是急民所急、苦民所苦的「情」；也有些類似臺灣社會經常聽到的「揪甘心ㄟ」，帶有體貼、同理心的意思。

在解釋前述觀點時，他加入民主警政（democratical policing）的思考。他認為，在很長一段時間裡，警政思維係以「處理與犯罪有關的業務」作為警察工作的重心，因此，警察專業強調的是公權力、依法治理，但是為了追求更好的、民主的警政制度，顯然傳統警政思維面臨考驗。犯罪預防與犯罪偵查確實很重要，但是與民眾溝通為重要。好的警察工作績效在於與民眾的互動溝通，民主社會的警察工作需要不斷的溝通。

Manning提出證據來支持他的看法，調查研究顯示，派出所接獲的報案與犯罪刑案有關的不到20％，近80％都是在處理民眾糾紛。而且不只美國，在日本也有類似情況。

　　換句話說，要說「警察工作就是打擊犯罪」，可能只是刻板印象。更多的時候，警察處理的報案，是有人抱怨隔壁鄰居打小孩、店家深夜不打烊太過喧鬧、計程車司機與乘客吵架、有人亂停車擋到無障礙通道、小狗走失等等。在這樣的前提下，Manning認為，警察工作需要與社會真實契合，找出對應方法，才有可能符合民主的、好的警察政策。

　　什麼是好警察？Manning給的答案是：警察政策通常是冷冰冰的勤務標準規範，只能造出動作標準一致化的警察，警察政策沒有能力造就好警察，好警察需要靠個人「良知」來實現。但是「良知」太抽象，無法寫入警察政策，若是能再更進一步加以說明，就是「好好溝通」。

　　Manning藉由Rawls正義論，來說明好警察是什麼樣的人。他舉例說，當警察受理民眾陳告案件時，妥善溝通力求實現一個公平的、程序正當的處理結果，就是達到了警察工作所欲追求的正義，就是好警察。此一正義是否實現，不由警察決定，而是由親身接觸的民眾感覺來決定，有時透過傳播媒體報導評論決定。

　　Manning把符號互動論、劇場理論用於描繪美國警察工作，他認為街頭巡邏就是在前舞台的表演，警車、警察身上的裝備都是道具；警察與民眾對話、處理事件的動作則是演出。至於後勤、訓練、督察等業務，都在後舞台進行。

　　戲劇框架的警察印象整飾，可以舉個例子來說明：警察受理報案，判斷屬於不易偵破的小竊案時，警察不會實話實說：「這案件很難破，你報案也沒用」。反而警察會在報案人面前，進行採指紋、拍照、測距、記錄等犯罪現場蒐證；警察透過這些表演，力求符合民眾的角色認知，盡力滿足民眾的期待。

　　戲劇演出有情感成份，警察何時釋放或不釋放情感，要看場景而定。Manning建議對於受家暴、遭性侵案的被害人，不宜帶感情，以免再次傷害被害人，就算警察釋放感情，也於事無補；這類案件向被害人問案時，只問發生了什麼事就好。至於走失愛犬、獨居老人被詐騙這類

案件，警察則可適度釋出感情，向被害人表達關切說：「您現在先寬寬心，不要太難過，警察會幫你解決的」。

Manning對於警察工作的這類建議，十分獨到，也都是其依照民族誌法研究美國警察工作所得到的結論。

以下嘗試循著Manning符號互動論、戲劇框架研究途徑，針對三則發生在臺灣街頭的警民對話衝突案例，進行研究分析。

第三節　警民街頭對話衝突影音再現案例分析

研究樣本係從近年電視新聞錄影存檔，選出警民衝突新聞37筆（筆者自2004年開始自行錄存警察電視新聞，至2014年月約有1000則），再比對Youtube影音社群媒體，選出適合研究目的影音再現案例。選取的標準是：

（一）事件影音記錄第一手來源是民眾反蒐證警察，並上傳Youtube（包括後來刪除者）。

（二）事件影音內容後來被製成電視新聞播出。

（三）事件的性質是警民街頭對話衝突。

（四）事件開始時皆與警察執法無關，都是「路過」。

（五）事件衝突對話可清楚譯成文字。

在Youtube網頁搜尋時，輸入關鍵字「臺灣警察」四個字，顯示在此標題下，約有153,000筆影音（2014年7月1日造訪）。再點擊「篩選器」的「觀看次數」排列，過濾出與前述37筆電視新聞有關的有2則，另選出曾經上傳Youtube但造訪時已遭刪除的電視新聞存檔1則，分別是：

（一）電視標題「人民保母出包：騎機車撞傷女學生，反嗆路怎麼走的」。

（二）Youtube標題「臺灣警察違規被質問而惱羞成怒」（http://www.youtube.com/watch?v=c1EQNfiWXss）

（三）Youtube標題「馬路上千萬不可以叭警察，否則會很慘行車紀錄器」（http://www.youtube.com/watch?v=G34aBQOUlm8）

案例的影音檔案先經過譯文整理，再依序進行個案研究，主題分別是：

（一）員警機車撞女學生，與老師街頭對話衝突案例

（二）員警未繫安全帶，與民眾街頭對話衝突案例

（三）員警警騎機車被叭，與駕駛街頭對話衝突案例

一、機車擦撞後與老師街頭對話衝突案例

案例摘要：記者取材自社群媒體Youtube製作成電視新聞，在新聞播出之後，網路影音資料被主動撤除。這起警民街頭對話衝突，起因於警察騎機車路過，與同方向行走的國中學生隊伍太靠近，警車不慎擦撞到一名國中女生，學生手腕輕傷並無大礙，但卻爆發了帶隊老師與警察的街頭對話衝突。媒體再現的影音擷圖可參考圖2。

圖2：翻攝自三立新聞台

（一）戲劇框架描繪

1. 舞台場景：戶外、街道、日景。

2. 行動者：警察、老師、學生若干人。

3. 語言行動：從三立新聞錄下的語言對話有三段，被插斷對話的是記者加入的評論，警民街頭衝突對話內容如下。

（1）第一段

一名頭戴安全帽的制服員警手指向一中年男子（帶隊老師）。

警：你講話不要這樣，你不是處理的人。

師：（手指抹劃臉部）口水不要噴在我臉上。

警：是你口水不要噴在我身上。

師：ㄟ，你這個警察很硬喔。

警：你也很硬啊⋯

（2）第二段

師：我的學生帶出來，被你撞到，我沒資格問？

警：我們有不處理嗎？我們有逃逸嗎？

（3）第三段

現場有一名男學生，向員警對話，鏡頭對著員警拍攝。

生：走路走到一半就被你撞到啦，她背後又沒有長眼睛。對啊，沒錯。她都已經走到這邊了，你怎麼可能沒有看到她？

警：我有看到她，我剎車不及啊⋯ㄟ⋯你什麼人？

（警察走向鏡頭，可能是要阻擋拍攝）。

（二）語藝決策分析

案例中員警要做的語藝決策有兩項：自己的能動性（agency）是什麼？語言目的（purpose）是什麼？案例場景是日間街道公開場地，也是

行人往來足以造成眾人圍觀的場景。警察遇到老師「興師問罪」詰問，但詰問的原因，是因為員警機車不慎擦撞到女學生。

員警在戲劇框架採取的語言手段或技巧，可以選擇的有反駁對方、澄清解釋、保持沉默；也可以在行動上採取照護遭擦撞的女學生；甚至也可以召喚救護車前來；當然也可以阻止老師，並說「你再罵下去，要告你公然侮辱」。

員警要選擇的決策依據是「自我角色是什麼」？「後果是什麼」？

一般人與情緒激動的詰問人互動，對方雙方沒好話，但是員警並不是一般人。警察角色有公權力色彩，但也臺灣社會人權意識識高漲，人民、民意代表、媒體，都在監督警察有無濫用權力。

在本案中，員警可能決定以「澄清事實」作為語言目的，因此才有針鋒相對的演出。但是員警的決定可能失當，因為針鋒相對的後果，是遭媒體批評員警態度不佳，員警成為負面新聞的主角，也讓警察失了面子。

自我角色的認知需要符合民眾期待，那就要以形象整飾為手段，同時進行以形象整飾為目的的表演。形象整飾的召喚有兩條路徑，一是來自警察督察系統的要求，例如警政署訂頒的「警察機關加強受（處）理各類案件工作實施要點」、「警察機關強化勤務紀律實施要點」中都可以找到關於勤務紀律的規定，基本要求就是警察執勤時要做到「愛民便民」、「態度和藹」。

一是自我期勉，也就是Manning所說的個人「良知」。從良知出發，員警會做出的反應，應該是對女學生傷勢的專注與關懷，對怒氣沖沖的老師視而不見、聽而不聞才對。

（三）語藝呈現評論

在Manning的研究文獻中，提到警察經常會採取反射動作（reflection action）處理所面對的情況，例如評估可能遭攻擊時，警察會拔槍；在

攔下車輛時，警察會對駕駛說：「證件」，在本案呈現了類似的反射動作。

老師對員警說：「你口水不要噴到我臉上」，這是隱含了輕蔑意味，具有攻擊性的言辭。情緒受到刺激的員警立刻對老師回話：「是你口水不要噴到我臉上」，這也是反射動作。警察用「主我」演出，缺少對「客我」的召喚，員警這種反射動作欠缺同理心。欠缺同理心，就會直接形成了刺激（Stimulus）－反應（Response）的模式，但是這樣並不恰當。比較好的方式，是在刺激（S）－反應（R）中間加緩衝（Buffer），以刺激（S）－緩衝（B）－反應（R）模式因應，而緩衝在戲劇框架中的作用，就是思考演出合於角色印象整飾的台詞與行動。

二、未繫安全帶被蒐證與民眾對話衝突案例

案例摘要：本案係騎機車民眾，在停等紅燈時，看到也在一旁停等紅燈的警車內，坐著未繫安全帶的員警。民眾用手機開始對著員警拍攝時，被員警查覺，而下車盤問，引爆了警民街頭對話衝突。

這段1分55秒的影音記錄上傳到Youtube後，被TVBS記者翻攝製成新聞播出，並且另行製作一條向主管求證的後續追蹤新聞。在第2條後續報導中，主管查證確認員警有疏失，並道歉。換言之，一件警民街頭對話衝突事件，被製成2則負面新聞。

本案還有一個值得注意的現象，是民眾第一次上傳Youtube的日期是2010年5月22日，觀看次數記錄是208,797次（2014年8月10日造訪）。但是同樣內容被變更為其它標題，在2013年1月26日，另從不同IP再傳上YouTube，觀看次數記錄是29,918次（2014年8月10日造訪）多次上傳，顯示有人企圖增加這則警察負面影音的媒體露出。媒體再現的影音擷圖可參考圖3。

圖3：翻攝自TVBS新聞台

（一）戲劇框架描繪

1. 舞台場景：戶外、街道、夜景。

2. 行動者：警察、機車騎士。

3. 語言行動：從TVBS新聞錄下的語言對話有四小段，中斷對話的是記者加入評論。但對照Youtube的原始影音，還有一段前題對話被剪掉。

還原影音被剪掉的部份：

場景是夜間，路燈下可見制服警員坐在車內副駕駛座，車窗未關上。因為手機拍攝時搖晃，因此最初畫面員警面貌並未顯現，只能聽到聲音。

民：（國語）你為什麼沒繫安全帶？

警（坐在車內）：蛤？

民：為什麼沒繫安全帶？（頓）兩個都沒有？

警：（坐在車內）蛤？

民：（閩南語）你為什麼沒繫安全帶？

電視新聞播出播出的警民街頭衝突對話，內容如下。

（1）第一段

警（坐在車內）：那你現在就是要找碴是嗎？

民：我不是要找碴，麻煩請你解釋一下。

警：好，好，你閃一邊、閃一邊。

（因民眾站在車門旁，擋住了員警打開車門）

（2）第二段

畫面是警察胸部以下身影、道路上、路燈下的警民對話。

警：剛處理完事情，剛上車。

民：這是理由嗎？

警：好啦，沒關係啦！

（3）第三段

畫面是警察手持告發單本，繞行看民眾的機車。

民：**你不用看我車牌，現在你是要找我麻煩就對了**。

警：我找你麻煩要幹什麼啦？

　　隨便你啦，隨便你啦。

　　我總可以查一下吧！

民：要查什麼？

警：看有沒有違禁品啊，要查什麼⋯

（4）第四段

民：你現在可以解釋了吧！

警：我為什麼要跟你⋯

　　你是什麼人？我要跟你解釋。

民：我是什麼人？

警：你去檢舉我嘛，你去檢舉我嘛！

（二）語藝決策分析

　　員警要做的語藝決策有兩項：自己的能動（agency）是什麼？語言目的（purpose）是什麼？

　　案例中員警查覺一旁有機車騎士舉起手機正在對著自己拍攝，民眾的第一句話是：「你為什麼沒繫安全帶？」畫面中，員警或許沒有聽清楚民眾說什麼，但卻意會到民眾正在做什麼，因此，員警才會說了兩次「蛤」？來爭取時間，思考下一步的反應策略。

　　員警下車後，在開口與民眾對話前，他在戲劇框架要採取什麼語言手段？他可以選擇認錯：「拍謝，沒記得，剛上車正要繫上」，「謝謝提醒」；他也可以選擇不認錯：「你有看到嗎？我剛好正在繫」。

　　但是員警選擇了另一種手段，就是「開闢新的對話衝突戰場」，員警完全不針對繫安全帶與否做說明，而是下車要盤查騎士。警察做了最糟的選擇，以「主我」的角色，試圖拿出法律的手段，正面地、反射動作地，欲以公權力手段回擊民眾「挑釁」。

　　在影音記錄中，拍攝人始終沒有露臉，但聲音清晰可聞。拍攝人相當沉得住氣讓員警盤查他的機車（盤查結果一無所獲），然後，心平氣和繼續追問：「你現在可以解釋了吧！」（指員警為何未繫安全帶）。這句話，點爆了員警情緒，不耐且不屑的語氣回應：「你去檢舉我嘛，你去檢舉我嘛！」

（三）語藝呈現評論

　　警察街頭取締違規開單時，扮演的是依法行政的執法者角色，當他在街頭出現時，即使不執行取締任務，他仍然被期許為「依法行政的執法者」，因此，任何時候員警不能也不應該「知法犯法」。

　　語藝公關對於危機傳播的應對策略，提出「認錯」是避免危機繼續發展的好策略之一，「認錯」也可以減少損害。

如果不想認錯，就要另謀策略。有幾個想像的發展劇情與表演，可能是：

1. 員警不下車，但立即繫好安全帶，並同時說：「不好意思，多謝提醒」。

2. 員警下車後說：「不好意思，多謝提醒」。如果要多說一句話，建議是：「馬上改正，你看還要如何處理比較好」？

如果民眾說：「那你自己給自己開一張罰單」，員警也只能說：「好，就這樣」，角色由互動的雙方來決定。

如果員警不想認錯，就要接受後果，其後果就是被電視新聞追蹤報導，損害警譽也損及自己的尊嚴。如果想要預防這種不正常的戲劇上演，那麼，員警就要具有「街頭就是劇場，到處都有監視器」的想像力，在街頭的一言一行都要更加謹慎。

三、警用機車被叭後與駕駛街頭對話衝突案例

案例摘要：本案肇始於行駛中的汽車，對車前的警用機車按「叭」，機車雖已讓開，但稍後汽車進入停等紅燈時，被「叭」的員警再騎機車停在汽車前，指示要進行盤查，因此爆發警民街頭對話衝突。

本案最初的民眾行車記錄器錄警民對話衝突過程，被剪成1分36秒、2分11秒、3分01秒、5分10秒等4個不同版本，存在社群媒體Youtube供人點閱。其中2分11秒的版本，觀看次數記錄是576,975次（2014年8月1日造訪）；事件也躍登主流媒體，電視、報紙新聞都批評員警作法不當。媒體再現的影音擷圖可參考圖4（民視新聞台的新聞擷圖）以及圖5（民眾反蒐證上傳社群媒體的擷圖）。

圖4：翻攝自民視新聞台

圖5：翻攝自社群媒體Youtube

（一）戲劇框架描繪

1. 舞台場景：戶外、街景、日景。

2. 行動者：警察、汽車駕駛。

3. 語言行動：從Youtube的2分11秒，摘錄重要對話內容如下。

（1）第一段

車輛在街道前行（由行車記錄器鏡頭外看），前方略右側有

兩輛警用機車同向前行,有一台警用機車跨到接近雙向道中線,汽車駕駛「叭」、「叭」兩短聲,警用機車向左閃讓,離開畫面。

汽車停等紅燈(佔紅綠燈前第一輛位置),約40秒後,一台警用機車從左側出現汽車前,橫向遮住汽車約30%車頭。

員警(跨騎機車上),伸出右臂,手指向司機揮動,示意靠邊停車。

民:什麼事情?

警:(音量微,聽不清楚)

民:什麼事情?你剛才差點亂切,你後面的同事,他差點撞到我的車。我沒開快車,我有行車記錄器,我開40。

（2）第二段

警用機車停放好在路邊,員警走向汽車。

警:證件有帶嗎?

民:請問你現在要用什麼理由攔我下來?

警:沒有,我只是想要盤查你身分一下。

民:好啊,可以啊,請你來這邊。

警:請你靠邊可以嗎?

民:可以啊。(以下略)

（二）語藝決策分析

員警採取了與Manning建議相反的作法,引爆一場警民衝突。Manning的建議是「溝通比拿出法律對付民眾更能解決問題」,顯然員警沒有領悟這個忠告。

從原本被「叭」不爽,到硬是要對眾進行盤檢,這個衝突案例,對警察形象衝擊不小,也出現前所未見的警察危機傳播。

案例中的民眾,在事後將被攔查的行車記錄器影音,命名為「馬路

上警察最大最威，千萬別像我不懂事按喇叭」po網，竟然在一天內超過10萬人點閱，引起主流媒體注意。在蘋果日報、民視新聞披露，並對員警作法有所批評後，員警及其派出所所長，也被迫出面澄清「攔查原因是懷疑車輛改裝」。

但是這又引來民眾再反擊，連續製作ppt.簡報po網，還引用警察職權行使法、大法官535號憲法解釋，聲稱要與警察以及社會大眾理性討論「警察執法的動機與態度」。這件警民街頭衝突案件所引發的警察危機傳播，從2013年3月開始，幾乎沒完沒了。

在這個案例中，警民之間關鍵的一段對話是：

民眾問：請問你現在要用什麼理由攔我下來？

員警答：沒有，我只是想要盤查你身分一下。

這段對話就在員警說「沒有」時，員警就輸了。因為，依據法律，警察沒有「沒有」這個理由可以盤查人民。雖然員警事後補充攔查理由為「懷疑車輛改裝」，那就要看人們是否願意相信這種說法了。

在本案中，員警的語藝決策有兩項：自己的能動（agency）是什麼？語言目的（purpose）是什麼？

員警的能動性包括依法攔查，但員警攔查後的劇情發展要先想好，如果想到可能演不下去時，最好放棄選擇攔查行動。

又如果，員警攔查的目的是要舉發違規，那也要想清楚，必須在第一時間向民眾說明攔查理由，這一類的劇本台詞包括：「我懷疑你違規改裝車輛」、「我懷疑你吸毒後駕駛」等。但是這也要基於可舉出理由的懷疑，如果舉不出理由而攔查，語言行動就會欠缺邏輯，戲演不下去，而無端製造警民衝突。

（三）語藝呈現評論

古典語藝理論中的代表人物Quintilian有一句名言：好的言說者必須是好人。由此推論出一個好的溝通者一定是好人，一個好警察也應該是

好的溝通者（汪子錫，2014b）。

　　語藝學者認為，好的言說者必須具備創作（invention）言說的能力，此一能力是指運用三種說服要素來組合言說內容。第一是使言說內容具邏輯性（logos），以此來顯示言說者的才智；第二是以符合倫理的人格與聲望（ethos）內容，來建立可信度（credibility）；第三是採用感情煽動（pathos）的言說內容，以此來向聽者展現誠意（good will）（林靜伶，1993）。以現代人的標準來看，兼有人格與聲望、可信度、展現誠意這三種特質的人，是普遍意義下的好人；警察的溝通與對話，如果也能展現這三種特質，不但能有效溝通，也可視為具備了Manning所稱「好警察」的「良知」了。

　　警民在街頭發生對話衝突的語藝呈現，在今天很可能會因為傳統媒體與社群媒體的交互運作，發展成為對警察形象不利的危機傳播。尤其警察從監視者轉變為「同時也是被監視者」的角色，讓警民溝通的戲劇框架可大可小，讓觀眾可多可少，人生劇場舞台，也從實境，躍入虛擬與實境交錯的局面。

第四節　案例分析與討論

　　從前述案例分析中，本研究提出三個課題加以討論，即警政危機傳播新型式、民主警政的警察角色再思考，以及警政管理的行動對策。

一、警政危機傳播新型式的討論

　　透過本研究可以得到一個印象，僅就個案警民街頭對話衝突而言，還不足以成為危機事件，但是加上民眾反蒐證、利用社群媒體公布內容、媒體報導評論，經過多個影音再現連續發展下去，事件就會點爆危機傳播（crisis communication）。影音媒體再現（representation）警民街頭

對話衝突事件，對警察形象不利，也有礙警民關係，這是警政危機傳播的新型式。

新型式的警政危機傳播，發生的極為突然，不易預防。經常起因於民眾隨手拍下警民對話衝突，然後上傳到社群媒體。原本民眾這種行為的用意，不外乎是想要炫耀第一手資料，要給警察難堪；或者是想要訴諸網路公評，給自己一個公道。但是臺灣新聞媒體採訪作業已經悄悄轉變，循著網路、社群媒體搜尋新聞題材，成為當前記者的每日工作。當記者發現到有畫面、有衝突、有警察的素材時，只要稍微加工，就能製作出一則低成本的新聞；如此一來，網路社群媒體、傳統主流媒體交織再現的局面，使危機傳播更為擴大。

數位匯流的今天，警察面臨到更多科技風險的挑戰。比起1977年Goffman發表《警察工作》時，是一個大不相同的社會。如果說Mead的符號互動論是微觀的社會學，而Goffman的符號互動論是鉅視的社會學，那麼數位匯流時代，則是媒體再現的社會學。從微觀到鉅視、從當事人到社群討論，一件原本發生在人與人之間的符號互動與溝通，那怕是極為雞毛蒜皮的小事，都可能會在某個時刻，透過媒體再現，進而演變成危機傳播。

二、民主警政的警察角色比例再思考

臺灣警察一直被社會期待，既要菩薩心腸，又要霹靂手段，在角色隨時都可能變換時，如果不能掌握角色的概念，往往不容易圓滿達成任務。

第一線執勤員警在街頭執法，對於偶然發生的小磨擦，似乎沒有妥善的應對方式，遇到這類事件的警察想要為自己申辯，但卻又不善應付，在進退失據下，稍有不慎，就會成為負面新聞的主角。當事人再新聞播出後，要被警察內部檢討，這些對員警不利的發展，都肇因於員警未能掌握警察角色叢比例已然改變。

角色叢（role complex）是指一個人在他人眼中擁有的全部角色，例如，一個人是父母的兒女、是老師的學生、是孩子的家長等等。在他人眼光中，一名警察的角色叢可能包括下屬、長官、民眾的保母、正義的化身；又或者是子女、家長、朋友、公務員等，要看他面對什麼人，跟著轉換他的自我需要。如果不能把握這個原則，就出現角色衝突（role conflict），進而可能違反社會期待。

透過角色比例適當的選擇，在不同的場景，選出合乎比例的角色，演出並發揮這個角色被期待的言行舉止，才是「表演」的真義。

例如，一名國中女學生，向擔任警察的父親陳述被同班男同學霸凌，這名警察趕赴學校為女兒討公道，無可厚非。但此時他應該從角色叢中選出家長角色溝通，但是這名警察卻選擇了以「警察」角色與男同學對話，不但這個戲演砸了，還引發不少後遺症。在實例中，這名警察無可卸責被男學生家長投訴議員，「濫用權力」的爭議還上了電視新聞。

警察在街頭執法時，既要強制、追捕現行犯，還要面對酒醉者、遊民、問路者各種形形色色的民眾，基本上情緒一直處於不同程度的戒備狀態，以便順應情境扮演不同的角色。對警察工作而言，這種調適情緒與角色轉變的能力，根本上是一種嚴格的考驗。藉助語藝學與符號互動論所提示的展演、舞台概念，是一個值得嘗試與開發的教育策略，可以讓警察預先設想比較妥適的對話溝通策略。

三、警政管理的行動對策

Goffman在寫日常生活的自我表演時，用"Presentation"來指涉表演；Burke以及其他語藝學者，用"Perform"來指涉表演。Presentation或Perform並沒有虛假偽造隱瞞的意思，不是臺灣媒體負面評價常用的「作戲」二字。在Burke的語藝和Goffman的符號互動論中，表演指涉的是「態度與行動的選擇」，警察學習戲劇框架、符號互動、語藝表演，就

是在學習「態度與行動的選擇」。

　　電視播出的時段是有限的，警民街頭對話衝突從原本不被注意，到如今轉變為媒體熱衷報導，這種轉變值得加以注意，尤其對警政管理者而言，更應關注這類危機傳播新型式，並謀求預防之道。

　　警民街頭對話衝突，讓事件中的警察成為新聞主角，這對警察當事人可能是無預警的麻煩事，因為警察過去很少遭遇到這種狀況。又因為毫無心理準備或者預期，以致於警察忽略了回應民眾的方式與態度，在不自覺被反蒐證後，警察通常都是被批評較多的一方。

　　為了契合現實社會的需要，建議警政管理者需要提出行動對策，增加更多的戲劇訓練、語藝表演訓練。這個行動建議是要進一步分解，並去除警察自我建立的、不合時宜、且稍顯封閉的自我認知。

第五節　結論：警察權力來源、角色的媒體再現

　　21世紀進入Web2.0時代，微觀的符號互動溝通行為，已然變成鉅觀的社會空間公眾溝通事件。原本觀眾在劇場內才能看到的表演，因為數位匯流的工具性功能，被放大成全社會共同觀賞。在大環境的改變下，警民溝通原本只是微觀的符號互動，但是如今角色在互動中不但要「被」對方賦予意義，還要被全社會賦予意義，也要接受警察是否符合角色期待的公共檢驗。

　　這個現象可以歸納說明，在全民狗仔時代，警察過去擁有的許多執法優勢，例如監聽或者監視民眾的能力，已不專屬於警察；民眾現在已經具備反監視警察言行的優勢。當警察言行不謹，或者被民眾出於「仇警」心態，以模稜兩可、曖昧的言詞文字來爆料警察時，其所形成的傳播通路，是包括全面性、多元性的網路個人媒體、公民媒體、大眾傳播媒體。其對警察形象和警譽的傷害程度也會更加鉅大。

　　警民對話的劇場空間被可供複製、可供儲存、可供傳遞的社群媒體、電視媒體擴大演出。警察工作是社會大舞台的一場戲劇表演，所謂的表演，不是虛偽假裝掩飾，而是指從一個人的角色叢中，選擇最適合當下情境的角色，其重點在「選擇」而不是「造假做作」。

　　增加警察表演知能的必要性，來自警察權力來源的改變。

　　在以往，警察權力被強調是來自政府與法律授權，但21世紀的警政新專業認為，警察對社區治安負起責任，警察權力的來源植基於社區民眾的認可，這種認可需要透過持續與常年溝通後的支持（Stone & Travis, 2011）。這種支持，也就是Manning所說的，警察必須生產出「信任」這項產品。

　　警察來自人民，警察並非居於人民之上的階級，警察更不是威權的統治者。因此，雖然警察因為握有公權力可以強制作為，但更被認為應該先注意自己的言行，並且妥善運用權力、以忍讓態度維護民眾權利為優先選擇，才符合民主警政對警察角色的期待。

　　民主社會的新聞媒體監督政治權力已是常態，執法的警察因為擁有權力而被媒體注意，在新聞市場化發展的情勢下，警察因為角色特殊而被媒體注意。警察因為擁有不同於一般人的權力、角色，因此在媒體發達的臺灣社會被注意、被報導。數位匯流的影音媒體再現造成警察面臨日常生活瑣碎的糾紛與麻煩事，仍然有很多機會可以事前預防與避免。透過案例分析，足以讓警察學習教訓，避開街頭不良溝通導致的危機風險。

參考文獻

一、中文部份

汪子錫（2014a），《警察人際溝通與對話》，台北：臺灣警察專科學校。

汪子錫（2014b），〈作一個好警察：警察溝通與對話能力通識教育探討〉，《警察通識叢刊》第2期，台北：臺灣警察專科學校。

林靜伶（1993），〈民主自由與語藝生存空間〉，《傳播文化》創刊號，台北：輔仁大學大眾傳播研究所出版。

林靜伶（2000），《語藝批評：理論與實踐》，台北：五南。

吳曲輝等譯（1992），《社會學理論結構》，台北：桂冠。

莊德森、汪子錫（2012），〈公共關係與媒體處理〉，《警察政策與管理概論》，桃園：中央警察大學推廣教育訓練中心出版。

陳光中、秦文力、周愫嫻譯（1991），《社會學》，台北：桂冠。原著Neil J. Smelser。

二、英文部份

Bienvenu, M. J. Sr. (1971). "An Interpersonal Communication Inventory" *Journal of Communication* Volume 21, Issue4.

Blumer, H. (1962). *Symbolic Interactionism: Perspective and Method*. Englewood Cliffs, NJ: Prentice-Hall.

Burke, K. (1966). *Language As Symbolic Action: Essays on Life, Literature, and Method*.CA: University of California Press.

Cohen, J. R. (1998). *Communication Criticism: Developing Your Critical Powers*. CA: Sage.

Foss, S. K., Foss, K. A. & Trap, R. (1991). *Contemporary Perspectives on Rhetoric*. I. L. : Waveland Press.

Goffman, E. (1959). *The Presentation of Self In Everyday Life*. New York, Carden: Doubleday & Company.

Gusfeild, J. R. (1989). Introduction. In J. R. Gusfield, J. R. (Ed.), *Kenneth Burke: On Symbols and Society*. Chicago: The University of Chicago Press.

Husserl, E. (1970) *The Crisis of European Sciences and Trascendental Phenomenology: An Introduction to Phenomenological Philosophy*. translated by Carr, D. Northwestern University Press.

Kennedy, G. A. (1980), *Classical Rhetoric and Its Christian and Secular Tradition from Ancient to Modern Times*. Chapel Hill: The University of North Carolina Press.

Manning, P. K. (1977/1997) .*Police Work: The Social Organization of Policing*. Cambridge Mass.: MIT Press.

Manning, P. K. (2008) *The Technology of Policing: Crime Mapping, Information Technology and the Rationality of Crime Control*. NYU Press.

Manning, P. K. (2010) *Democratic Policing in a Changing World*. Boulder, CO: Paradigm Publishers.

Mead, George Herbert. 1934. "The Self, the I, and the Me," in Charles Lemert. Eds. *Social Theory*. Westview Press.

Smelser, N. J. (1995). *Sociology* (4th ed.). Englewood Cliffs, NJ: Prentice-Hall.

Stone, C. & Travis, J. (2011). "Toward a New Professionalism in Policing" in Harvard Kennedy School. Retrieved Jan. 1, 2014, from: Harvard's website: http://www.hks.harvard.edu/criminaljustice/executive_sessions/policing.htm.

Thibaut, J. W. & Kelley, H. H. (1986). *The Social Psychology of Groups*, 2nd ed. N. J.: Transaction Books.

Verderber, R. F., & Verderber, K. S. (2001). *Inter-Act: Using International Communication Skills*. 9th ed. Belmont. CA: Wadsworth.

第七章 警政後舞台媒體再現個案分析

第一節 看不到的警政後舞台活動

Peter K. Manning在《警察工作：警政的社會組織》解釋警察工作後舞台（back stage）時指出，警察整備、訓練、督察等這些不太容易被人看到的互動，都在後舞台進行（Manning, 1997/1977）。

後舞台除了不容易被觀眾看到，有些也是表演者不願意被觀眾看到的部份，但是有些觀眾對於後舞台有好奇心，有時會意外窺視到後舞台。後舞台沒有聚光燈，想要看清楚，需要有人在後舞台引導參觀。如今透過個人化媒體，例如YouTube、臉書出現個別案例，引導觀眾看到警政後舞台的活動。本章要探討的是民意代表不當關說，警察內部在後舞台上演的溝通過程，由於媒體適時發揮了關鍵的作用，協助警察維持了民主警政的尊嚴。

一、文官中立原則難以杜絕不當關說

民主警政的主要角色是警察和人民，但是媒體、民意代表加入之後，扮起代表民意與凝聚民意的角色。在媒體再現的結構下出現的是集合警政、人民、媒體、民代四方角力競逐的關係。在大多數的時候，警政呈現的是比較弱勢的一方，這在本書第二章討論臺灣社會力變遷時，已有闡明（汪子錫，2012a：121-142）。

　　文官行政中立的原則，是對於政府機關中的公務人員（事務官）於推動各項政策及行政活動的過程中，應保持中立立場。並且遵循三原則，即「依法行政原則」：依據法律相關規定，忠實執行各項政策。「人民至上原則」：以全民福祉及國家利益為依歸，摒除偏私推動福國利民的行政活動。「專業倫理原則」：秉持專業技能及道德良知，處理各項行政問題。但是由於民意代表、利益團體、上司等不當操縱，使得不當的關說文化，一直難以杜絕（汪子錫，2014：217-238）。

　　媒體以社會公器之姿監督警政是否濫權違法，民意代表則以法律職權對警政進行質詢與監督。法律賦予民意代表質詢各級警政首長的機會，伴生而至的就是民代對於警政機關私下的請託關說。有些請託關說見不得光，彼此只能在後舞台進行。

　　關說和關心的界線很模糊，也是警察工作最為模糊的一片領域，雖有作業準則，但是多數時候並不管用，當不當關說來臨時，雖然對警察構成極大困擾，但也只能依據情況，各憑本事、自求多福。臺灣警政在現實條件下，出現長期累積成警察屈從民代的次文化，這個不正常的現象，雖然早已成為社會認知，但卻找不出良策來改變此一陋習。

　　發生在高雄的議員關說抽罰單案，該案係市議員林○利用民代身分，向高雄市○大隊秘書陳○等人關說或施壓，要求將違規相片進行銷毀或藏匿。總計林○協助民眾抽單142件，有具體證據38件。該案經法院審理結果，市議員與聽命關說的多位官警，都被判決有罪（汪子錫，2012b：56-61）。

　　依刑法第131條以及貪汙治罪條例第6條，圖利罪的構成是指公務員對主管或監督事項；甚至是非主管或監督事項，只要明知違背法令，卻直接、間接利用職權機會或身分圖自己或其他私人圖利私人，因此獲得利益，就涉圖利罪。換句話說，圖利不一定是自己拿到好處，圖他人不法利益也算圖利罪，最高可處7年有期徒刑。

　　類似案件一再重演，看得出來警察並沒有擬妥對策。另一方面，由

於關說過程很隱晦，關說的語言更充滿隱喻、轉喻、暗示的掩蔽，而且被問到有無關說時，警方、民代雙方都會完全否認，因此也缺乏民代不當關說警政的學術研究。缺少相關研究，就沒有案例教訓以及理論可供學習，這種情況有害於實踐民主警政。

二、對抗不當關說的媒體行動與能動性

　　長期以來，警察在涉及本身的新件或者危機傳播（crisis communication）爭議時，一般都會想要透過公共關係運作，運用電視、報紙媒體進行危機溝通與澄清。但是記者往往會斷章取義警察發言，以致媒體傳播的是不完整訊息或者扭曲的報導，以致於無助於澄清，有時反而加重危機擴散與漫延。這使得警政想要運用傳統媒體來設法杜絕不當關說，顯得有些不易。然而在社群媒體普遍化應用後，警察可以掌握媒體能動性，出現了突破此種窘況的機會（汪子錫，2009）。

　　在Web2.0時代，每個人都可掌握媒體能動性，運用臉書（Facebook）、部落格（weblog）、推特（Twitter）或者影音平台YouTube與社會大眾溝通。這種溝通在以往只能透過傳統媒體才得以進行，如果媒體記者不願意為警察發佈自我澄清的新聞，警察也無可奈何（汪子錫，2013）。但是社群媒體普遍運用後，警政順勢搖身一變成為大眾播傳的發訊者及媒介管理者，在結構－行動的模型中，作為行動者，警政擁有前所未見的能動性（agency）（汪子錫，2006：29-60）。這個能動性的鉅大變化其實沒有定論，仍然有待發現，因此，世界警察首長協會（IACP）也建議警察機關不必為社群媒體設限，而是要嘗試摸索其潛在的能力，以期發現更多有助於執法的運用策略（IACP,2010）。

　　本章延用Manning警政後舞台的概念，以民意代表不當關說施壓導致衝突的三則案例，進行情境分析。分析焦點放在案例中的壓力承受者，如何採取媒體行動，運用社群媒體低調向外求援，而抵擋住不當關說，爭取與維護警察工作尊嚴。本章研究顯示了影音匯流的媒體

再現，在特定條件下會形成社群正義，並且足以改變傳統僵化的結構陋習。

第二節　理論與文獻探討

一、危機溝通

英文的 "crisis communication" 可譯為危機溝通，也可以譯為危機傳播。在危機管理研究從系統論的管理學走向更微觀的危機傳播功能時，出現一個說法，「在危機溝通的對象中，新聞傳播界已經佔據了核心地位」（Williams, & Olaniran,1998: 387-400）。所以危機傳播或危機溝通往往被視為性質相同、功能相同的管理作為。

危機管理研究定義危機各有觀點，像是Ray認為，危機的發生是組織與其外在環境不完美相處的系列產物（Ray,1999）。以Turner的觀點而言，危機就是一系列錯誤假設、傳播失敗、文化差距再加上「過度樂觀」所產生的後果。而其中的傳播失敗（failure in communication），成為最主要的因素，他將危機的發生解釋為沒有先見之明（failures in foresight）（Turner,1976: 378-397）。如果組織文化是封閉的，則危機溝通很難期待成效，因為危機溝通的範圍，通常都超出當事人彼此的溝通，而是透過媒體進行的社會溝通。

Coombs以傳播學為基礎（communication-based）作整合，提出危機傳播架構，他在《動態的危機傳播》一書中，將危機管理視為一個「動態的危機傳播過程」（a process of ongoing crisis communication），將危機傳播視為危機管理過程中最重要的角色。Coombs認為：沒有一個組織可以對危機免疫，也沒有任何一個決策者可以對危機抱著僥倖的心態；相對的，組織若能在危機中迅速反應、與各利益關係人（stakeholders）

達成良好溝通，或許可以樹立善盡社會責任的好印象，把危機化為轉機，讓組織蓬勃再生（Coombs, 1999）。

以往警政關於危機的學術研究，多數是放在重大治安危機、天災人禍、緊急救難等（汪子錫，2007）。這些研究關心的是「警察如何處理他人危機」，對於「警察如何處理自身危機」的研究，一直很少見到。

二、民代請託關說

關說和關心的界線很模糊，也是警察公關危機中，最為模糊的一片領域，不但遭遇到的當事人選擇避談，學術研究也侷限於禁止或拒絕關說的立法層面而已。即便有法規定義，實務上要讓大多數人一致明確判別為關說行為，也非易事。這是警政例行常見的、不易處理的外力威脅，一旦處理不當，必然有損民主警政的實踐。

公職人員利益衝突迴避法定義「請託關說」指「其內容涉及機關業務具體事項之決定或執行，且因該事項之決定或執行致有不當影響特定權利義務之虞者」。

公務員廉政倫理規範定義「請託關說」指「其內容涉及本機關（構）或所屬機關（構）業務具體事項之決定、執行或不執行，且因該事項之決定、執行或不執行致有違法或不當而影響特定權利義務之虞」。

行政院及所屬機關機構請託關說登錄查察作業要點定義「請託關說」指「不循法定程序，為本人或他人對前點之規範對象提出請求，且該請求有違反法令、營業規章或契約之虞者」。

雖然有以上三種定義，但是在實際個案認定中，仍然屢有爭議。尤其警察經常面臨民意代表以「服務選民」為由的關說，更是認定不易。因為民代關說行為，可以被說成是關心選民的「服務」，而非違法關說。這在基隆市長脅迫關說警察縱放酒駕案中，就展現的極為明顯（汪子錫，2014：237-238）。

在該案中，基隆市長卸責的說法是他只是關心，不是關說。在監察委員調查該案之後，二度提出對市長的彈劾案，但合議制兩次表決都沒通過，就是因為有監委接受市長的說法，認定市長只是關心而非關說，才會投票反對彈劾。

以往各級官長對拒絕關說所作的提示，大致不脫要警察展現剛正不阿、不畏權勢的勇氣與魄力，鼓勵警察「檢舉並且拒絕關說」。但這些提示過於理想化，現實世界很難完全照章辦理。

例如某法官曾給員警打氣說：「若有官員、民代向官警關說、施壓，官警應勇於說『不』，切勿以身試法」。其實，這只是理想的說詞而已，警察很難做到。

有某縣長說：「警察接獲關說就報告上級，公布關說人姓名」。其實，這是說給新聞媒體聽的，也不太可能辦得到。

有某局長說：「接獲關說就向公關室通報，會同處理，而且依廉政倫理辦理」。看起來，這位局長勇於任事，但有勇無謀依舊不可行。

各種有關於杜絕關說文化的提示，很多都像是掛在天邊的彩虹，好看好聽但不好用。社群媒體能動性使一些個案出現了改變，杜絕民代不當關說出現了契機。

第三節　個案分析研究方法與樣本

一、情境分析法

（一）情境分析法的意涵

本研究採用情境分析法（scenario analysis），立意選擇三個顯著案例為樣本，探討個別的案例發展，在結論部份則綜合三則案例的共通點，

提出研究發現、歸納解釋與建議。

　　從不同的學術領域出發，對於情境分析方法的釋義，就有不盡相同的關注要點，不過共同之處就是要有一個故事（story）或者情節（plot），才能建構出可供討論分析的情境。也因此，情境分析法也被稱之為情境故事分析法。

　　Scenario所代表的「情境」，含有「狀況不確定變化」之意，但也可譯為電影腳本（screenplay）、劇情概要（outlines of a play）。

　　關於各家對於情境分析法的解釋定義，還包括Schoemaker & Vander Heijden認為，情境說明了某一可能事件的發生，以及其前因後果；情境分析的目的不只是預測及預言，而是去探索未來可能出現之各種情境，其焦點應在充分顯現過程中的不確定性以及各種因子（Schoemaker & Heijden, 1992: 41-47）。Postma認為，當情境分析方法顯示出可以預測未來可能的變化，以提前因應與準備，並且突顯出具關鍵影響的不確定性，那麼便有助於及早預備在真實社會現象中的因應之道（Postma, 2005: 161-173）。Schwartz認為，情境是明確明日的方向和找出不同方向的適合行動的方法，情境規劃在了解演變趨向後，做出適當的決策（Schwartz, 1991）。

　　假若能夠運用方法釐清事件中不確定性的關鍵，並且因應外界變化，對於規劃未來具有一定的助益。因此，情境分析法常被工業界用來研究設計未來的產品，商界也經常用來分析未來市場的不確定性，以便規劃相對應的組織改造決策。對警察來說，將情境分析法用在警察危機溝通研究，從已發生的情境故事找出其中的不確定性，並預測未來在類似情境下可能存在的不確定因子，對警察擘劃危機公關作業，能提供適當的幫助，將此一研究方法用來分析警察危機溝通，也具備適用性。

（二）情境分析法的運用

　　Campball對情境分析提出見解，認為情境故事法有太多的用法，定義相當模糊。但他認為情境故事法具有兩個核心特性：第一，它是

依照時間順序描寫一個過程、一些動作及事件；第二，它以敘事型式（narrative）描述有形的活動。以敘述（narrative）的手法描寫過程、動作、事件的片段作有形的描述（Campbell, 1992: 6-8）。故事的順序很重要，因為前一個行動，會影響下一個行動的決策與能動性的發揮。

非營利組織美國史丹福國際研究院（Stanford Research Institute, SRI）發展出SRI情境分析法，運用該分析法是以「不確定軸」（axes of uncertainty）定位情境故事的中心，並且找出關鍵決策因素（key decision factors）、外在影響因素（External Forces/ Drivers）來確定未來情境，並解釋情境意涵（scenario implication），以便探求出未來不同的情境下，可能的機會與危機（吳顯東，2005）。

本研究設計以及運用情境分析方法，首先建立情境故事，焦點的不確定軸是警察面臨突發事件的危機溝通。它可能是面臨來自民意代表的關說（關心），並伴隨可能的口頭威嚇、脅迫，以及警察上級與下屬之間的互動。不確定軸對面臨危機公關的員警而言，在於選擇妥協與不妥協、抗拒或順應的決策難題。在分析順序上則包括：

1. 描述不確定因素
2. 分析情境動態變化與當事人能動性
3. 描述外部環境因素的行動分析
4. 評估並找出可以改變不確定性的關鍵因素

二、樣本選擇以及情境故事概要

本研究選取三則國內發生的警察危機溝通實際案例進行研究，這三則案例個自獨立，分別發生在2009至2012年之間。選擇這三件案例作為樣本，是基於三個理由，第一，這三則案例都被新聞媒體大量報導而成為社會矚目案件；第二，危機溝通過程中都是因為社群媒體率先披露，而解除情境故事中的不確定性；第三，事件落幕時，警察危機溝通都具有成效，足以澄清事實，並且顧及警察執法尊嚴。因此，頗具研究價值。

確定樣本後，重建情境故事的依據是蒐集報紙、電視的報導，以及社群媒體上出現當事人的說法等內容資料。資料檢索的途徑包括使用新聞知識庫網頁（http://nplnews.ly.gov.tw/index.jsp）、Youtube網頁（http://www.youtube.com）以及Google網頁（https://www.google.com.tw）。

由於研究的焦點放在情境故事重建，因此不強調事件發生日期，不過發生次序和期間差距則清楚交待。研究的重點是社群媒體在危機溝通時的作用，而不是個別的當事人，因此，在情境故事中只敘述當事人身份背景、彼此層級關係，而不公開當事人姓名。

這三則案例，分別以A案、B案、C案稱之。三案的突發事件、簡要危機溝通過程、危機落幕的程期概要說明如下：

（一）A案情境故事概要

突發事件始於宜蘭縣議員林〇明酒後前往派出所關說酒駕，過程中議員辱罵並出手推擠員警，經在場人士勸止才平息。

受辱員警於次日向地檢署告發議員涉及侮辱公務人員罪，但此事並未公開。2個月後Youtube影音社群網站出現事件影音短片。隨後報紙、電視媒體以Youtube影片為題，加入新聞追蹤，事件開始受到各界重視與關注。

經檢察官起訴後，法院審理判決林〇明妨害公務執行罪處拘役50日，侮辱公務員罪處拘役30日，應執行拘役70日。

判決後2個月，舉行縣議員換屆改選，林〇明落選，終止議員連任。報紙評論其落選原因，認為與前述不當關說及辱警有關。

警察公關危機從開始到落幕，歷時8個月27天。

（二）B案情境故事概要

突發事件始於雲林縣議員林〇寶在連鎖咖啡店內不顧店員勸阻，公然當眾吸菸。又不服獲報趕來的員警取締，議員對員警施以暴力推擠及

恐嚇斥罵。過程中，議員出手揮向女警，導致女警臉部撞上玻璃門框，倒地流血。

店內有其他民眾目睹並用手機拍下，隨即上傳Youtube社群網站，另外還將影片寄給報紙媒體爆料。

在報紙批露本案後，電視新聞跟進擴大採訪報導，並從Youtube下載影片，當作新聞畫面，由於連續密集報導，本案成為社會矚目重大案件。其間議員曾拜託媒體記者：「是我不對，不要再播那支帶子了，放過我吧」！

由於議員在證據畫面中醜態畢露，妨礙公務罪行明顯，由檢察官依剪報分案調查並起訴。縣議員最終遭法院判刑及褫奪公權定讞，被解除縣議員職務。警察公關危機從開始到落幕，歷時8個月14天。

（三）C案情境故事概要

突發事件始於新竹縣議員林○順向錢姓員警關說酒駕違規肇事傷人案，過程中酒駕男突然揮拳擊倒員警，經壓制後帶回派出所訊問，並移送法辦。

事後傳出民代關說員警不成，轉而施壓警察局，長官要求員警向議員道歉（或認識），但遭警員拒絕。

警員情緒壓力難以平復，於是在社群網站個人臉書（facebook）發文，寫出自身遭遇及委屈，立刻引起網民注意及聲援。

報紙引述臉書內容批露本案，電視媒體隨即加入報導。媒體報導與社群媒體討論區，都抨擊警界高層欺壓基層員警，成為社會矚目重大案件。最終因內政部長接受立法院記者採訪，公開表示「只要員警依法行政，有任何問題，內政部會幫他挺著」從而排除危機溝通中的不確定因素。在警政署長親自赴轄區慰問員警後，本案暫告落幕。警察公關危機從開始到暫時落幕，歷時15天。

第四節　警察危機溝通與媒體行動的情境分析

一、A案情境故事與分析

（一）情境故事

次序1：突發事件

宜蘭縣議員林○明關說民眾酒駕，至派出所興師問罪。議員帶著酒意狂罵並拉扯張姓員警，經在場警官及同仁勸阻後平息。第二天張員休假，赴地檢署告發議員涉及妨礙公務及侮辱公務員等罪。此案由於新聞媒體沒有報導，事件僅有警察、議員才知道。

次序2：社群媒體批露本案

2個月後，YouTube網站上出現一篇名為「酒醉的宜蘭縣議員關說酒駕更甚毆打員警」的40秒影音，內容是林○明酒後辱罵員警的影像，但非原版，而是以手機、錄影功能相機或攝影機側錄電腦播放的影帶。po網者署名「linchinmin」，接近縣議員林○明的英文諧音，可能是匿名者運用的假名。

Youtube上的40秒影片，影像部份是議員在警所內邊走邊罵，身邊有好幾位警官伴隨相勸。聲音部份，議員爆粗口「×你娘」、「×你娘××」可確定辨識的至少出現了7句，議員還動手拉扯警員。員警並未還手、也沒有回嘴。

次序3：報紙、電視媒體跟進報導

YouTube網站影片出現後3天，多家宜蘭地方版報紙新聞刊載，「Youtube影音社群網站出現議員咆哮警所飆髒話的影音短片，全長40秒，短短數日有超過3千人次點閱。張姓員警否認上傳影片」。此事被媒體公開後，開始引起各界注意、報導形成輿論。

次序4：媒體批露後的議員表態

報紙與電視新聞揭露後，議員立即透過新聞媒體為粗口行為道歉。議員聲稱整起事件與酒駕關說無關，平常與警察的互動都很好。他說，酒後才會以三字經作為口頭禪，那天酒喝多了。他並且已經在事發第二天就向員警道歉，不過，他仍然強調，他前往派出所是去「關心」而不是「關說」。

次序5：議員的反制行動

林〇明要警局調查蒐證影帶為何外流。警局表示同意進行調查。

次序6：檢察官起訴議員

告發後5個月，檢察官以林〇明觸犯侮辱公務員罪、公然侮辱罪、對執行職務公務員施以強暴等罪，他犯意各別，行為互殊，向法院建議以簡易判決處刑，分論併罰。

次序7：法院判決危機落幕

法院經2個月審理，判決林〇明妨害公務執行罪，處拘役50日；侮辱公務員罪處拘役30日，應執行拘役70日，可易科罰金。

次序8：後續事件

判決後2個月，無黨籍縣議員林〇明競選連任，以高票落選。記者分析認為，「林〇明酒後到警局了解民眾酒駕，還跟員警發生言語拉扯衝突，可能是高票落選的因素之一」。

（二）情境分析

本案的危機源頭是民代，結束危機的是選民。

本案在媒體報導介入之前，主要危機溝通角色是內圈三者，即被暴力施壓（斥罵）的警員（也是向法院告發者）、警察長官（協調者或）、民代（施壓者及可能的日後報復者）。外部環境的影響因素最先是一則以假名在社群媒體披露議員醜態，接著是大眾媒體跟進報導，在媒體公開報導形成輿論後，議員出面道歉，使警員在危機溝通互動中，居於較有利位置。等到法院判決議員有罪，選民跑票使議員無法連任，危機真正結束。B案的情境故事示意，可參考圖1。

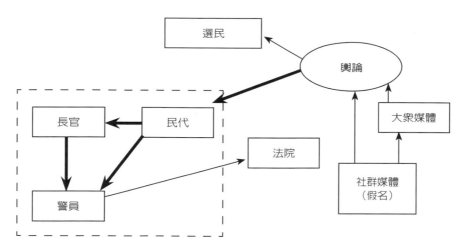

圖1：A案情境分析示意圖

以被施壓的員警為中心人物的不確定因素及其它分析如下：

1. 不確定因素分析：

（1）議員的行為是關心或關說？有沒有人能確定？

（2）警員堅持對議員提出告發，是否會被長官排擠？同仁是否支持？

（3）提告後法院判決如何？告發到最終能否實現正義？

（4）影片po上Youtube能否產生輿論效果？

（5）以假名po網的是誰？需要認真追究嗎？

2. 情境動態變化與當事人能動性分析：

（1）事件發生後，如果議員道歉有誠意、能被接受，警員可能不用堅持告發。但因為是公訴罪，告發後也無法撤銷。

（2）議員指摘警方違法流出蒐證影片，意圖橫生枝節，迫使警員軟化。

（3）長官為避免被因違反偵查不公開被懲處，認真調查並懲處。

3. 外部環境的媒體傳播行動分析：

（1）一則以假名po網的40秒蒐證影片率先將案件公諸於世，引爆話題。

（2）原本按兵不動的地方記者，紛紛跟進報導。

（3）形成輿論之後，使議員備感壓力，公開為言行道歉。

4. 外部環境的法院、人民的行動分析

（1）法院判決議員有罪，還給受辱警員公道。

（2）選民跑票不支持，給言行不當的議員一個教訓。

5. 改變不確定性的關鍵因素

　　社群媒體的輿論作用是主標關鍵，解除危機溝通中許多不確定性。法院判決議員有罪以及議員落選，更鞏固了警察危機溝通的成效。

（三）分析歸納

學者指出危機溝通者可以選擇合作、對抗、逃避、讓步、妥協等五種協商策略（Plowan,1997）。本案的警員在危機溝通時，一開始就選擇對抗策略，以司法告發行動對抗議員以及官僚體系，期待還給受辱的自己一個公道。

在危機溝通的內圈角色中，警員堅持自己信念與行動的正確性。但是如果想要繼續警察工作，這個選擇在危機初期來看，仍然存在著風險。由於無法預測法院審判結果，如果法院判無罪，會更加深民代的重力反擊，長官也可能會側目或排擠。因此連地方版資深記者都認為「警員告發議員」是極為罕見的行動。這也隱喻了議員欺壓警員，警員就該低頭妥協的不恰當陋習存在已久。如果不改正，警察執法不可能保持尊嚴，依法行政的公權力也必然被踐踏，對民主是有害的。

事實上也的確有此可能，因為在過程中，長官從未明確表示對於議員侮辱員警的看法，也未表明對員警告發議員的立場。換言之，長官在危機溝通中大部份是採取靜觀其變的被動態度。

本案在社群媒體影音再現議員辱警，改變了不確定因素，在輿論公評的傳播行動後，議員承認言行不當，而且向被辱罵的警員道歉。但如果本案仍然只是在圈內進行危機溝通，可能不會出現更有利於警員的結果。

危機溝通在圈內人失效之後，只能借諸媒體再現與輿論的作用，本案出現了員警捍衛尊嚴的媒體能動性，從圈內轉向圈外進行社會溝通，使警察居於後來繼續溝通時的有利位置。

二、B案情境故事與分析

（一）情境故事

次序1：突發事件與即時爆料

深夜時分，有人目擊雲林縣議員林○寶在咖啡連鎖店，酒後在店內抽菸，店員制止時，被反嗆要讓店關門。前往處理的女警，被推了一把，撞到店門右臉頰受傷。在場消費者看不下去，用手機拍下議員猖狂行徑，除了將26秒影片上傳YouTube社群網站，標題為「雲林縣最搖擺ㄉ議員」。也將影片資料寄給報社爆料專線。

次序2：媒體批露影音證據

事發第2天，日報刊登民眾爆料新聞，引發民眾及電視媒體注意。從社群網站Youtube可以看到2則影音記錄，一個是店內監視器拍攝交給媒體的，另一個是在咖啡店消費的大學生拍的。前一部影片可看到議員與2名女性在咖啡店座位上聊天，而當議員邊聊邊點香菸後，遭店員制止未果。隨後有一男一女制服警員出現在畫面，議員起身推打員警，將警察從咖啡店內推到門邊。林出手揮向女警，女警下巴撞上玻璃門鐵框，當場流血倒地。第2部影片可以看到女警被扶起後，議員還嗆女警「妳可以去驗傷啊！快去驗啊！雲林縣最囂張的議員就是我、不把妳調到台西我跟妳姓」等語。

次序3：電視新聞擴大報導

電視記者追蹤後續新聞，議員辯稱：女警一來就叫他不能抽菸，他回答「我吃菸，甘願被罰不可以嗎」？後來他推女警一下，女警就摀嘴請求線上警力支援，他氣憤要她去驗傷，他強調是女警一直「盧」他。

但是電視記者從Youtube下載的影片以及咖啡店提供的側錄影音，推翻議員所言。

次序4：議員醜態迅速傳播，網民群起攻之

電視媒體追蹤後續新聞，新聞畫面反覆引用Youtube影片，清楚可見議員由酒女餵食蛋糕、抽菸、叫囂及推打員警的醜態。由於社群網站Youtube還可清楚見到女警被揮倒撞門受傷的實況，引爆了網民的高度憤怒，群起而攻之。林某臉書瞬間被網友嘘到爆，批評聲浪一波接一波。

次序5：檢察官指揮警方移送，議員請託媒體「不要再報了」。

事發後3天檢察官指揮偵辦，警方依妨礙公務及恐嚇等罪嫌函送議員。

同日，議員對電視媒體記者說：「是我不對，不要再播那支帶子了，放過我吧」！

次序6：媒體質疑警局包庇議員

事發後6天，中視新聞獨家報導，質疑警局高層對外聲稱受傷的女警「休假中表明不願追究」，是賣交情給議員已涉嫌包庇。並爆料指移送議員，其實是由檢察官下令後警局才配合辦理的，警政高層並沒有主動移送，但是警局完全否認媒體前述質疑。

次序7：檢察官調查議員與受傷女警

事發第10天，雲林地檢署傳訊議員與受傷女警，議員出庭時態度溫和，強調與警察只是認知上的誤會導致肢體上有些碰觸；女警則強調並不認識議員，執勤時沒有故意刁難議員。主任檢察官表示本案為社會矚目案件，已調查完畢，近日就會偵結。

次序9：檢察官提請公訴求處重刑

事發第16天，檢察官將縣議員以妨害公務罪起訴，求處1年半徒刑。檢察官認為，林不聽警員善意勸勿在室內抽菸，還出手傷警，無視於法律存在，傷害國家公權力，因而求處重刑。

次序10：議員透過縣府施壓警察

媒體報導「有縣府高層施壓，要求警方追查員警洩密，不當提供錄影畫面給新聞媒體」。縣警局發現電視新聞媒體播出有關林○寶當天在咖啡店內的畫面，確實與警方取得的搜證畫面雷同，但無人承認洩密，也未處分任何員警。

次序11：議員態度軟化

議員邀約部分媒體受訪公開道歉。基層員警為因公受傷的員警抱屈說，林○寶在案發20天後才公開道歉，已感覺不出認錯誠意，有人還認為他的舉動只是希望讓法官從輕發落。

次序12：一審宣判有罪

事發3個月，法院一審宣判，判決書以林某法律系畢業，卻毫無法治觀念，不足為民表率；且以職務調動脅迫員警，欠缺對縣府行政權的尊重，已不適任議員，因此依妨害公務判刑一年、緩刑三年，但特別褫奪公權三年，並得繳公庫十萬元。此外還要在四大報頭版擇一刊登四分之一版對兩位員警的道歉啟事。

林○寶表示要上訴。

次序13：議員遭女記者圍剿

一審宣判後，林○寶在議會總質詢時辯解，依舊指責女警態度不好，才導致後來的誤會與肢體碰觸。但是議員發言結束後，幾乎被女記者包圍群起圍剿。

次序14：全案定讞議員解職

事發8個月，台南高分院駁回林〇寶上訴，全案定讞。依地方制度法第79條第1項第7款規定，從判刑確定之日起，林〇寶被解除縣議員職務。林某涉妨害公務罪部分被判1年、褫奪公權3年。附帶在判決確定3個月內，必須在四大報頭版擇一刊登啟事向2名員警道歉，且於半年內繳交公庫10萬元罰鍰，才給予緩刑。

（二）情境分析

本案的危機源頭是民代，結束危機的是法院判決。

突發事件後，由於目擊者隨即將手機拍攝內容上傳到社群媒體YouTube，並且寄給報社，因此也快速被公諸於社會大眾公評。危機溝通一開始就不只是內圈三者：2名警員、警察長官、民代。在媒體即時介入報導，並且一面倒抨擊民代，整個危機溝通行動都在媒體關注下進行，許多不確定因素也迅速被排除。輿論效果催化了檢察官迅速採取偵辦行動。最終經法院二審定讞，議員因為被判有罪並褫奪公權而喪失議員身份，危機至此結束。B案的情境故事示意，可參考圖2。

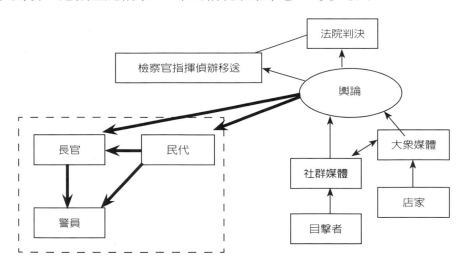

圖2：B案情境分析示意圖

本案不確定因素及其它分析如下：

1. 不確定因素分析：

（1）如果警員無人受傷，支持警察的輿論還會如此強大嗎？

（2）如果沒有目擊民眾拍下現場實況上傳影片，而且向蘋果爆料？

（3）受傷女警是否應主張就受傷害部份提出告訴？

（4）如果電視與報紙新聞都不重視此一事件，或議員運作關係壓新聞成功，危機發展會如何？

（5）過程中高層有沒有接受關說，意圖包庇議員。為何媒體會質疑？

（6）如果檢察官不主動指揮警方移送，警方的危機溝通策略是抗拒？或者順從妥協？

2. 情境動態變化與當事人能動性分析：

（1）議員試圖運作媒體報導走向，但未成功。

（2）議員透過第三者移轉話題，指責警方流出蒐證影片涉及違反偵查不公開，試圖卸責。

（3）議員在法院判決前，利用身份機會為自己辯解，將責任歸給女警，反遭媒體女性記者圍剿。

（4）起訴之前、判決確定之前，議員都試圖關說影響警局高層、警員。

（5）受傷員警可以告發議員傷害或民式賠償，但沒有。息事寧人。

（6）2名警員過程中從未接受媒體採訪。迴避媒體。

3. 外部環境的媒體傳播行動分析：

（1）目擊者將隨手錄下的影音上傳社群媒體，在第一時間把事件公開，不但提供證據，而且因為社群轉貼、連結傳播，間接完成嚴密的犯罪證據保全。

（2）電視新聞媒體因為有YouTube影音做為新聞元素，加上採訪檢察官、警官、選民，以致生產出大量新聞播出，快速形成輿論氣候。對警員有利。

（3）中視新聞獨家報導，質疑警局可能意圖包庇議員，並勸阻警員提告。警局完全否認。因為已經報導曝光，若是議員繼續關說警局，亦不會奏效。

4. 外部環境的檢察官、法院行動分析

（1）檢察官依法定職權指揮警方訊速移送，而且短時間即提出公訴。

（2）一、二審法官以議員「毫無法治觀念，不足為民表率；且以職務調動脅迫員警」理由，認其不適合擔任縣議員，

5. 改變不確定性的關鍵因素

　　改變危機溝通的不確定因素是檢察官提起公訴，由於檢察官指揮偵持是依巨媒體報導，媒體報導是影響檢察官的關鍵因素。

（1）旁觀者基於正義感，快速在社群媒體提供爆料證據，使議員辯解都無法取信於人。

（2）傳統媒體（主要是電視）加入密集報導，產生極大的輿論壓力作用，幫助警察平反，催化了警政首長裁定「不必向議員道歉」。

（三）分析歸納

　　本案因為社群媒體而發動輿論，因影音證據而凝聚了社群正義，甚至可能影響法院判決。基層警察被民代公然斥罵，因為媒體輿論主持正義，而讓言行鴟當的議員去職，這在事前很難推測得到，也是臺灣地方制度史上的頭一遭，對於民意代表與警察都具有重要啟示意義。

　　本案顯示了「警察沒有那麼渺小，議員沒有那麼偉大」。若警察依法行政，民代還要踐踏國家公權力欺辱警察，危機溝通的結果，不見得

永遠是警察要低頭、委屈自己，本案結果即可為證。換言之，民主制度下的警察、民代都要遵循民主的遊戲規則，犯規者應自行付出被究責代價。

全案的危機溝通在員警部份沒有顯著的行動，反而在警局的部份較多。例如媒體質疑警局高層打算要員警退讓、妥協。媒體所提的理由是，警局從未對員警被議員傷害事件發表看法，反而在第一時間對媒體宣稱是誤會。警局維護議員的傾向顯而易見，也欠缺危機溝通與維護警政權益的主動性。

三、C案情境故事與分析

（一）情境故事

次序1：突發事件

31歲男子李○昌酒後駕車又違規跨越雙黃線肇事，錢姓員警獲報前往處理。肇事的李男打電話找父親及新竹縣議員陳○順到場關切。過程中，李男突然揮拳將警員打倒在地，但立刻被壓制、上銬。李男被帶回派出所問訊，李父和議員跟到派出所，議員問錢：「你不認識我嗎」？錢回答：「陳議員，我認識您」。事後議員向警察局抱怨，當時在派出所待了3個多小時，連開水都沒得喝，服務態度惡劣，不尊重議員。

李男訊後被依妨害公務、公共危險及傷害等罪嫌移送法辦。

次序2：議員施壓警局，出現警察公關危機狀況

事發7天後，由於議員陳○順將要在縣議會質詢，上級恐怕議員挾院趁機在質詢時為難，兩度要警員到議員家「拜訪、認識」。警員以「我沒有錯，我還被打」為由拒絕。後來改由分局長與所長向陳議員「致意」，但錢員還是被通知需撰寫報告說明，以便向議員交代。

次序3：警員在社群媒體臉書（Facebook）發文

警員在社群媒體臉書（Facebook）發文說明自己的遭遇。抱怨說，長官竟要求他去找縣議員陳○順「認識一下」或道歉，令人心寒。臉書內容經多人轉傳，引發網友注意以及聲援。網友在警員的臉書留言：「絕對挺你！挺真相！挺有腰桿的人！加油，人民的保母！」

次序4：報紙批露全案聲援警員

聯合報引用臉書內容率先批露，稱「員警辦酒駕被打，長官還叫去認識議員。酒駕男肇事還囂張，吼哮揮拳放狠話。警後腦勺、眼部遭殃」引發輿論譁然。聯合報在這篇報導中隱去當事人姓名，以「某議員」、「一名警員」描述案情。

次序5：電視新聞跟進公布警察挨打證據

電視媒體跟進後續新聞追蹤，引用現場警察挨拳的實況影音，報導一面倒聲援警員。此後電視、報紙、多個社群媒體討論平台，出現大量對警政高層的批評，本案成為社會矚目案件。

次序6：警局否認施壓基層

警局對媒體否認有要警員向議員道歉，並稱與員警之間「是溝通不良造成誤解，並沒有要警員向議員道歉」。與議員之間「執法過程中並沒有接獲議員陳○順任何關說或壓力」，並稱「不會讓基層被欺負」。

次序7：議員辯稱是關心不是關說

議員陳○順對新聞媒體表示「錢員遭襲事件他在場，但尊重警員處理」。他事後到派出所只是基於選民服務前往關心，協助家屬處理善後，根本沒有對警方施壓或者關說。

次序8：內政部長表態：警察不用道歉

事發2星期後，電視新聞播出在立法院議場外，內政部長被記者群圍問「員警取締酒駕，依法執行公務反遭毆打，事後還要受議員關切要認識認識，人民保母的公權力何在」？

部長回答記者：「只要員警依法行政，有任何問題，內政部會幫他挺著，絕對支持他。做對的事情，道歉沒道理，不需要把姿態擺這麼低」。

次序9：警政署長慰問警員

警政署長前往派出所探視並致贈慰問金，署長強調：「同仁有委屈的地方，我們當然要支持」。挨打的警員表示感謝。

警員的公關危機到此暫時告一段落。但是被指涉及關說的議員日後是否挾怨，利用問政質詢機會修理警方，或惡意刪減警方預算則不得而知。因此，警局的公關危機也只能算是告一段落，並未解除，因為議員關說（關心）行為並未被追究。

（二）情境分析

本案的危機源頭是民代，結束危機於內政部長表態，警察不必向民代道歉。

突發事件後，初期危機溝通一直只有內圈三者：警員、警察長官、民代。這導致警員在封閉體系內的溝通互動，飽受來自議員（上級）權力不對等的侵擾，也出現許多不確定因素。當警員在社群媒體臉書po文後，隨後記者引用臉書內容爆料，才使危機溝通進入了社會公評的情境，許多不確定因素被排除。社群媒體、大眾媒體內容匯流後出現的輿論氣候，對民代、長官、警政首長都產生壓力。直到內政部長表示只要警員「依法行政、做對的事，就不必道歉」，才使危機瞬間落幕。C案的情境故事示意，可參考圖3。

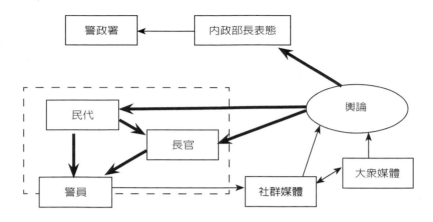

圖3：C案情境分析示意圖

本案不確定因素及其它分析如下：

1. 不確定因素分析：

（1）能確定議員是關心或者關說？能否以法律追究議員行為？

（2）警員配合上級，去「認識一下」議員，不見得是道歉或自取其辱？

（3）警員何不「忍一時風平浪靜，退一步海闊邊空」？

（4）警員不配合上級，之後是否會被組織成員排擠？

（5）如果事情僵持不下，警員以後如何繼續保持正常的工作氣氛？

（6）為何在初期的危機溝通，長官的看法和作法都不支持警員？

（7）在社群媒體發文，能有助於危機溝通嗎？會適得其反嗎？

（8）長官有必要顧慮議員挾怨報復？

（9）如果媒體記者沒有集體去追蹤訪問內政部長，要求表態，結果如何？

（10）如果內政部長不願發言表態？

2.情境動態變化與當事人能動性分析：

（1）議員始終辯稱是關心，不是關說。

（2）在媒體追問下，議員否認有施壓要員警來「認識」一下。

（3）議員以警員服務態度差，意圖轉移關說疑點，並且卸責。

（4）警局與所長都對媒體否認曾對警員施壓，所謂「帶警員去認識議員」，是彼此溝通不良，理解的落差。

3. 外部環境的媒體傳播行動分析：

（1）警員在內圈的危機溝通失效，轉而將事件透過社群媒體，向外部公開，取得同情與聲援。

（2）報紙新聞跟上臉書公開的時間，進行新聞報導。

（3）大眾媒體（尤其是電視）追蹤本案，造成對警員有利的輿論氣候。

（4）本案被施壓的警員為原住民族，原民電視台至為重視。該台曾經一天之內連發兩條新聞全面聲援警員。

4. 外部環境的警察首長行動分析

內政部長直接管轄警政署，是警政首長的領導者，部長在媒體包圍下接受訪問，雖然被動，但態度與立場十分明確，瞬間排除了危機溝通所有不確定因素。

5. 改變不確定性的關鍵因素

警員在臉書po文的行動，將內圈的危機溝通引導至社會公評，進入社會溝通的情境，此舉使得危機溝通出現轉機。但對於飽受壓力的警員而言，此舉在事先很難預測會發生什麼後果。警員在壓力下，可能只是一吐為快的情緒性行為，但他這個行動，也成為改變危機溝通不確定性的關鍵因素。

（三）分析歸納

本案以議員涉嫌關說施壓為始，不過在危機落幕時，卻完全沒有觸及或者處理議員關說。本案的焦點，從警員臉書爆料後，很快被外界認定是警政高層「在外人面前打自己小孩」的不正義行為。因為警局一再

否認，使得危機溝通陷入僵局。直到媒體追到立法院議場外訪問到內政部長，在部長表態支持「不必道歉」後，才打破了僵局，危機順勢落幕。

警察次文化中始終有迷思，想要以討好民代換取順利推動警政，原本無可厚非，也是民主政治負面特徵之一，但是警察要顧慮到事件的性質，對民代不能一昧奉承。沒有是非，就沒有正義。而且民代關說有「經驗增強效應」，一旦民代不當關說警察成功，那麼，不當關說的案件就會愈來愈多。因為民代會從經驗中學習到「警察是很好關說」的，這會衍生出讓警察疲於應付，傷害民主的惡果。

本案的警員在危機溝通中採取抗拒策略，是相當冒險的行動，但是結果還算是好的，至少維繫了警察執法尊嚴，也使自己從壓力中解脫。

第五節　結論與建議

警政後舞台由員警、高階警官與民意代表共同演出，而且原本是沒有觀眾的。但是因為被媒體匯流的力量穿透，警政後舞台情境被媒體揭露，形成了影音再現與網路民意凝聚，網民和媒體都是Giddens現代性理論所稱的不在場觀眾（absent other）（Giddens, 1984）。先期的觀眾會號召、複製出更多後期參與的不在場觀眾，藉由追求正義實踐的訴求，共同揭開警政後舞台的布幕。本章分析警政後舞台的情境，發現到個體行動者改變警政結構具有潛在的可能性，這是過去不曾發現到的媒體能動性。此外，本章研究亦可歸納為以下結論。

一、情境分析的歸納

（一）警察危機溝通過程的共通性

前述三起案例的共通點如下：

1. 都是由民代主動引爆突發事件，施壓警察造成危機。警察被動進
   入危機溝互動情境。
2. 民代關說警員，但也關說上級施壓或者暗示警員採取配合的
   作法。
3. 警員面臨來自民代、上級的雙重壓力，在抗拒或退讓妥協決策之
   間，充滿不確定性。
4. 警員承受到壓力的力度、頻率，因為受到外部媒體報導輿論反應
   而緩解。
5. 都是運用社群媒體率先將危機情境公諸社會，也都是因為媒體輿
   論作用而排除危機溝通過程中的不確定因素。
6. 危機落幕時，都確定了對受到壓力的警員有利的局面，適當保護
   了依法行政的警察，維持警察起碼的權益與尊嚴。

（二）警察危機溝通沒有固定的策略或模式

從本研究3則案例來看，員警在遭遇到民代製造突發事件危機之
後，都是為了自衛，才被迫採取危機溝通策略來因應。在過程中，有些
被施壓者採取妥協與退讓的策略，息事寧人；有些則採取抗拒的策略。
無論哪一種策略，警員首先需要維護的是生存權、工作權，再來才是警
察尊嚴。

危機溝通過程充滿不確定性與多變性，任何一種行動的翻轉，都會
影響結果。警察危機溝通沒有固定的策略或模式，這個課題需要更進一
步研究分析，這是實現正義的一條艱鉅的道路。

（三）社群媒體在危機溝通的作用

藉由社群媒體，可以推動或者催化警察危機溝通脫離封閉環境，進
入大眾媒體公評、社群媒體公評的情境，這樣可以排除許多不確定性。
但是進入媒體公評的情境後，不必然保證絕對有利於警察。在其它案例

中，曾經出現警員運用社群媒體訴求委屈、討公道，結果卻適得其反、自取其辱的案例。

　　換言之，社群媒體只能提供機會，讓警察危機溝通轉變為社會溝通。如果警察依法行政，做對的事而受到委屈，才有機會產生有利於警方的結果。分析「社群媒體」的作用能動性，「媒體」只是資訊交換、分享的工具平台；「社群」才會產生輿論的說服力量。

　　歸納社群媒體的作用有：

1. 排除危機溝通情境中的不確定性作用。

2. 爆料作用：引起社群注意。

3. 引導作用：引導傳統媒體加入報導。

4. 匯聚作用：藉由社群討論分享匯聚社群共識。

二、警察危機溝通運用社群媒體的建議

（一）檢討警察次文化避免公關危機

　　在「關說」或「關心」模糊了界線的時候，警察機關出現次文化就很難根絕。警界長期存在一個狀況，就是長官接到民代關說（或關心），再交給基層想辦法解決，而且由基層自負責任。這種陋規長期存在，往往讓員警產生困惑，有些案例還導致警察被法辦判刑的惡果。這種次文化如果不加以導正，警察公關危機就無法避免。這類源自於民代的危機，不但造成警察內部紛擾、上下異心猜忌，也等於鼓勵民代繼續前來關說。

（二）運用社群媒體形成輿論的前提

　　要成功有效的處理危機溝通，需要警察依法行政、態度良好為前題。如果警察質疑民代關說施壓，也需要以明確的證據為佐證，社群媒體才有可能形成「呼喚正義」的輿論作用，也才有可能協助警察脫離危機。

觀察社群輿論的形成，一開始是你說你的，我說我的。當「你」、「我」說法趨於一致時，便形成意見匯流，擴大後便成為具有影響力的輿論氣候。社群正義一致的基礎，原本是根植於各自認定的正義，這像是傳統媒體的新聞運作，被尊為「第四權」有類似的意涵。新聞自由的立論基礎就是實踐正義，社群媒體各抒己見後的按「讚」，其基礎也是追求正義。

（三）植基於社群正義的警察危機溝通

警察危機溝通的對象，不只是當事者彼此間的利害關係人，社群媒體成為有效的評價「正義」、「是非」的虛擬第三人。這有些近似Selznick所稱的「社群主義的正義」或「社群主義的說服力」。他認為，正義是社群主義的使命。社會正義把注意力從個人的情景和確定的規則轉向了如何對正義進行更廣泛的評估，不僅是被政府評估，也被整個共同體評估（馬洪、李清偉譯，2009）。

因此，在確定社群媒體要運用在警察危機溝通時，宜先評估案件是否真正植基於社群正義。要明確知道產生輿論作用，而且能持續支持警方執法尊嚴的是「社群正義」而不只是「媒體」。

參考文獻

一、中文部份

汪子錫（2014），《警察人際溝通與對話》，台北：臺灣警察專科學校。

汪子錫（2013），〈如何成功經營社群媒體強化警察行銷〉，收於《運用社群媒體加強警察執法宣導圓桌論壇》，pp.55-65。台北：內政部警政署。

汪子錫（2012a），〈政治發展與傳播變遷下當前警察公共關係理念探討〉，《警學叢刊》第42卷第4期，pp.121-142。桃園：中央警察大學。

汪子錫（2012b），〈警察沒有上過的一堂課：處理民代關說的卓越公關〉，《警光》雜誌第672期，pp.56-61。台北：內政部警政署。

汪子錫（2009），《警察與傳播關係研究》修訂再版，台北：秀威資訊。

汪子錫（2007），〈警察的危機課題：危機傳播時代來臨〉，《警學叢刊》第38卷第1期，pp.167-194。桃園：中央警察大學。

汪子錫（2006），〈警察公共關係的組織管理與傳播行動分析〉，《警政論叢》第6期，pp.29-60。桃園：中央警察大學。

吳顯東（2005），《SRI 情境分析法》，台北：資訊工業策進會。

馬洪、李清偉譯（2009），《社群主義的說服力》，上海：世紀出版集團。原著 *The Communitarian Persuasion* by Philip Selznick.

二、英文部份

Campbell, L. (1992). "Will the real scenario please stand up?" *SIGCHI Bulletin*, 24 (2) ,6-8.

Coombs, W. T. (1999). *Ongoing Crisis Communication: Planning, Managing, and Responding*. CA: Sage.

Giddens, A. (1984). *The Constitution of Society*. London: Polity.

IACP, (2010). National Law Enforcement Policy Center, "Social Media: Concepts and Issues Paper." Retrieved Oct.10, 2012. from: http://www.iacpsocialmedia.org/GettingStarted/PolicyDevelopment.aspx

Manning, P. K. (2010). *Democratic Policing in a Changing World*. Boulder, CO: Paradigm Publishers.

Manning, P. K. (1977/1997). *Police Work: The Social Organization of Policing*. Cambridge Mass.: MIT Press.

Plowan, K. D. (1997). "Conflict Resolation and Power for Public Relations." Paper presented in the annual conference of the Asssciation of Journalism and Mass Communication, Chcago, IL.

Postma T. J. B. M., Liebl,F. (2005). "How to improve scenario analysis as a strategic management tool?," *Technological Forecasting & Social Change* 72, pp.161-173.

Ray, S. J. (1999). *Strategic communication in crisis management: Lessons from the airline industry*. C.T.:

Quorum.

Schoemaker, P. J. H. & van der Heijden C. A. J. M. (1992). "Integrating scenarios into strategic planning at Royal Dutch Shell." *Planning Review*. 20 (3): 41-47.

Schwartz, P. (1991). *The Art of Long View: Planning for the Future in an Uncertain World*, New York: Doubleday.

Turner, B. A. (1976). "The organizational and interorganizational development of disasters." *Administrative Science Quarterly*, 21. 378-397.

Williams, D. E. & Olaniran, B. A. (1998). " Expanding the crisis planning function: Introducing elements of risk communication to crisis communication practice." *Public Relations Review*, 24 (3), 387-400.

第八章　臺灣民主警政的媒體再現結構化分析

第一節　民主警政媒體再現的發現及討論

　　藉助於Anthony Giddens的結構化（Structuration Analysis）分析與社會結構－行動研究途徑，本研究從社會鉅觀到個體微觀，探討了臺灣民主警政媒體再現的諸多課題。本研究也藉助於Ervin Goffman的戲劇框架取徑，以及Peter K. Manning警政工作前舞台、後舞台概念做為研究工具，分析今日臺灣民主警政變遷的諸多課題。包括：警政傳播、警政媒體再現以及個別行動者（agent）的互動溝通等。研究發現在民主警政結構中，媒體再現的重要性已經愈來愈明顯；許多現象不但可以被看到，也經常在警察日常工作中遭遇到。

一、e化民主的媒體再現

　　臺灣是全球重要的高科技電子產業之島，高科技產品的普及化程度已使得臺灣進入Budd & Lisa所稱的e化民主（e-Democracy）時代（Budd & Lisa，2009）。這個變遷事實，讓臺灣服務型警政實際上邁進了e民主警政的時代。媒體再現在e民主警政的結構中扮演了舉足輕重的關鍵角色，警政與媒體的關係出現了重大改變。這項改變現狀的情況，舉世皆然。

臺灣的媒體環境和全球發展一致，從社會觀點看，現在是一個媒體匯流的世代；從公共行政看，現在是e化民主與新公共服務的時代；而臺灣民主警政正處於媒體匯流與新公共服務併立的21世紀新時代。

在過去，政府公共關係核心工作是擔任政府的化妝師、緩和媒體監督的壓力。警政管理也一向把媒體當做塑造形象的工具、澄清外界誤解警政的管道；然而如今媒體再現的能動性擴大了，成為改變結構－行動的動力。公部門行之多年對於媒體再現的認知，到了必須重新定位的時刻。

擺在眼前的具體證據顯示，e化民主的社群媒體具備了掀起公民運動的潛力，力量之大足以改變政局。在2013年2014年之間，臺灣社會出現兩件影響深遠的公民運動，也出現了政府內閣首長頻頻被民眾舉發，透過社群媒體逼使辭職下台的案例。

（一）2013年發生軍人洪仲丘案件，透過社群媒體號召，有25萬民眾走上街頭抗議國防部並聲援洪仲丘家人。最終迫使軍事審判出現重大轉變。立法院在兩個月完成修訂軍事審判法，規定承平時期所有軍人之犯罪案件均由司法機關受理，修法後軍法機關全部停止運作。

（二）2014年發生318學生反服貿運動，學生佔領立法院議場24天，並且社群媒體傳播理念、連繫動員的效果發揮到極致，帶動了全國80多所大學院校學生響應，更有50萬公民走上街頭。最終迫使政府推動的兩岸服貿、貨貿協議全部終止。

（三）政務官醜聞事件頻傳，一一被迫下台，包括教育部部長被媒體批露論文掛名、勞動部部長夜會女秘書，種種醜聞都是在傳統媒體、社群媒體交互撻伐下被炒熱，造成官員必須辭職負責。以往「讓媒體鬧一下，挺兩天就過去了」的官場名言，在社群媒體開展的e化民主時代已然失效。

e化民主與社群媒體密不可分，社群媒體形成的社群，展現了人民實踐主權的能動性。社群媒體不只是媒體，還是社群。唯有社群才可以召喚集體，社群才是展現凝聚力與行動力的源頭。

二、民主警政媒體再現了什麼？

本研究以鉅觀的歷史結構記錄，研究民主警政結構媒體能動性的變遷（參見本書第二章、第三章），介紹警政媒體能動性的媒體匯流現勢（參見第本書四章）；同時也運用了Cole（1996：104）的建議，以日常生活個體發生的（ontogenetic）、微觀層級發生的（microgenetic）事件做為樣本，分析警察行動者（agents）如何主動發展媒體行動的過程（參見本書第六章、第七章）；也針對電影再現警察正義進行研究（參見本書第五章）。本研究從社會學鉅觀到微觀、從歷史到當代、從媒體形象到文化意識形態，盡可能對於研究題目，做了全觀接觸的研究。

從傳統警政角度來看，警察的首要任務是執行法律、維護秩序，媒體再現不過是警察工作被記錄的傳播符號而已。但是在e民主時代，媒體已經滲透到日常生活之中，如今社群媒體既是再現民主警政的工具，也是多元溝通的工具，不但用來和特定人溝通，也和不特定人溝通。

在當代社會結構中，警察、民眾與媒體都是媒體再現中的行動者之一，媒體生產工具分屬於傳播機構、公民與警政機關。如今的民主警政媒體再現，在傳播機構行動者，再現的主要形式是新聞報導，在公民行動者，再現的主要形式是社群媒體影音記錄上傳與多重傳播等。綜合而言，警政媒體再現的形式有三類，第一類是電視新聞，警察在其中扮演記者行動下的主角或配角，再現由記者主導。第二類是民眾作為行動者，在社群媒體發佈以警察為主角的活動影音再現。第三類則是以警政為行動者的警政公共關係、警政行銷所產出的宣導短片、微電影等，以及警察個人的社群媒體，例如在警政官方網頁、youtube或臉書上發布媒體再現。前述第一、二類媒體再現中，警察的能動性低，是被動配合者；在第三類，警察則是主動者。

本研究從媒體再現反思警政公共關係、警政行銷、警政社群媒體運用等能動性與行動，並且從日常生活經驗檢視警政所遇到的問題與挑

戰。本研究初步發現，警政媒體再現是警政媒體行動的產出，此一產出不只是警政形象而已，還有再生產作為變更行動的能動性。臺灣民主警政與Manning所稱的美國民主警政遇到的問題頗為一致；也就是警察會遭遇到難以預期的、與媒體有關的瑣碎麻煩（參見本書第一章）。

Web2.0帶動民主升級為e化民主，社群媒體帶給民主警政新的媒體能動性，已然成為民主警政管理擘劃的重要部份。世界警察首長協會、英美國家警政學者，對此都提出呼籲，建議各國家或不同地區的執法者要因地制宜、因文化制宜嘗試開拓新媒體的新功能。這其中不但有媒體傳播的課題，也有社群溝通的課題；警政媒體再現觀念需要擴大化加以檢視。

三、民主警政媒體再現觀念的擴大化

警政媒體再現觀念的擴大化，是指警政公共關係觀念的擴大化、警政行銷觀念的擴大化，其關鍵就是「有效溝通」。媒體不再只是抽象的形象工具，應該盡可能使其成為溝通的利器。無論警政公共關係、警政行銷工作，當需要向社會大眾訴求警察正義時，運用類似YouTube、臉書等社群媒體，設法使其與傳統媒體匯流，才具備「有效溝通」的機會。

媒體做為人際溝通的利器，已經展現出足以改變結構的力量。當基層警察被民代不當關說壓得喘不過氣時，員警透過社群媒體的再現行動，成功地尋求到社群網絡對警政的支持，翻轉了以往不曾有過的案例（見本書第七章），這是媒體再現功能擴大化的實踐證據之一。

民主警政是追求更有效益的警政，但警政僅是社會結構的一部份，會受到其它社會結構所影響；例如媒體報導監督、民意代表質詢、民眾陳情抗爭等。媒體結構、政治結構、公民社會結構及其行動，在在影響民主警政結構的行動。很長一段時間裡，警政「慣性」受到傳統媒體記者的誘發與引導。然而在e化民主時代，全社會中的任何個體行動者，都可以透過媒體，再現警察的語言、行動符號；當然這也包括警察自己。

第二節　臺灣民主警政的媒體再現結構

一、臺灣民主警政的鉅觀結構

　　民主是動態的過程，臺灣警政從威權民主發展成為民主鞏固的「服務型警政」；警政媒體行動從公共關係跨入警政行銷；一直到近來運用社群媒體，在在改變了警政的媒體行動。這一波帶動一波的改變，驗證了Giddens「結構也具有能動性」的見解。

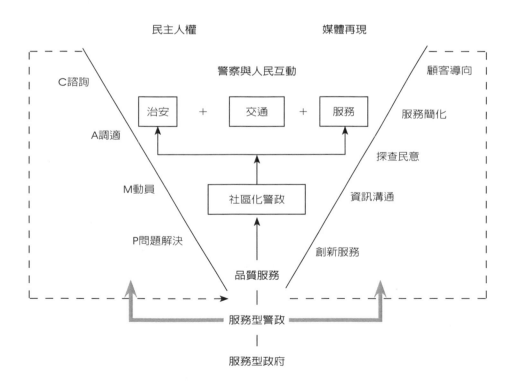

圖1：臺灣民主警政社會結構（本研究製圖）

　　臺灣民主警政與「服務型警政」幾乎同義，當前的警政社會結構，係以品質服務為公共價值觀，透過社區化警政遂行治安、交通、服務三項具體工作，這三項工作可以整合成為廣義的警政服務型態。警察向人民提供服務過程時的互動，是在民主人權、媒體再現兩股力量下進行的。

　　臺灣「服務型警政」係遵循2007年行政院函示為民服務規範，包括顧客導向、服務簡化、探查民意、資訊溝通、創新服務等要求，加上警察依任務專業性質，推動的社區化警政（Community Oriented Policing）的核心概念，即諮詢（consultation）、調適（adaptation）、動員（mobilization）、問題解決（problem solving）等（Bayley，1994：278-281），形成服務型警政結構，略如圖1所示。

　　在圖1中，警察致力以達成警民攜手的和諧局面為目標，但通常在警察、民眾之間，還會出現第三者，也就是媒體。警察做了什麼，和媒體再現警察做了什麼，二者並不一樣。媒體在警察、民眾之間出現的微妙功能，可以左右民眾對警政工作的認知與印象。

　　警政對於民主、人權的回應行動，有些係法律規定的行動準則，有些係警察倫理形成的道德準則；但是「媒體再現警政」卻沒有固定準則，員警工作風格也會因為媒體議論而被改變。如今的警察工作係在媒體再現的考驗壓力下進行，包括民眾影音反蒐證、媒體報導，時時都在監督警政。

　　Woodrow Wilson把政治從行政管理中分離出去，以使各個專業領域的行政管理行動，成為具有連貫性且明確定義的政策。這種透過中立的政治程序而制訂的政策，具有民主政治的高道德標準（Wilson, 1992: 11-24）。服務型警政係以公權力提供服務，其服務型態（service style）有特定方法，民主警政的服務型態需要調和與均衡多元利害關係人（multiple constituency）的期望，並且以行動回應社會大眾，才能形成警政服務的基本概念（Roberg & Kuykendall, 1990: 30）。

　　警政公共價值觀可以引導警政工作基本原則，警政公共價值觀一旦

確定，則工作目標、資源運用、警政策略以及警察工作風格隨之受影響（汪子錫，2009）。如今運用這些經典管理概念時，猶需一併思考媒體結構的作用，以及媒體再現所產生的影響。

二、臺灣新聞媒體的病態結構

臺灣媒體出現與美國如出一轍的現象，就是財團以大資本併購媒體，進而導致媒體經營「唯利是圖」的必然後果。也因此，臺灣在享有高度新聞自由的同時，呈現的是「爭取商業利益的庸商，高舉言論自由的神聖性，寡頭壟斷的媒體經營」混雜的媒體病態結構。

臺灣的電信傳播「國家政策」，自解嚴後即由政府、財團、學者共同移植英美傳播政策經驗，以自由化（liberalization）為名，創造出Vincent Mosco所稱集私有化（privatization）、商業化（commercialization）、國際化（internationalization）於一爐的國家電信傳播政策（Mosco, 1996）。這種傳播政策的形成，並不純然基於解除規範（deregualation）自由化的結果，而是由國家和財團合作，從一堆形式中進行選擇，包括市場、國家以及兩者之外的其他利益形式。貼切的說，這種電信傳播政策更像是擴展市場的「規範」。它的起點是產業界與國家共同調和建構了傳播的規範與形式，但其結果卻徹底改觀媒體樣貌。此種政策從根本上將傳統第四權的民主監督功能，以新的方式被實踐，但是實踐的結果達成了爭取收視率或者商業利益的目標，卻大幅度斲傷了民主。

這個轉變如同美國白宮記者團團長Helen Thomas女士退休後所述：「新聞報業曾經是為民主把關的看門狗（Watchdogs of Democracy），但是如今看到的是讓公眾失望的新聞界。再也沒有不惜代價金援記者作好新聞的傳媒老闆，當今新聞傳播業者，充斥著低俗且道德低落的新聞」（Thomas, 2007）。

臺灣新聞媒體在大部份的時間表現出墮落、濫用新聞自由的缺失，但仍依稀保存了媒體揭弊的「本能」，對於民主監督的貢獻還不能一筆

勾銷，臺灣媒體實際上處於第四權與腦殘（brain-dead）並存的病態結構之中。也因此，即使民主警政付出許多努力，但是媒體再現了什麼，才是人們對於警政褒貶的依據。

三、媒體再現在新聞上傷害民主

美國外交政策期刊（Foreign Policy Journal）2014年2月刊載一篇評論臺灣電視新聞腦殘（brain-dead）的文章。文章指出，臺灣的新聞自由是亞洲第一，不過十餘年來，電視充斥著荒謬絕倫的新聞，臺灣媒體百無禁忌的胡亂發言早已世界聞名（Fuchs, 2014）。

根據本研究的觀察，在這篇文章發表後2天，臺灣《蘋果日報》恰好刊出一則民眾投訴事件，投訴人陳述在買一份早餐「火腿蛋吐司」，因為要老闆娘多撒些胡椒粉在蛋上，結果被加收5元，因此憤憤不平而投訴媒體。接獲爆料的記者趕赴該早餐店實地採訪並拍照，然後寫成新聞刊登。這則新聞立即引起有線電視第49到57頻道新聞台，共8家記者加入追新聞。

當天（2014年2月25日）臺灣8家電視新聞台的記者紛紛以此為題，擴大報導。包括任意採訪路人甲、乙：「如果加胡椒粉要多收5元，你能接受嗎？你會不會換吃別的？」。或者採訪小吃攤老闆：「如果客人要求加胡椒粉，你會多收5元嗎？」。其它問題還例如：如果不是加胡椒粉，而是多加蕃茄醬，老闆會考慮加價嗎？如果要加是加多少？3元或5元？

上述情節被電視新聞記者製作成80或90秒的新聞，然後在電視新聞每個整點播出，在新聞腦殘之外，還加上了對觀眾的疲勞轟炸（bombarded by brain-dead news）。

長期以來，學者專家對於臺灣電視新聞長期出現的反智現象，大多以新聞理論的新聞價值、記者自主、消息來源或記者素質來解釋。但是根據本研究訪問調查，造成臺灣電視新聞崩壞與墮落的局面，以及媒體

背叛了憲法保障新聞自由理想性的真正原因，出自於結構的原因較多，記者只是結構因素下受命執行的行動者而已。結構因素顯現於財團經營電視媒體，開始實施新聞部門「利潤中心制」，當新聞部開始要自行創造盈餘時，就會加速惡化新聞品質。這對於臺灣民主警政有害，也出現了媒體自由有時候只是粉飾民主假象的怪異局面。

四、財團在網路媒體上傷害民主

社群媒體出現後不久，就被期許為實踐「直接民主」的利器，人民藉由新媒體的能動性，可以直接監督政府。但是資本家財團仍然設法介入新媒體，依舊會在利益動機驅使下，出現破壞網路民主的隱憂。

財團或資本家在網路傷害民主，主要是出現「意見窄化」、「宰制網路」兩種風險。「意見窄化」是指操弄網路意見，即中國大陸所稱的「五毛黨」、「水軍」，也就是收錢後幫忙網路按讚、發文褒己貶人的新行業。網路「五毛黨」、「水軍」會針對特定人、事大量發表虛假或誇大言論。而網路意見窄化的後果，將導致人們失去平等的民主風險。

「網路宰制」風險是指網路媒體經營者，有時候會突然跳出自動發送的視窗訊息，建議（其實是指示）使用者依建議程式更新、填意見調查問卷等，如果不聽從，平台會停止會使網路服務速度減緩。當許多人都仰賴臉書（Facebook）、LINE等社群媒體時，網路平台的經營者，就擁有宰制世界的潛能，這將導致人們失去自由的民主風險。

第三節　民主警政對於媒體全面性知能與行動回應課題

如前所述，臺灣民主警政做出許多努力，但是卻要透過病態的媒體結構來評價褒貶，在這樣的結構下，警政針對媒體再現應該做出什麼樣的行動，以回應外界變局，是本研究要解析的重要課題。

　　本研究以為，從結構－行動的主體來看，人的行動本質有兩個層面，真實的行動、想像的行動。真實的行動是可見的，想像而未採取的行動則是能動性，行動是從各種能動性中選擇而出的。以警政組織作為行動的主體，需透過行動來展現，而結構的行動可能透過少數人，也可能透過多數人進行。警政的媒體結構能動性，主要是針對社群媒體、媒體匯流能動性的反思，釐清可操作的結構化媒體行動，包括警政公關、警政行銷、公共溝通都在其內。

　　結構是規範、資源，也是行動的約制或參考準則，結構的行動就是結構的變遷（change），然而結構是抽象的、無體的，不易被觀察到。本研究提供警政結構變遷的例子，可參見本書第七章。最近的一些案例說明，如今員警可以對抗不合理的警政結構，利用社群媒體反抗不公不義，並促使官僚結構跟著改變。警察次文化對於民意代表關說忍辱買帳，所形成的牢固結構潛規則，已經被「社群媒體」突破。這些民主警政媒體行動的新模式，對於臺灣民主警政的持續鞏固，提供了重要啟示。

　　本研究因此建議以培養警察個體行動者為對象，從增進個體行動者對於媒體的全面性知能，包括以下三個方向：

　　（一）建構並實施警察媒體、溝通教育

　　（二）採用戲劇框架下的情境教學

　　（三）培養懂得再現正義、會溝通的好警察

一、建構並實施警政媒體、溝通教育

　　在媒體不斷弱化社會責任，而且朝著不負責任的唯利是圖方向質變時，媒體素養教育（media literacy education）被提出來，希望能夠作為對抗媒體逆流的回應策略。作為對抗符號暴力的行動對策，媒體素養教育的目標，是需要每個公民參與終身學習，也是能夠讓每個公民終身實用的素養（汪子錫，2013）。

公民媒體素養的主要內容包括理解媒體的意義解讀媒體、媒體批判、媒體欣賞以及近用媒體四個目標。綜合而言，媒介素養係以改善商業化媒體環境為理想，是協助人們合理使用與看待媒體，進而協助個人實現自我（Buckingham, 2006）

（一）民主警政的媒體教育

在社群媒體出現之前，警察媒體行動主要是指如何回應媒體採訪，雖然這個情況至今仍然存在，但是在記者與警察之間，出現了第三者，也就是可以自行在社群媒體爆料，或者提供給傳統媒體爆料的當事人或目擊民眾。

警察工作屬性特殊，警察的媒體教育也應該具備針對性。由於與警察有關的衝突事件，不但頻率高，樣態更是五花八門；警察面對衝突的反應、應變和執行，經常被民眾蒐證檢驗。因此，警察首先需要先了解媒體、也要了解人民接近與使用媒體（access to media）已成常態。民眾基於自我保護，警察執法時的言語、行動很可能會被他人記錄下來。

因此，警政媒體教育必須開發媒體能動性，一方面為了彰顯服務型警政，一方面為了展現警察維持治安執法的正義，警政管理可依據特性，建構並實施恰當的媒體教育。本研究提出的重點如表1所示。

表1：警政媒體教育的重要組成

媒體行動	能動性
閱讀媒體	了解媒體本質、了解新聞自由本質、了解面對面溝通與透過媒體溝通的本質與差異、了解媒體再現警政的原理原則及作用
回應新聞媒體採訪	參與警政公共關係、學習被媒體採訪擔任發言人、了解危機傳播處理過程與重點
產製媒體	參與生產微電影、自主經營社群媒體
媒體運用操作	了解警政行銷、了解警政整合行銷傳播

（資料來源：本研究製表）

　　電視、電影、行車記錄器、手機拍攝裝置，製造了日常生活大量的影音記錄。免費且便利的網路儲存、播出平台例如Youtube的出現，使得以前很少加入影音生產的庶人趨之若鶩。數位匯流讓影音生產、再生產，不休止的循環著。人們面對面（face to face）對話、溝通、講學、傳遞訊息的機會減少了，取而代之的是透過媒體再現的溝通與對話。

　　「再現」並不是純粹的真實，因為真實行動只發生在當下的瞬間（moment），所有留存下來供人觀看的影音符號都只是再現（representation）。留存影像要藉助的工具是攝影機與錄影設備；整理影像記錄要藉助的工具是剪輯機或電腦的剪輯程式。經過攝影機、剪輯機的程序，再加上製作者的旁白與解說引導，再現的影像及聲音就可以變質為某人蓄意操弄的影音記錄。

　　攝影機或剪輯機是「物質」，運用物質產生影響觀者認知的是影音製作者是「人」，因此警察「與他人溝通」顯得特別重要。警察溝通的目標，最終是將社會網絡成員融入民主警政之中，包括媒體與社區、社區與民意代表、民意代表與媒體，甚至也包括個別人民與組織形成的網絡。

　　警察要認識到，面對面的溝通機會沒有消失，只是更多的溝通是透過媒體再現，這讓民主警政的實踐不能缺少對於媒體再現的認識。

（二）警政媒體再現的結構

　　了解警政的媒體能動性與採取行動，就能掌握並利用警政媒體再現的機會；媒體再現可以觸動警察的媒體能動性與行動，媒體能動性與媒體再現二者，也可以成為交織的連續性行動。

　　報紙的文字圖片、電視新聞、電影以及社群媒體的網路影音，都是媒體再現，而且只要其中任何出現警察符號，例如圖片、文字、言語、肖象（icon），就是警政媒體再現。

　　透過本書之前的研究，發現新聞媒體在選取畫面、聲音剪輯的必要

程序後，「必然」會斷章取義，「媒體報導必然斷章取義」應該成為警察媒體教育的基本常識。警政經常抱怨媒體斷章取義，這是因為不了解媒體再現的原理。

表2：警政媒體再現的比較

	媒體再現符號	媒體認知	媒體素養認知	警察能動性
電視採訪	計畫性語言 副語言 肢體動作 表情	社會真實 具可信度	戲劇化的新聞	有利於警政的演出 符號互動的戲劇框架
被反蒐證	非計畫性 自然語言 肢體動作 表情	社會真實 具可信度	公民近用媒體	好警察的互動溝通 符號互動的戲劇框架
微電影	計畫的情境語言 語言與肢體表演	虛構神話 宣導用途	警政近用媒體	產製與傳播行銷
敘事電影	計畫的情境語言 語言與肢體表演	虛構神話 娛樂與學習用途	欣賞媒體 認知學習	學習警察正義 宣揚警察正義

（本研究製表）

從卜表來看，警察接受電視採訪通常會被預先告知，是可以事先計畫與做好準備的媒體行動，媒體再現具備社會真實與可信度。電視新聞發言人再現的符號包括語言、肢體動作和表情。當攝影鏡頭面向警察發言人時，發言人要認知到，自己其實是鏡頭下的一名「演員」，要演出一段符合角色需求以及對警政有利的劇情。

從民眾反蒐證的影音再現來看，媒體再現具備社會真實與可信度，但它發生在警察的預期之外，既沒有事先告知，也可能是針對警察的偷拍。穿著制服的警察，要隨時檢點自己的日常生活語言、肢體動作，提醒自己必須要以好的溝通方式與他人互動。

從警政微電影再現來看，警察基於警政行銷宣導參與產製微電影，已成為警政媒體行動的趨勢之一，但並不是所有警察都熟悉這類媒體操

作，需要分工合作。以年齡區分，30歲以下的警察參與攝影剪輯製作，30歲以上的警察擔任演員（例如本書第三章介紹高雄市仁武分局、新北市蘆洲分局自製微電影），是一個理想的組合。

Prensky以1980年為界線，臺灣以1994年為界線區分數位原住民（Digital Natives）或數位新移民（Digital Immigrants）（Prensky, 2001）。在臺灣30歲以下的數位原住民出生在電腦、網際網路的世界，而且在數位國度裡成長。這一世代的人每天與電腦、網站、手機以及其他數位玩具為伍，他們對於網路新媒體應用早已十分嫻熟，也熱衷於以文字、影像、圖像的方式對外傳達理念（汪子錫，2014）。

至於從敘事電影再現警察來看，可以作為欣賞並學習正義的警察工作認知之用，也可以用來宣揚警察正義形象。

本研究發現（參見第六章、第七章），媒體再現警政的符號是匯流互通的，從網路取材製作成影音新聞，通過電視媒體頻道播出時，又被人錄製後上傳至網路或進入社群媒體流通，這種互通循環的現象，顯示了媒體再現內容匯流的情況已然成熟。

二、採用戲劇框架下的情境教學

參考戲劇研究權威Oscar G. Brockett教授的見解，推溯到古希臘時期，劇場（theatre）原本是指觀眾席的區域，意指「看的地方」，演員是在觀眾注視之下進行的，活生生的人演出的經驗。劇場中所有內在、外在的經驗都是經由語言和行動來表現。觀眾以現實生活經驗為基礎，藉由聽和看來認識表演者的外表和內心。「人們對於一個人的心性、品格、動機的了解是由他的一言一行和別人告訴我們他的有關種種而來」（胡耀恆譯，1976）。

警察需要參考戲劇框架與角色理論，才能真正學好人際溝通，也才能把警察正義透過「好」的溝通演繹出來。這些建議其實早就出現在Goffman和Manning的大量研究文獻之中，但是多年來臺灣警政教育培養

學員溝通能力時，極少或根本不採用戲劇框架進行情境教學。

　　警察在戲劇框架下的溝通情境教學，可以從Charon的觀點得到啟發。Charon關於角色區別的定義帶有Ciddens所謂社會位置（position）的概念，依其概念套用在警察身份，五種角色可能是（Charon, 2001）：

　　（一）社會互動的角色（the role of social interaction）：受到長幼有序或者長官、部屬社會身份的影響，警察與社會上不同身份的人互動時，會受到社會規範所影響。不同人際間的關依互動情境而定的角色，

　　（二）思考的角色（the role of thinking）：警察要思考選擇恰當的角色扮演，例如一名警官前往學校為唸國中的兒質疑老師管教不當，優先角色是扮演「家長」或是「警察」，需要事先思考。

　　（三）定義的角色（the role of definition）：社會期待警察的角色，是他人既定的刻板印象，例如「警察是人民的保母」。

　　（四）當下的角色（the role of present）：警察依不同情境，有時是慈眉善目的菩薩，有時是霹靂手段的金鋼。

　　（五）積極行動者的角色（the role of the active human being）：採取符合當下情境，不違背社會期待的行動角色。

　　將前述五種不同角色適當區別，思考分辨合宜的角色扮演，就是警察「媒體再現前的行動思考」。

　　由於人們需要定義所面對的情境，才能決定角色扮演，因此人們需要學會觀察環境，因為從被動變為主動，才能達到溝通的目的。

　　從本書之前研究可以發現，大多數警察從來沒有學習符號互動的原理，在與他人互動溝通時，所憑藉的是自己的生活經驗，或者和向學長同儕討教經驗，或者就是以「誠」待之。但是這些作法並不能提升整體警察的溝通能力，當然也無法演出「警察專業」的好劇情，這個情況應該加以揭露。

　　直言之，警政行動者需要在不同情境中做出角色選擇，例如被記者採訪、被民意代表議會質詢等公開場合，應該如何互動；在執法過程

遇到民眾抗爭或嗆聲時，應該如何互動。警察需要培養「好」的溝通能力，是指依據溝通對象、溝通目的不同，而採用不同的準則；其核心是使警察認知「戲劇框架」互動模式的原理。

警察次文化以為警察角色是嚴肅而紀律森嚴的，但這只是警察的一部份，並不應該涵括警察工作所有層面。從Manning的多篇研究以及本研究中，都可以看到民主警政制度的警察，絕不可能永遠以嚴肅的態度或表情面對民眾。

警察的人際溝通模式，適合以戲劇框架進行嗎？

學術界已知的溝通戲劇框架，出自於社會學符號互動論；警察採用戲劇框架進行溝通，則有美國警察學術研究文獻可供參考。加上本研究提出的案例實證，可見警察適合以戲劇框架進行溝通，已無庸置疑。誠如本書第六章指出：

Goffman在寫日常生活的自我表演時，用 "Presentation" 來指涉表演；Burke以及其他語藝學者，用 "Perform" 來指涉語言的表演。Presentation或Perform並沒有虛假偽造隱瞞的意思，不是臺灣媒體負面評價的「作戲」二字。在Burke和Goffman的觀念裡，表演指涉的是「態度與行動的選擇」。警察學習戲劇框架進行符號互動、語藝表演，就是在學習符合角色的「態度與行動的選擇」。

「民代」、「媒體」被社會大眾譏稱為台灣社會兩大亂源，立法委員、縣議員的發言、抗爭幾乎都是在演戲，目的是爭取媒體曝光，這已經是臺灣的在地知識（local knowledge）了。媒體在製作新聞時加入大量戲劇手法，不顧邏輯只要收視率，這也是臺灣的在地知識。如果民代、記者都以表演方式與警察溝通互動，而只有警察不是以戲劇框架回應，那會出現多麼奇怪的後果？

可以這樣類比：電影、電視劇是安排好行動中的人，這些人在鏡頭之前合作搭配表演；接受民意代表質詢或接受媒體訪問，是警察在舞台上與其他社會行動者競逐表演的場景，需要以「態度與行動選擇」的戲

劇框架思考，決定警察需要表演的劇碼。尤其在新聞自由遭到濫用的情況下，當新聞表現腦殘時，警察用自以為是的「誠」僵化待之，也沒察覺在民代、記者誘導下發言的謬誤，那麼警政發言就永遠淪為沒有主體性的配角。

三、培養懂得再現正義、會溝通的好警察

好警察靠個人「良知」來實現正義，但是「良知」太抽象，無法寫入警察政策，Manning藉由Rawls的正義論（Justice Theory），說明好警察是懂得「好好溝通」的警察。

與Manning持同樣見解的，還有Stone與Travis提出的新專業主義警政（New Professionalism in Policing）思維。Stone與Travis認為，警政新專業主義的焦點顯現在「警察與社區之間的溝通」，「溝通」已然躍居警察最重要的工作項目。新專業主義所指的「溝通」是包含以社區為場景、以警民合作為工作要領的社區警政思維。他們認為，惟有透過溝通，才能取得民眾認同；透過溝通才能有力維護治安、預防犯罪會偵查犯罪。Stone & Travis寫到（Stone & Travis, 2011）：

警察權力合法性從以往的法律授權、警察專業化，已經發展成為「法律認可的民主警政制度」。今日的警政專業還需要贏得公眾的信任與認可，才能進一步詮釋警察權力的合法性。在以往，警察權力被強調是來自政府與法律授權，但21世紀的警政新專業認為，警察對社區治安負起責任，警察權力的來源需要植基於社區民眾的認可與支持。

前述見解，顯示警政在民主與人權意識下，已經將工作佈置在「溝通至上」、「取得民眾認同」兩項具體目標。今日的人際溝通方式已然出現重大改變，社會互動從以往的面對面溝通，發展成為透過大眾傳播（mass communication）溝通，再進展為透過社群媒體（social media）溝通。不同的溝通方式或溝通工具，都有個自不同的使用課題，警政教育

應該把這些課題放在「社會結構－行動」框架下重新擘劃，才有可能培養懂得再現正義、會溝通的好警察。

IACP警察倫理守則中在第一段揭示了警察職責的重要性，內容摘要如下：

身為一位執法官員，我的基本職責是服務（serve）社會，維護人民生命和財產安全；保衛（protect）無辜者對抗欺騙，保衛弱者對抗壓迫與威脅；以和平的手段對抗暴力與失序；尊重（respect）憲法賦予人民自由、平等和公平的權利。

我國對警察職責的定義是「依法維持公共秩序，保護社會安全，防止一切危害，促進人民福利」，和前段IACP警察倫理守則相比，「服務、保衛」我國警察職責已有，獨缺「尊重」未被提及。若是承認警政新專業主義需要「溝通至上」、「取得民眾認同」，那補充「尊重」就順理成章。尊重主要是指警察對憲法的尊重、對人權的尊重，此一「尊重」是從不同角度建構警察正義，藉由警政工作「好」的溝通充實警政媒體再現應備的內涵。

警政媒體再現研究除了提出認清角色與溝通的重要性之外，還有一個現代性（modernity）的問題需要關注。現代性的特色之一，是觀眾以不在場的存在者（absent other）真實存在著，即使身旁看不到人，不代表劇場沒有觀眾。24小時不終止的街頭監視錄影、民宅店家錄影、不知藏在何處的手機錄影裝置、街頭道路車輛的行車記錄器，都可能會以固定或不固定的角度、距離，記錄到警察言行，都會成為媒體再現。

警察是政府特別的行政權，警察每天與民眾接觸、遭遇、互動，成為政府形象第一線的代言人。在e化民主的臺灣，從正向傳播動力來看，警政管理運用媒體再現塑造形象，出現前所未有的良機；從負向傳播動力來看，媒體再現警察日常工作，經常帶給警察瑣碎的麻煩與溝通的難題。

第四節　臺灣民主警政、媒體再現的前瞻與寄望

一、臺灣民主警政的重要性

民主既是抽象的價值觀，也是具體的生活方式；民主的臺灣擁有民主的警政，民主的警政透過媒體再現鞏固了國家民主，這是當前臺灣社會警政結構的基本樣貌。臺灣民主警政無論從全球化或者兩岸四地區域化來看，都透露出不凡的意義。

臺灣在2000年、2008年、2016年順利完成三次政黨輪替，選舉與政權移交的過程和平穩定，符合熊彼得（Joseph A. Schumpeter）與杭廷頓（Samuel P. Huntington）所稱民主鞏固（Democratic Consolidation）的要件。

民主鞏固最簡單的解釋是指競選落敗的政黨，無異議的將統治權和平交出，讓勝選者能依法和平接手展開執政（參見本書第二章）。放在中華文化五千年的歷史來看，民主制度在臺灣的發展，堪稱卓絕不凡的政治成就。

民主鞏固意謂著人民主權牢固而不可逆，人民在理性社會實踐多項Robert A.Dahl所稱的多元政體（polyarchy）衡量指標。例如臺灣民主制度保障結社與參加社團的自由、表達意見的自由、自由投票的權利、參選公職的權利、政治領袖爭取支持或選票的權利、可選擇的資訊來源、自由而公正的選舉、政府決策依循選票與其它足以表達人民偏好的制度等（Dahl, 1971）。

Dahl在2000年出版的《論民主》（On Democracy）一書中，總結了其倡議數十年的多元政體模式，重新加入有效參與、平等投票、充分資訊、控制議程、普遍公民資格等民主政治標準（Dahl, 2000），這些都與臺灣民主現狀相符。

　　警察在「社會秩序、自由人權」二者之間扮演第一線的裁判者（警察移送才進入司法程序），主要的依據是憲法第23條形成的平衡槓桿原理，約束並平衡了「絕對」的自由，藉此確保公共利益得以實踐。警政工作的莊重以及警察角色的神聖性，由此可見。

　　民主的基本意涵是自由、平等，並且載於憲法作為執政者對人民的保證（汪子錫，2012）。但是民主、人權觀念會像一株樹，不斷生長茁壯；新的人權概念會不斷被加到既有的人權概念中。2013年2月德國聯邦法院作出判例，認定「網路是基本人權」，就是人權觀念與時俱進的實例。綜合而言，民主人權會維持發展變遷的動力，未來還有更多人權保障事項會被提出來。

　　英國犯罪學者Robert Reiner在其《警察的政治》（*The Politics of the Police*）一書中，探討了「警察」與「政治」的關係，探討二者如何相互影響，又如何彼此運用。在該書第五章，他指出警察與政治之間還存在第三者，就是媒體（media）。Reiner探討媒體以不同方式或動機呈現警政（The media presentation of policing），是一股「讓人困惑」（mystifying）的力量（Reiner, 2010）。

　　透過對臺灣民主警政的媒體再現研究，可以發現媒體確實是一股使人困惑的力量。當前的媒體已經交織滲透到警察工作的前舞台，甚至進入到原本不願給人看到的後舞台。本書揭示了一部份警政對媒體困惑的所在，但是還有許多觀點尚未被發現，有賴後續研究繼續進行。

二、21世紀我國民主警政警察定義再思考

　　警察是為了維持社會秩序而出現的，做為政府組織的一部份，警政具有濃厚的政治性。行政中立是為了擺脫政治人物基於私欲染指警察權，但卻不一定成功。臺灣民主警政的願景，是在民主制度下，警政應該成為國家的警察，而不是為政黨服務的警察。警察擺脫政治力，掌握

個體專業自主的可能途徑，已經隱約在「社區警政」的思維中可以查覺端倪。

社區警政在美國歷經數十年的驗證與精進，如今已有成為全球在地化的警政指導趨向。根據社區警政的思維，警察已在民眾面前收起武器，改以溝通來作為與民眾互動的優先準則，可以說「溝通」已是警察工作極為重要的一環。「溝通至上」已然是當前臺灣民主警政最重要的核心價值，而「媒體再現」則是影響民眾評價警政成敗的一股社會力量。

這樣的想法在Manning的著作可以找到佐證，也可以從其他關於社區警政的論述中找到佐證（參見本書第六章）。

本研究最後建議再思考《警察學原理》關於我國警察的定義。回顧上世紀關於我國警察的定義是「我國警察是依據法令，以維持公共秩序，保護社會安全，防止一切危害，促進人民福利為目的，並以指導、服務、強制為手段的行政作用」（梅可望，2002：20）。建議新世紀的臺灣民主警政，是否可以考慮增補警察定義為：

> 我國警察是依據法令，以維持公共秩序，保護社會安全，防止一切危害，促進人民福利為目的，並以**溝通**、指導、服務、強制為手段的行政作用。

筆者深恐思慮不足，謹藉本研究結論歸納所得，提出就教於國內警學研究先進。因為media communication可譯為媒體傳播或者「媒體溝通」，face-to-face communication可譯為面對面傳播或者「面對面溝通」。臺灣警察身處e民主的社會結構，警政日常工作無論採用何種方式溝通，其目的就是讓民眾信任警察，進而支持警察工作。

無論面對面的人際溝通，或者透過媒體傳播的公共發言，都因為媒體再現形成民眾「好的」或「不好的」評價，這種評價直接影響了民眾

對警察的信任與否。警政管理致力於更多「好的」警察媒體再現,正是
21世紀臺灣民主警政最需要實踐、發展與鞏固的課題。

參考文獻

一、中文部份

汪子錫（2014），〈E化民主的政策行銷挑戰分析：以反服貿學生運動新媒體運用為例〉，《中國行政評論》第20卷第2期。

汪子錫（2013），〈現代公民與警察的媒介素養教育〉，《警大雙月刊》第168期，桃園：中央警察大學警大雙月刊社。

汪子錫（2012），《憲法體制與人權保障》，桃園：中央警察大學出版社。

汪子錫（2009），《警察與媒體關係研究》，台北：秀威資訊。

胡耀恆譯（1976），《世界戲劇藝術的欣賞》，台北：志文出版。

梅可望（2002），《警察學原理》，桃園：中央警察大學。

蘋果突發中心報導（2014），〈早餐加胡椒粉，竟多5元〉，2014年2月25日。資料來源：http://www.appledaily.com.tw/appledaily/article/headline/20140225/35662266/造訪日期：2014年9月1日。

二、英文部份

Bayley, D. H. (1994). *Police for the future*. NY: Oxford University Press.

Budd L. & Lisa H. (2009). *e-governance: Managing or Governing?* (1st ed). UK: Routledge.

Buckingham, D. (2006). *Media education: literacy, learning, and contemporary culture*. Cambridge, UK: Polity Press.

Charon, J. M. (2001). *Symbolic Interactionism: An Introduction, An Interpretation, An Integration*. New York: Prentice hall.

Cole, M. (1996). *Cultural Psychology: A Once and Future Discipline*. Cambridge, Mass.: Belknap Press of Harvard University Press.

Dahl, R. A. (2000). *On Democray*. New Haven: Yale University Press

Fuchs, C. (2014). 'Why Taiwanese are getting fed up with the island's salacious, in-your-face media' Retrieved Aug.10, 2014. from: http://www.foreignpolicy.com/articles/2014/02/20/freedom_fried_whats_wrong_with_taiwans_media

Lipietz, A. (1988). "Reflection on a Tale: The Marxist Foundations of the Concepts of Regulation and Accumulation", *Studies in Political Economy*, Vol. 26.

Mosco, V. (1996) .*The Political Economy of Communication: Rethinking and Renewal*. London: Sage.

Prensky, M. (2001). "Digital Natives, Digital Immigrants" from *On the Horizon* (MCB University Press, Vol. 9 No. 5, October 2001, http://www.marcprensky.com/writing/Prensky%20-%20Digital%20

Natives,%20Digital%20Immigrants%20-%20Part1.pdf. Retrieved April 10, 2014.

Reiner, R. (2010). *The Politics of the Police*. (4 edition). Oxford: Oxford University Press

Roberg, R. R. & Kuykendall, J. (1990). *Police Organization and Management: Behavior, and Theory, and Processes*. CA: Brooks/Cole Publishing Company.

Stone, C., & Travis, J. (2011). "Toward a New Professionalism in Policing" in Harvard Kennedy School. Retrieved Nov.30, 2013. from: http://www.hks.harvard.edu/criminaljustice/executive_sessions/policing.htm

Thomas, H. (2007). *Watchdogs of Democracy?: The Waning Washington Press Corps and How It Has Failed the Public*. New York: Scribner.

Wilson, W. (1992). "The Study of Administration." In Jay M. Shafritz & Alber C. Hyde, eds. *Classics of Public Administration*. 11-24. CA: Brooks/ Cob Publishing Company.

Do觀點15　PF0149

臺灣民主警政的媒體再現研究

作　　者／汪子錫
責任編輯／林千惠
圖文排版／張慧雯、周妤靜
封面設計／王嵩賀

出版策劃／獨立作家
發 行 人／宋政坤
法律顧問／毛國樑　律師
製作發行／秀威資訊科技股份有限公司
　　　　　地址：114 台北市內湖區瑞光路76巷65號1樓
　　　　　電話：+886-2-2796-3638　傳真：+886-2-2796-1377
　　　　　服務信箱：service@showwe.com.tw
展售門市／國家書店【松江門市】
　　　　　地址：104 台北市中山區松江路209號1樓
　　　　　電話：+886-2-2518-0207　傳真：+886-2-2518-0778
網路訂購／秀威網路書店：https://store.showwe.tw
　　　　　國家網路書店：https://www.govbooks.com.tw

出版日期／2015年4月　BOD一版　定價／480元
　　　　　2016年4月　BOD二版

獨立 作家
Independent Author

寫自己的故事，唱自己的歌

臺灣民主警政的媒體再現研究 / 汪子錫著. -- 一版. -- 臺
北市：獨立作家, 2015.4
　　面；　公分
　BOD版
　ISBN 978-986-5729-43-1(平裝)

　1.警政　2.媒體效果　3.臺灣

575.8933　　　　　　　　　　　　　103020219

國家圖書館出版品預行編目

讀 者 回 函 卡

感謝您購買本書，為提升服務品質，請填妥以下資料，將讀者回函卡直接寄

回或傳真本公司，收到您的寶貴意見後，我們會收藏記錄及檢討，謝謝！

如您需要了解本公司最新出版書目、購書優惠或企劃活動，歡迎您上網查詢

或下載相關資料：http:// www.showwe.com.tw

您購買的書名：＿＿＿＿＿＿＿＿＿＿＿＿＿＿＿＿＿＿＿＿＿＿＿＿＿

出生日期：＿＿＿＿＿＿年＿＿＿＿＿月＿＿＿＿＿日

學歷：□高中 (含) 以下　　□大專　　□研究所 (含) 以上

職業：□製造業　□金融業　□資訊業　□軍警　□傳播業　□自由業

　　　□服務業　□公務員　□教職　　□學生　□家管　　□其它＿＿＿＿

購書地點：□網路書店　□實體書店　□書展　□郵購　□贈閱　□其他

您從何得知本書的消息？

　　□網路書店　□實體書店　□網路搜尋　□電子報　□書訊　□雜誌

　　□傳播媒體　□親友推薦　□網站推薦　□部落格　□其他＿＿＿＿＿＿

您對本書的評價：（請填代號　1.非常滿意　2.滿意　3.尚可　4.再改進）

　　封面設計＿＿＿　版面編排＿＿＿　內容＿＿＿　文／譯筆＿＿＿　價格＿＿＿

讀完書後您覺得：

　　□很有收穫　□有收穫　□收穫不多　□沒收穫

對我們的建議：＿＿＿＿＿＿＿＿＿＿＿＿＿＿＿＿＿＿＿＿＿＿＿＿＿

＿＿＿＿＿＿＿＿＿＿＿＿＿＿＿＿＿＿＿＿＿＿＿＿＿＿＿＿＿＿＿＿＿

＿＿＿＿＿＿＿＿＿＿＿＿＿＿＿＿＿＿＿＿＿＿＿＿＿＿＿＿＿＿＿＿＿

＿＿＿＿＿＿＿＿＿＿＿＿＿＿＿＿＿＿＿＿＿＿＿＿＿＿＿＿＿＿＿＿＿

11466
台北市內湖區瑞光路 76 巷 65 號 1 樓
秀威資訊科技股份有限公司　　　收
BOD 數位出版事業部

....

（請沿線對折寄回，謝謝！）

姓　　名：＿＿＿＿＿＿＿＿　年齡：＿＿＿＿　性別：□女　□男

郵遞區號：□□□□□

地　　址：＿＿＿＿＿＿＿＿＿＿＿＿＿＿＿＿＿

聯絡電話：(日)＿＿＿＿＿＿＿＿　(夜)＿＿＿＿＿＿＿＿

E-mail：＿＿＿＿＿＿＿＿＿＿＿＿＿＿＿＿＿